Gerd Gerken
Gunther A. Luedecke
Die unsichtbare Kraft des Managers

Gerd Gerken
Gunther A. Luedecke

Die unsichtbare Kraft des Managers

Die Bedeutung des Inner-Managements für den äußeren Erfolg

ECON Verlag
Düsseldorf · Wien · New York

CIP-Titelaufnahme der Deutschen Bibliothek

Gerken, Gerd:
Die unsichtbare Kraft des Managers: d. Bedeutung d. Inner-Managements für d. äußeren Erfolg / Gerd Gerken; Gunther A. Luedecke. – Düsseldorf; Wien; New York: ECON Verl., 1988
ISBN 3-430-16210-6
NE: Luedecke, Gunther A.:

Gesetzt aus der Times der Fa. Linotype
Satz: ICS Communikations-Service GmbH, Bergisch Gladbach
Papier: Papierfabrik Schleipen GmbH, Bad Dürkheim
Druck und Bindearbeiten: Bercker Graphischer Betrieb, Kevelaer
Printed in Germany
ISBN 3-430-16210-6

Hans und Gad Rausing gewidmet

Dies ist kein Fachbuch. Ich will auch in gar keiner Weise so etwas wie Wissenschaft damit betreiben. Es spiegelt eine sehr persönliche Meinung aufgrund langjähriger Erfahrung und spezifischer punktueller Recherchen wider. Aber auch Meinung – davon bin ich überzeugt – kann Wissen schaffen.

Inhaltsverzeichnis

Vorwort

Nun, in diesem Augenblick, wo wir das Buch genau wie Sie in Händen haben, ist es an der Zeit zurückzublicken. Als wir vor vielen, vielen Monaten begannen, unsere Erfahrungen und Recherchen zum Thema Inner-Management zu sammeln, kam uns das vor, als würden wir uns an ein Thema heranwagen, das von Grund auf heikel ist. Denn das Innere des Managers, das schien irgendwie ein großes Tabu zu sein. Unternehmer und Manager haben zu funktionieren und deshalb nicht über sich selbst nachzudenken – so wurde häufig argumentiert.

Aber seitdem sind viele Monate vergangen. Wir haben das Buch geschrieben. Und während es Seite um Seite entstand, hat sich die Manager-Szene doch sehr deutlich gewandelt. Und sicher haben Sie das bemerkt. Inzwischen redet man vom »sanften Management«. Und von Kultur. Und von Ethik. Schon fragte kürzlich eine Manager-Zeitschrift: »Mehr Erfolg durch weiche Manager?« Und sogar im deutschen Fernsehen hat es die ersten Sendungen über den Wertewandel der Unternehmer und Manager gegeben. Überall gibt es plötzlich Signale, die darauf hinweisen, daß die Zeit der harten Männer mit den kalten Strategien ausläuft. Gesucht sind jetzt wieder Einfühlungsvermögen, ja sogar »feminine« Kompetenzen. Wie steht dieses Buch dazu?

Wir haben es nicht auf die aktuellen weichen Trends abgestimmt, weil wir diese noch gar nicht kannten, als wir mit dem Buch begannen. Wir wollten lediglich unsere Erfahrungen einem größeren Leserkreis vorstellen. Und diese Erfahrungen haben vorrangig etwas mit der inneren Welt hinter der äußeren Welt zu tun: das, was wir Inner-Management nennen. Es geht uns um die Qualifizierung derjenigen Faktoren, die hinter den Entscheidungen und Handlungen der Manager die eigentliche Qualität des Handelns ausmachen.

Und wenn das – wie wir heute mit Freude sehen – plötzlich sogar im Trend liegt, dann bestätigt es unsere Erfahrungen, die wir in den 20 Jahren, die wir mit verteilten Rollen zusammengearbeitet haben, gemacht haben.

Offensichtlich wurde es Zeit, daß die unsichtbare Kraft des Managers sichtbar wird.

Gunther A. Luedecke Gerd Gerken

Einleitung

Im Grunde war es ein Tag wie jeder andere. Wir hatten fast acht Stunden lang getagt. Wie immer im Konferenzraum. Dieselben Mitarbeiter wie sonst. Wir waren schließlich ein festes Team.

Und doch war dieser Tag ein denkwürdiger Tag: Wir beschlossen, dieses Buch zu schreiben.

Und das kam so: Der Vormittag zog sich hin. Quälend und auch etwas dumpf. Wir waren zu acht, und das Thema war an sich relativ überschaubar, wenn es auch eine komplexe Beziehung in sich barg. Es handelte sich um eine neuartige Konzeption für Verkauf, Verkaufsförderung und Werbung in Verbindung mit einer neuen Produkt-PR-Linie. Also eine Mischung von Koordination und Kreation. Etwas, was im Management relativ häufig vorkommt.

Bis zum Mittagessen, wie gesagt, war alles etwas zäh. Es kam kein glänzender Einfall. Wir analysierten und wir diskutierten, aber wir kamen nicht recht vom Fleck. Es war ein bißchen L'art pour l'art in der Diskussion, und irgendwie stagnierten wir. Wir kamen aus unserem Denkschema vergangener Aktionen nicht heraus. Es fehlte das, was laterales Denken genannt wird: Das Überwinden allzu logischer und fest eingerillter Denkspuren.

Dann kamen das Mittagessen und ein kleiner Spaziergang . . . und plötzlich war alles ganz anders. Es war eine andere Atmosphäre im Raum – und es waren genau der gleiche Raum und genau die gleichen Menschen wie Stunden zuvor! –, eine Atmosphäre, die wie elektrisch aufgeladen war. Keiner bemerkte das auf Anhieb. Nur die Gesichter verrieten, daß es jetzt leichter, flüssiger und auch angenehmer war, das geistige Arbeiten. Die

Ideen kamen spontaner, die kreative Flüssigkeit war signifikant höher, und es machte mehr Spaß, besser zu sein.

Um 17 Uhr hatten wir dann das Ergebnis. Und wir waren relativ zufrieden. Vielleicht waren einige Aspekte noch nicht ganz ideal koordiniert, aber man konnte mit dieser Lösung nicht nur leben, sie würde vermutlich sogar außerordentlich erfolgreich sein.

Meine Mitarbeiter verließen den Raum, und mein Unternehmensberater Gerd Gerken, der oft bei solchen kreativen Sitzungen dabei war, saß mir gegenüber. Wir wollten noch das eine oder andere besprechen und insbesondere Termine abstimmen, als ich plötzlich zu ihm sagte: »Ist Ihnen aufgefallen, daß die Chemie unseres Teams sich nachmittags sehr verändert hat?« Und er antwortete: »Ja, es war ein anderer Geist im Raum.« Und so kamen wir denn immer intensiver auf dieses Phänomen zu sprechen. Wir berichteten uns wechselseitig von unseren begleitenden Gefühlen bei dieser eindeutig kreativen Hochphase am Nachmittag, und wir tauschten erste Mutmaßungen über Ursachen und Wiederholungschancen aus. »Ja«, sagte ich ihm, »wenn man immer mit einer derart kreativen atmosphärischen Aufladung arbeiten und managen könnte, dann wären die Ergebnisse mutiger, kreativer und zugleich auch präziser und problemorientierter. Wir wären schlichtweg überdurchschnittlich.«

»Warum gibt es eigentlich noch keine Tradition oder noch keine Kultur für diese kreativen und – wenn man so will – geistigen Konditionen? Es muß doch eine Kraft geben, die unabhängig von den Fakten ist. Eine Kraft, die uns manchmal außerordentlich kompetent macht und die, wenn sie uns verläßt, müde und im Prinzip retirierend macht.« Gerken entgegnete, daß tatsächlich in keinem Universitätsprogramm, in keiner Management Business School und erst recht nicht in den Management- und Marketing-Clubs je über dieses Phänomen gesprochen worden sei. Für den klassischen Manager – so entdeckten wir in unserem Gespräch – gibt es offensichtlich eine doppelte Wirklichkeit.

Die eine Wirklichkeit ist die der Fakten, der Zahlen, der Ziele, der Strategien und Konzepte. Das ist alles sehr vernünftig, sehr rational und das, was man als »rationale Visitenkarte« vorzuführen pflegt. Aber im Grunde wissen wir doch alle, die wir täglich komplexe Probleme strukturieren und entscheiden sollen, daß es eine zweite Wirklichkeit gibt, die dahintersteht und außerordentlich entscheidend ist: die innere Kraft, die versteckte, wenn man so will, die geheime Kraft des Managers. Das sind Dinge, die auf irgendeine Weise – so erkannten wir in unserem Dialog – mit der Persönlichkeit zu tun haben müssen.

Unser Gespräch wurde intensiver, und wir begannen, auf einem Flip-chart die ersten Faktoren, die uns spontan einfielen, aufzuschreiben. Auf jeden Fall gehört Optimismus dazu. Wenn ein Mensch nicht wirklich handlungsoptimistisch ist, kann er auch keine mutigen Ziele setzen. Mut und Risiko gehören zum erfolgreichen Management genauso wie Präzision, Fachverstand dazu und eine ausgeglichene Sicherungspolitik.

Gerken meinte: »Irgendwie hat das Ganze mit der geistigen Sphäre zu tun. Die Menschen funktionieren ja nicht wie informationsverarbeitende Roboter, sondern sie sind eine Kombination von Emotion, Ratio und Unterbewußtsein sowie Geistigkeit.« Wir schrieben also auf das große Stück Papier: Man muß die geistige Qualität des Managers qualifizieren, um in der rationalen, faktischen Ebene besser werden zu können.

Das war's an dem Abend. Mehr haben wir im Prinzip gar nicht diskutiert, nur etwas noch: Wir beschlossen, dieses Thema doch intensiver anzugehen. Mir war nämlich während der vielen letzten Jahre aufgefallen, daß es eine innere, versteckte Kraft gibt, die nicht nur in mir selbst ruht, sondern auch bei meinen Mitarbeitern und Kollegen zu beobachten und in sehr unterschiedlichem Maße präsent ist.

Es ist so wie mit Kleidungstücken: Der Anzug allein bringt's nicht. Es gibt Tage, da sieht man in einem bestimmten Anzug strahlend aus, und dann sieht auch der Anzug besser aus. Und dann gibt es Tage, da ist die persönliche Ausstrahlung (die Aura) schräger oder matter. Dann wirkt so ein Anzug auch nicht. Der Anzug sieht dann so schlecht aus, wie die Aura schlecht ist. Und genau dieses Phänomen faszinierte mich seit vielen Jahren. Ich war froh, daß wir nun genau darüber einen fruchtbaren Dialog begonnen hatten.

Wir verabschiedeten uns vor der Eingangstür, und plötzlich kam mir die Idee, wir sollten den Dialog öfter, aber nicht nur öfter, sondern zugleich methodischer führen. Ich rief Gerken zurück, und im Flur einigten wir uns dann auf folgenden Plan: Wir wollten einen kleinen informellen Arbeitskreis bilden, den geistigen Erfolgsfaktor, der hinter den rationalen Management-Methoden sein Wesen treibt, entdecken und ausleuchten. Gerken stimmte begeistert zu, und unser Vorgehen skizzierten wir folgendermaßen: Ich selbst wollte Materialien sammeln über diese unsichtbare Kraft des Erfolges, indem ich mich und meine Mitarbeiter intensiver als je zuvor auf dieses Phänomen hin beobachtete. Und Gerken versprach mir, daß er und sein Arbeitskreis (er ist Unternehmensberater für Trendanalysen in diversen Netzwerken und Arbeitszirkeln) versuchen würde, wissenschaftliches Material zu sammeln, das diese Phänomene besser begründen und objektivieren könnte. Im Prinzip wußten wir beide, daß an der Sache etwas dran war, denn wir haben diese Kraft zu häufig wirken und gestalten sehen, zum Guten und zum Schlechten. Es ging nun darum, aus der Praxis heraus die unterschiedlichen Formen und Schwerpunkte dieser geistigen Kraft zu diagnostizieren und alle Wissenschaftsbereiche, die hier Informationen liefern konnten, so gut wie möglich zu durchforsten, um auch aus wissenschaftlicher Sicht mehr Licht in dieses Phänomen hineinbringen zu können.

Wir nannten unser Vorhaben »unser kleiner Kreis«. Wenn in diesem Buch von unserem kleinen Kreis die Rede ist, dann wissen Sie jetzt, wie er entstand und wer sich dahinter verbirgt. Und ich habe nun die dankbare Aufgabe, die Ernte meiner Beobachtungen und unserer Recherchen in unserem kleinen Kreis schriftlich niederzulegen und Ihnen zu berichten, auf welche Phänomene und Wirkungsfaktoren wir gestoßen sind.

Dies ist weder ein Fachbuch noch ein Buch über Management generell oder über Management-Systeme im speziellen. Überhaupt glaube ich, daß die meisten Management-Theoretiker viel zu intensiv damit beschäftigt sind, wie von Peters und Waterman in ihrem Bestseller »Auf der Suche nach Spitzenleistungen« zu Recht beschrieben, die Instrumente des Managements zu erklären und zu analysieren, und dabei ganz deutlich übersehen, wie wenig wir alle von der Kunst der Unternehmensführung verstehen. »Da liegt unser Problem. Unsere Instrumente verleiten uns zum Messen und Analysieren. Kosten zu berechnen, das verstehen wir. Doch diese Hilfsmittel allein sagen uns ebensowenig über den Wert hochmotivierter Mitarbeiter von Maytag oder Caterpillar, die am laufenden Band Qualitätsprodukte herstellen, wie über den Beitrag des Frito-Lay-Verkäufers, der einem ganz gewöhnlichen Kunden zuliebe eine Meile mehr zurücklegt.«

Natürlich weiß ich, daß ein Großteil des Managements rationale Problemstrukturierung ist. Und in der Betriebswirtschaftslehre, die ja die Basis für den breitesten Bereich des Managements ist, sind die klassischen Führungsinstrumente immer noch Organisation, Information, Planung, Koordinierung, Kontrolle und Disposition. Das steht in jedem Lehrbuch. Und das soll auch gar nicht von mir bezweifelt werden. Ich will auf etwas ganz anderes hinaus. Da ist das rational-intellektuelle Grundwissen der Betriebswirtschaftslehre, und da sind die funktionalen Bausteine des Managements. Das ist die eine Seite des Managements, wenn man so will, die materielle. Die andere, die geistige Seite liegt eher im verborgenen. Deshalb findet man sie nicht in den Vorlesungen an der Universität und auch nicht in diversen Workshops, Seminaren und Trainingsveranstaltungen. Das ist etwa die Frage: Warum überzeuge ich meine Mitarbeiter am Tage X spielend, während ich an einem anderen Tag die gleichen Mitarbeiter im gleichen Gebäude im gleichen Raum kaum überzeugen kann? Und da geht es nicht nur um die einzelnen Argumente und die Qualität meiner Ausführungen. Das ist sicherlich auch ein wichtiger Faktor. Nur an einigen Tagen spüre ich ganz genau, daß ich irgendwie besser in Form bin. An den Tagen könnte ich sogar mit schlechteren Argumenten besser überzeugen. Und es gibt Tage oder Stunden, da ist das ganze Führungsteam so dissonant, daß sich eine latente, aber völlig verkappte

Aggression hochschaukelt, die dann nicht ausbricht, aber extrem pointiertes Diskutieren verursacht. Man bleibt bei winzigen Argumentationen von Miniaturunterschieden in Schwarzweiß und verunmöglicht dadurch kreative Durchbrüche und so etwas wie den optimistischen Mut zur Innovation.

Nun ist es natürlich außerordentlich problematisch, ein derartiges Buch schreiben zu wollen, denn es wird immer ein sehr persönlicher Bericht sein. Es bleibt verbalisierte Meinung. Und das ist genau das, was nicht üblich ist. Wenn Manager Bücher schreiben, dann sind sie in der Regel so angelegt, daß alle Ausführungen imponieren. Man schreibt über seine Erfolge. Man schreibt über seine Strategien. Und kaum einer der schreibenden Manager wird zugeben, daß die Stategien oft völlig anders entstanden sind, als nachher über sie berichtet wurde. Da sind sehr viel Zufall, sehr viel Intuition und sehr viel Spontaneität im Spiel. Viel mehr, als öffentlich zugegeben wird. Und dennoch will ich versuchen, dieses vielleicht eigenartige Buch zu schreiben, ein Buch, das ausschließlich in mich selbst hineinhorcht und das berichten möchte über die eigenartige Kraft, die kommt und geht, eine Kraft, die hinter den Fakten, hinter der rationalen Vernunft des Intellekts und hinter den öffentlichen Lehrsätzen und Systemstrukturen der modernen Management-Lehre steht.

Und ich glaube, daß ein solches Buch jetzt seine Zeit hat. Denn man kann mehr und mehr in den Fachzeitschriften lesen, daß es eine neue Zuwendung zu Intuition, Sensibilität und sogar Charisma gibt. Da schreibt etwa in der Zeitschrift »Management Wissen« Professor Dr. Fritz Raidt, daß die Typologien der Führungstile oft den Faktor Suggestion berücksichtigen und daß Intuition, Sensibilität, Charisma, Begeisterungsfähigkeit und – man höre und staune – sogar Gläubigkeit zu den Voraussetzungen dieses Suggestionsfaktors gehören. Und das alles sind im Prinzip Dimensionen, die eher aus der Metaphysik stammen könnten oder aus »der hohen Schule der Magie« als aus der rationalen Zahlen-und-Strategie-Küche des angepaßten, modernen Managers.

Kurz: Dieses Buch kann gewagt werden, so meine ich, weil

insgesamt viele Signale darauf hinweisen, daß wir uns in Richtung eines ganzheitlichen Managements entwickeln. Die rational-intellektuelle Seite verbindet sich immer mehr mit der geistig-metaphysischen Seite des Managements. Unser kleiner Kreis hat natürlich auch Gespräche mit anderen geführt. Wir wollten schließlich wissen, was andere Berater, Experten oder Manager von unserem Vorhaben halten, diese unsichtbare Kraft zu analysieren. In der Regel fanden sie alles höchst interessant, einige fanden es ein wenig abstrus oder spektakulär, und am häufigsten haben wir gehört, daß das im Grunde ein Bereich sei, den man nicht lernen könne. Man habe es, oder man habe es nicht. Es sei eine Frage der Persönlichkeit, und Persönlichkeit sei ein exogener Faktor, wie man das heute so schön nennt, das heißt, er ist außerhalb der Theorie und höchstens innerhalb der Praxis. Da er aber außerhalb der Theorie sei, so wurde mir von einem Experten nahegelegt, solle man ihn auch außerhalb belassen. Er wirkt, aber man weiß nicht warum und wie. Und – alles Persönliche sei nicht lernbar.

Nun kann man darüber natürlich streiten. Ich persönlich bin der Meinung, daß viele Bereiche der Persönlichkeit trainierbar sind. Man kann Persönlichkeit nicht lernen, wie man ein Gedicht lernen kann. Das ist selbstverständlich. Aber man kann Dimensionen einer optimalen Management-Persönlichkeit lernen und begreifen und sich dann aufgrund dieses gelernten Wissens so trainieren, daß es zu einer Verbesserung der Management-Persönlichkeit kommt. Und unser kleiner Kreis hat daraus die Konsequenz gezogen, die wie folgt lautet:

Die unsichtbare geistige Kraft des erfolgreichen Managements kann durch konsequentes Inner-Management verbessert und gesteuert werden.

Ja, und deshalb schreibe ich dieses Buch. Ich glaube, daß viele junge Manager, die morgen ganz oben stehen und übermorgen die Wirtschaftswirklichkeit prägen und gestalten werden, frühzeitig das Phänomen der unsichtbaren Erfolgskraft kennenlernen sollten. Ich möchte ihnen zurufen, daß sie sich diesem Themenkomplex mutig und engagiert zuwenden sollten, weil hier sicherlich ein entscheidender Karriereaspekt verborgen liegt. Das, was wir Inner-Management nennen, ist nichts anderes als die systematische Qualifizierung der eigenen Persönlichkeit, um die verborgene Kraft besser managen zu können. Wir wollen sie kontinuierlich haben. Wir wollen sie als wiederholbar einsetzen können. Wir wollen sie abrufen und gezielt einsetzen können. Wir möchten, daß die »Erfolgsfaktoren hinter den Erfolgsfaktoren« zum Inventar des erfolgreichen Managers gehören.

Als sich Gerken an diesem Abend von mir verabschiedete, war er genauso nachdenklich und euphorisch wie ich. Wir hatten beide gespürt, daß wir im Prinzip ein außerordentlich wichtiges Thema am Wickel hatten. Ich fuhr nach Hause und wußte, daß wir uns sicherlich etwas vorgenommen hatten, das weitab von wissenschaftlicher Stringenz und praktischer Absicherung liegt. Ein wackeliger Pfad, auf dem es nur Fragezeichen, Kritik, Kopfschütteln und Zweifel geben konnte. Aber ich hatte auch das Gefühl, daß es sich lohnen würde, sich mit diesen von uns nun zu recherchierenden Fakten vertraut zu machen. Hier nun ist mein Bericht.

1. Kapitel
Die andere Wirklichkeit des Managers

Wenn man sich über viele Monate selbst kritischer beobachtet, als man es gemeinhin tut, bemerkt man Dinge, die man vorher gar nicht gesehen hat. Wenn man sich seelisch permanent bespiegelt, stellt man fest, daß man als Manager ganz bestimmte Prozeduren, ja schon fast Rituale, verinnerlicht hat. Das merkt man natürlich im Alltagsleben nicht, weil man viel zu sehr von den Problemen gefesselt ist, die man auf dem Schreibtisch hat, und von den dynamischen Dingen um einen herum. Aber wenn man sich – und das war ja der Weg meines Vorgehens – selbst etwas stärker beobachten will, dann stellt man fest, daß es neben der normalen Welt eines Managers immer noch eine andere gibt. Natürlich, von außen ist das in fast allen Büros das gleiche. Man kommt, man sieht die Post durch, oder man macht mit den Mitarbeitern eine erste Lagebesprechung. Ein Großteil der Management-Prozesse sind Kommunikationsprozesse. Und die kann man recht gut darstellen als die Verarbeitung von Information zugunsten rationaler Strukturierung und der Optimierung von Entscheidungen. So einfach ist das.

Aber so einfach ist es eben nicht. Da kommen andere Dinge mit ins Spiel. Zum Beispiel ist mir aufgefallen, daß das Thema Selbstbildqualität sehr wichtig ist. Es gibt Themenbereiche, in denen ich mich sehr zu Hause fühle, für die ich auch ein hohes Selbstbild in Richtung Kompetenz ausgearbeitet habe. Da fühle ich mich gut, und das scheine ich dann auch auszustrahlen. Da gelingt mir auch vieles. Und ich bin ganz sicher, daß ich in anderen Bereichen, in denen sich dieses Kompetenzselbstbild nicht so entwickeln konnte, genausoviel leisten könnte. Irgendwie muß es auch Kommunikation ohne übermittelte Kommunikation geben. Das sind die sogenannten Vibrationen, das sind Schwingungen, das sind Aspekte, wie sie in der Esoterik beispielsweise als Aura bezeichnet werden.

Als ich Gerken das erstemal davon berichtete anläßlich eines Meetings unseres kleinen Kreises, schmunzelte er und sagte: »Schauen Sie mal, was ich hier mitgebracht habe!« Und er zog ein Büchlein heraus. Es hatte eine große blaue Kugel auf dem Umschlag, und darüber stand: Die hohe Schule der Magie. Es war von W. E. Buttler geschrieben, und es hat den Untertitel »Praktische Anleitung zur Ausbildung und Nutzung supra-normaler Fähigkeiten«. Gerken schmunzelte, denn er wußte, daß ich derartige Dinge prinzipiell nicht ernst nehme. Und dennoch, als wir beide begannen, uns in die einzelnen Aspekte ein wenig einzulesen und sie zu diskutieren, stellten wir fest, daß vieles von dem, was Manager so tagtäglich tun, auch sehr viel mit Magie zu tun hat. Natürlich darf man das so nicht nennen. Das wäre für das rationale Fremdbild des Managers so etwas wie eine Entweihung. Aber da beschreibt Butler etwa, daß man geistige Kräfte und positive Schwingungen aufbauen könne durch »technisch magische Operationen, die als Vorbereitung des Arbeitsplatzes bekannt sind«. Und genau das tun wir ja. Wir haben unsere Vorlieben, wenn es darum geht, bestimmte Sitzplätze einzuhalten. Wir haben bei Tetra Pak beispielsweise unterschiedliche Planungs- oder Konferenzräume. Da gibt es den sogenannten alten Planungsraum. Der ist im Prinzip gar nicht gut. Er ist fast ungeeignet. Aber hier haben wir früher getagt, in der allerersten Phase unseres Erfolges. Dann sind wir groß und erfolgreich geworden. Und nun haben wir natürlich neuere Räume, schönere Räume, das heißt Räume mit besserem Licht, besserem technischem Equipment, und wir haben sogar einen ganz großen Konferenz-und-Kreativ-Raum, in dem man wirklich hervorragend arbeiten kann . . . oder eben nur könnte. Denn gebucht wird überwiegend der alte. Und wenn man jetzt Mitarbeiter fragt, was ich natürlich sofort getan habe, warum sie den alten Raum buchen, obwohl die besseren neuen Räume zur Verfügung stehen, dann bekommt man so eigenartige Antworten wie: Es sei gemütlicher dort, oder das sei wohl so eine Art Macht der Gewohnheit.

Aber das stimmt so sicher nicht. Nachdem wir uns in dieses eigenartige Buch der Magie eingearbeitet hatten, erkannten wir sehr schnell, daß die Magier bereits wußten, wie wichtig der immer gleiche Raum ist. Und wie wichtig es ist, daß Räume die bisherigen Rituale akkumulieren und sammeln können. Man kann die meisten Planungskonferenzen und Teamsitzungen als gut versteckte Rituale begreifen. Wenn man einmal die Magie begriffen hat, versteht man, daß wir neben dem Austausch rationaler Fakten und neben der Entwicklung von Präferenzen und Willensbildung, was ja der offizielle Sinn und Zweck eines solchen Beisammenseins ist, ganz bestimmte Rituale praktizieren, um uns wechselseitig »Mut« zuzusprechen, um uns in unserem Selbstwert zu bestätigen, um eine Gruppenkohärenz aufzubauen, um unser Weltbild aufeinander abzustimmen. Natürlich ist das, gemessen an dem, was hohe Magie genannt wird, eine sehr niedrige, fast kindliche magische Ebene. Aber es ist eine. Und die Vorbereitung des Arbeitsplatzes scheint offensichtlich dazuzugehören. Aber nun frage ich Sie: Wo wird dieser Aspekt in irgendeinem Buch über Marketing oder Erfolgsmanagement beschrieben? Natürlich gibt es allgemeine Bücher über die Einrichtung von Chefzimmern. Es gibt auch bei den Architekten sicherlich allerhand Wissen über die optimale Beleuchtung von Räumen, in denen Konferenzen stattfinden sollen. Aber noch nie zuvor ist beschrieben worden, wie denn eigentlich der Zusammenhang zwischen Topmanagement-Qualität oder Teamintelligenz und den Raumritualen zu sehen ist.

Natürlich kann unser kleiner Kreis – wir waren ja nur zwei und einige Experten, die uns ab und zu halfen – eine derartige Schlüsselfrage auch nicht beantworten. Aber es soll hier als Impuls gelten, insbesondere für die Betriebswirtschaftslehre, doch diesen indirekten Beziehungen und den verborgenen Kräften des Managements vielleicht in Zukunft etwas mehr Aufmerksamkeit zu widmen.

Nun kann man ja nicht sagen, daß die Wissenschaft prinzipiell nur die rationale Schönwetterseite des Managers beschreibt. Das tut sie zwar zu 99 Prozent. Aber eben nur zu 99 Prozent. Da gibt es beispielsweise die bekanntgewordenen Studien von Professor Henry Mintzberg, über die ich gern berichten würde. Gerken brachte eines Tages mit triumphierendem Blick Material von Mintzberg. Es handelte sich um seine Studie »The Nature of Managerial Work«. Und dieser Mintzberg ist im Prinzip auf dem richtigen Weg. Er hat nämlich hinter die Kulissen geschaut. Er hat mit seinen Assistenten, Doktoranden und Studenten Manager beobachtet. Und zwar kontinuierlich über viele Monate. Und er hat sich nicht blenden lassen von der äußeren, der verbalisierten Wirklichkeit, sondern schlichtweg notiert, was Manager tun und welchen Handlungen sie sich besonders zuwenden, und er hat so ein Strukturbild des Verhaltens bekommen. Dieses Bild hinter der deklarierten Wirklichkeit, das heißt hinter der Verpackung des Managers durch Management-Rationalität, ist unglaublich faszinierend.

Einige Ergebnisse scheinen mir besonders deutlich zu sein: Die Manager sind überhaupt nicht so cool überlegen und linear effizienzorientiert, wie es überall erzählt wird, sondern im Prinzip sind sie pragmatische Träumer. Sie verhalten sich auch nicht so, wie es die Literatur häufig behauptet. Sie sind nämlich weit entfernt von den glorifizierten intellektuellen Mustern. Manager lieben zum Beispiel Klatsch und Tratsch. Manager akkumulieren Wissen durch »management by walking around«. Wirklich gute Manager sammeln Informationen auch unspezifisch. Und überragende Manager sind immer außerordentlich stark unthematisch und extern interessiert. Es interessieren sie viele Dinge, die offensichtlich überhaupt nicht mit dem Beruf zusammenhängen, und sie sind permanent euphorisch, was Informationen und Neugier betrifft – auch dort, wo kein linearer Zusammenhang zu sehen ist.

Da gibt es Manager, die vor wichtigen Investitionsentscheidungen stehen und sich trotzdem mit erhöhter Leidenschaft auf solche Dinge wie Kunst, Kultur, Politik und soziales Umfeld werfen. Vernünftig ist das vordergründig nicht, denn wenn man vor derartig komplexen Dingen und Entscheidungszwängen steht, dann müßte man sich ausschließlich um das kümmern, was vor einem liegt. Man müßte nur diejenigen Informationen sammeln und verarbeiten, die direkt damit zusammenhängen. Spitzenmanager gehen vor wie verirrte Informationssammler. Hier eine Information, dort eine Information. Aber irgendwie hat man das Gefühl, daß sie in ihrem Innern Wirklichkeit entstehen lassen, indem sie diese weitverstreuten, ja geradezu konträren Informationen in ihrem Kopf wieder zusammensetzen. Sie sind in der Lage, gerade durch Non-Linearität kreativ zu werden. Und keiner von uns Managern weiß wirklich, warum er eigentlich in welcher Sekunde auf welche Idee kam. Und warum er beim flüssigen, spontanen Reden plötzlich eine Formel finden konnte, die dann den Vorstand völlig überzeugen kann. Mit rationaler und linearer Stringenz hat das alles wenig zu tun.

Man könnte sogar sagen, daß die Studien von Mintzberg gezeigt haben, daß die wirklich guten Manager sanfte, unvollständige Informationen, auch etwa die Signale der Körpersprache, gierig aufnehmen. Ihre höhere Rationalität liegt in der Fähigkeit, aus all diesem unstimmigen Gebräu so etwas wie einen permanent sprudelnden Quell für Assoziationsketten zu machen.

Und Henry Mintzberg hat auch erkannt, daß die meisten Manager eine heimliche Abscheu vor dem toten Material der Zahlen haben. Natürlich lesen sie Zahlen, sie lesen auch langweilige Berichte und Aktennotizen. Aber die wirklich guten Manager versuchen immer, das möglichst wenig zu tun und sich immer in den Strom des tatsächlichen Lebens zu integrieren. Sie saugen aus gelebtem Leben und aus wirklichem Leben offensichtlich eine Kraft, die genauso wichtig ist wie das Wissen, das aus toten Zahlen entspringen kann. Sie spüren, daß sie sich durch die Verschmelzung mit wirklichen Prozessen aufladen können. Sie sind also nicht nur geschickte Alles-Sammler auf der bunten Wiese der widersprüchlichen Informationen, sondern darüber hinaus Schamanen, obwohl sie gar nicht wissen, daß sie Schamanen sind. Sie haben in sich das evidente Gefühl, daß lebendiges

Leben, auch wenn es widersprüchlich oder für sie fast nichtssagend ist, eine energetische Quelle darstellen kann.

Man muß an dieser Stelle sogar das bekanntgewordene Erfolgsprinzip »management by walking around« noch einmal kritisch hinterfragen. Natürlich schreiben die Bücher zu Recht, daß ein Manager, der sich häufig überall im Betrieb, an möglichst vielen Orten, sehen läßt, den Vorteil hat, daß man ihn kennenlernt, daß er Präsenz zeigt, daß er irgendwie sein Engagement symbolisch erlebbar macht. So wird es wohl sein, und so ist es auch richtig. Aber es gibt da auch eine Rückkoppelungswirkung, die nirgendwo beschieben worden ist. Wer von uns weiß eigentlich, wieviel Kraft ein Manager aus diesen kleinen Begegnungen zieht? Wer von uns Managern wird eigentlich zugeben, daß diese kleinen ermunternden Worte, das Schütteln der Hände, das Zuschauen, wenn Maschinen sich bewegen, Krach machen, wenn Menschen funktionieren, uns permanent auftankt?

Natürlich weiß ich, daß ich hier ein Feld berühre, das offiziell als höchst suspekt gilt. Aber es sind in lebendigen Arbeits- und Handlungsprozessen Informationen oder – besser gesagt – Kräfte enthalten, die man speichern und im eigenen psychischen Habitus transformieren kann. Man kann fremde Informationen offensichtlich zu seinen eigenen Informationen machen. Und man kann das, was in der Theorie des Turn-Around-Managements Handlungsoptimismus genannt wird, sicherlich auch ein großes Stück weit von außen bekommen.

Wie auch immer. Die wirklich guten Manager, so Professor Mintzberg, integrieren sich besonders stark in lebendigen Interaktions- und Dialogprozessen. Und sie hören auch auf Soft-Signale. Das sind genau diejenigen Facetten unseres Lebens, die eigentlich »minderwertig« sind, also Gefühle, Stimmungen, Intuitionen und nonverbale Informationen. Das geht so weit, daß Manager – natürlich nicht offiziell – bestimmte Räume in den Bürotrakts besonders gern oder häufig besuchen, weil dort eine angenehme »unthematische Qualität« vorherrscht. Da sitzt vielleicht gerade ein Team beieinander, das eine stabile, positive Vibration aufgebaut hat. Die zieht natürlich fast magisch an.

Und die paßt zu der eigenen Schwingung, das heißt, es findet ein wechselseitiges Resonanzphänomen statt.

Ich weiß um diese Dinge. Deshalb berichte ich sie so ausführlich. Und ich kann Professor Mintzberg nur zustimmen, der diese Dinge sehr vorsichtig, wie ein Wissenschaftler es nun einmal tun muß, beschrieben hat. Man kann aus der zweiten Wirklichkeit des Managements, das heißt aus dem großen Feld der Gefühle, Stimmungen und des lebendigen Alltagslebens, mindestens genausoviel Kraft, Entschlossenheit und Überlegenheit herausziehen wie aus den Zahlen, den Planungsempfehlungen der Stäbe und den Statistiken . . . mindestens, wenn nicht sogar viel mehr.

Ein anderer Wissenschaftler, J. B. Quinn, hat ebenfalls darüber geschrieben, und zwar sieben Jahre später. Sein Buch heißt »Strategies for Change«. Quinn hat sich mehr für die Frage interessiert, wie Spitzenmanager zu wirklich guten Strategien kommen. Wie verhalten sie sich dabei, und welche tatsächlichen Planungsschritte sind beobachtbar, und was sind ihre Resultate? Das Ergebnis der Recherchen von Quinn ist wirklich imponierend:

- Die meisten Manager verhalten sich wesentlich klüger, als es die Bücher vorschreiben. Sie verhalten sich nämlich so, wie es die komplexe Situation, in der sie leben, eigentlich zu Recht verlangt: sprunghaft, intuitiv und eher nach dem Muster »Was schert mich mein Geschwätz von gestern« als nach dem Motto linearer Stringenz.
- Die meisten wichtigen Aspekte strategischer Planung und die wesentlichen Durchbrüche zu guten Strategien kommen bei den beobachteten Spitzenmanagern von außerhalb der formalen Planungssysteme. Zwar gibt es überall die Stabsstellen für Strategie und auch die Experten-Strategieplanung. Aber die qualifizierenden Impulse und Durchbrüche kommen »wie durch Zufall von außen«. Es handelt sich also um planungsfremde Impulse, die aufgegriffen werden. Es handelt sich um die Ergebnisse zufälliger Diskussionen am Rande von

Arbeitskonferenzen. Es handelt sich um das Mosaik von bewußt gesuchten Widersprüchen und Stimulanzinformationen, die der Manager sucht. Er, als Kultivierer des Bewußtseins, ist wesentlich wichtiger als die vorliegende Faktizität. Was heißt das? Er, als Schaffer seiner eigenen Wirklichkeit (indem er quasi willkürlich und ziellos Informationen kombiniert und sammelt), ist wichtiger als die Schritt-für-Schritt-Logik der strategischen Planung, die von der Diagnose der Ausgangslage bis zur Handlungsentscheidung so etwas schafft wie eine künstliche Vereinfachung oder eine reduzierte Wirklichkeit.

- Die meisten großen Strategen unter den Spitzenmanagern sind im Prinzip gar nicht unmittelbar mit strategischen Entscheidungen beschäftigt. Untersuchungen ergaben, daß sie sich mehr um Bedingungen für das Zustandekommen guter Strategien kümmern, als daß sie sich tatsächlich persönlich intellektuell um die Strategien bemühen. Sie sorgen also mehr für die Ausbalancierung rivalisierender Gruppenbestrebungen. Sie sorgen sich mehr um das Klima für den Strategiefindungsprozeß, als daß sie direkt die eigentlichen Denker sind. Sie versuchen also, die äußere, vibrierende, zappelige, komplexe Situation einerseits in sich selbst widerzuspiegeln (was sie im Prinzip schon zu Spitzenkräften macht). Andererseits versuchen sie, in ihre Firmen das Bewußtsein hineinzutragen, das für das Finden einer überlegenen Strategie wichtig ist. Sie selbst sind nicht die überragenden Strategen, sie sind die überragenden Klima-Produzenten für Strategien.
- Entgegen den Lehrbuchforderungen operieren Spitzenmanager sehr selten mit klaren Zielsetzungen. Die Semantikanalysen von Quinn haben gezeigt, daß sie viel eher mit Grobumschreibungen operieren, oft nur in Form von sehr vagen und hochemotionalen Begriffen so etwas wie Richtungs- oder Orientierungsmuster andeuten. Sie sagen also eher: »Es müßte in die Richtung gehen« als »Wir brauchen dezidiert das und das Ergebnis bis zu dem und dem Punkt mit dem und dem Quantum«. Die Analysen haben gezeigt, daß der Spitzenma-

nager in erster Linie ein geistiger Generator ist oder – besser ausgedrückt – ein Generator für optimales Klima und ein Transformator für innerbetriebliche Psychokraft. Deshalb kommen seine Anweisungen auch häufig nicht aus dem Stadium des »lauten Denkens« heraus.

Hier muß ich eine Anmerkung machen: Ich habe mich vor einigen Jahren einmal bemüht, vermutlich stark unter dem Einfluß bestimmter Modewellen im Management, die Zielvorgaben außerordentlich klar und prägnant zu machen. In meinem Kopf war die Formel vorhanden: »Wenn ich schon nicht Zielklarheit habe, wie sollen dann die anderen zielklar handeln können?« Ich habe versucht, besonders beim Jahres-Meeting von Tetra Pak, ausgesprochen präzise Ziele in einer betont prononcierten Form in die Debatte zu werfen. Das Ergebnis war, und ich spürte es sofort am ersten Planungstag, nicht positiv. Zwar überall Kopfnicken. Nun war klar, was ich wollte. Nun war klar, war wir gemeinsam anstreben wollten. Aber irgendwie war die Puste raus. Heute weiß ich, daß man durch derartiges Verhalten die Selbstorganisationskräfte seiner Mitarbeiter lähmt oder geradezu verhöhnt. Es ist natürlich jetzt kein Plädoyer dafür, bewußt unpräzise zu reden und im Prinzip nicht zu wissen, was man will. Im Gegenteil. Es ist ein Plädoyer für eine höhere Management-Intelligenz, die davon ausgeht, daß die Dinge um uns herum so komplex und so instabil sind, daß wir im Prinzip nie genau wissen, warum wir was zu welchem Zeitpunkt mit welchem Quantum anstreben sollten. Wir müssen verlaufs- und korrekturoffen bleiben, wie das heute auch überall so schön in den Fachartikeln geschrieben wird. Und dafür sind offene Formulierungen wesentlich besser als künstliche Präzisionen. Und der andere Aspekt ist eben wieder mehr ein metaphysischer Aspekt. Wenn ich nur grobe Vorgaben und diese besonders stark nonverbal, gestisch-mimisch übermittele, dann ergibt sich ein anderes Raum-und-Team-Klima.

Da eine Firma in der Regel immer nur so gut ist, wie es die Menschen zulassen, glaube ich heute, daß es wesentlich wichtiger und wertvoller ist, diese Selbstmotivierungs- und Selbstfindungskräfte der Mitarbeiter zu kultivieren, als den großen Präzisionshelden an der Spitze zu spielen. Heute glaube ich, daß es wichtiger ist, den Aspekt »versuchsweise« in die Mannschaft hineinzutragen, weil man damit auf einer höheren Ebene die Signale aussendet, jeder möge von sich aus seine Wege und seine Beiträge finden. In der übergroßen rationalen Klarheit, die laut Management-Literatur den besten Manager der Welt ausmacht, liegt vermutlich ein großes Stück psychologische Dummheit. Die Psychokraft eines Teams und eines Unternehmens kann wesentlich besser dadurch kultiviert und gesteigert werden, daß man nur sehr grobe Orientierungsmuster vereinbart und einführt und diese so kommuniziert, daß sie sensibilisieren und aktivieren können. Operationale, also klar quantifizierte Ziele können genau dieses nicht.

Quinns Studien ergaben, daß die erfolgreichsten Manager sich am wenigsten nach den allgemeinen Prinzipien des guten Managements richteten. Sie stoßen in das System, also in ihre Firma, Branche oder Markt, nur mit bestimmten Impulsen ein. Sie verhalten sich so, daß sie in erster Linie lernen können durch Rückkoppelung, Resonanz und Reaktion. Sie sind also im Grunde genau das Gegenteil von dem, was man die deutsche Panzergenerals-Mentalität nennen kann. Das ist in etwa das Konzept: »Erst klug nachdenken, dann endgültig entscheiden und bis zum bittersten Punkt durchführen.« Je komplexer, wakkeliger und instabiler die Situation um uns herum, um so schädlicher ist ein derartiges Verhalten, mag es noch so klug, überlegt und generalstabsmäßig aussehen. Die Spitzenmanager in Quinns Untersuchung waren im Prinzip viel zögernder und operierten mit einer wesentlich breiteren Bandbreite von alternativen Versuchen.

Ich glaube auch, daß das eine Frage des Weltbildes ist. Je länger unser kleiner Kreis sich mit den Fragen der Erfolgsfaktoren hinter den Erfolgen beschäftigt hat, um so mehr habe ich beobachten können, wie stark Denktraditionen oder Weltbilder den Manager und die Leitenden in den Firmen beeinflussen.

Wenn ich Menschen kennengelernt habe, die ein klares – man könnte fast sagen: geordnetes, sauberes – Maschinen-Weltbild verinnerlicht hatten, dann wußte ich immer gleich, daß sie kaum Chancen hatten, komplexe Probleme zu lösen. Es sind zwar oft sehr imponierend wirkende Personen, weil sie alles so schön deklarieren, benennen und ordnen können, aber sie sind gerade durch dieses Ordnungsverhalten (was ja eine Reduzierung der komplexen Wirklichkeit auf eine geordnete Minimalwirklichkeit bedeutet) kaum in der Lage, mit den vielen Widersprüchen, den Konflikten und den Unstimmigkeiten zu leben. Sie sind auch kaum in der Lage, fließende Strukturen zu erkennen, obwohl alles um uns herum fließt und sich dauernd widerspricht.

Menschen mit einer eher augenzwinkernden Weltauffassung sind da völlig anders. Ich nenne diese Menschen »augenzwinkernd«, weil sie so tun, als sei für sie alles klar, obwohl sie gleichzeitig Signale abgeben, daß sie dies keineswegs von sich und der Umwelt annehmen. Sie sind nicht klar mit sich, und sie denken auch nicht, daß alles um sie herum geklärt werden kann. Sie gehen im Prinzip von permanent paradoxen Situationen aus, und sie akzeptieren, daß das System um sie herum instabil, widersprüchlich und fließend lebendig ist.

Quinn konnte zeigen, daß die Spitzenmanager genau dieses Weltbild verinnerlicht haben. Sie sind also in der Lage, Komplexität und Unstimmigkeit zu akzeptieren, und versuchen auch gar nicht, sich auf vollständige Ordnung oder vollständige Informationslage auszurichten. Ich leide sehr oft darunter, daß meine Mitarbeiter versuchen, so etwas wie eine endgültige Ordnung herzustellen. Sie wollen damit im Prinzip etwas sehr Richtiges und Gutes. Sie wollen Regeln schaffen wie etwa »In unserem Hause wird Werbung immer so gemacht« oder »Der Markt ist im Prinzip endgültig so und so zu verstehen«. Ich habe dabei ein fast wollüstiges Verlangen, derartige Festigkeiten zu zerschlagen. Und ich weiß, daß ich im Laufe der vielen Jahre viele Mitarbeiter verärgert und frustriert habe, die mich dann immer als widersprüchlich, sprunghaft oder sogar launisch erlebt haben. Das mag auch immer mit im Spiel gewesen sein. Aber je länger sich unser kleiner Kreis mit den Fragen der geistigen Kondition beschäftigt hat, um so klarer ist mir geworden, daß die Firmen und die Märkte gleichermaßen verlaufsoffene, das heißt widersprüchlich operierende Soziosysteme sind und daß ich gut daran tue, mich im Prinzip eher so zu verstehen, als sei ich ein irrender Stratege in einem Irrgarten. Alle Versuche, in diese turbulente Welt von heute so eine Art trotzige Dennoch-Ordnung und Regelhaftigkeit hineinzuzwingen, sind im Prinzip schädlich.

Besonders intensiv haben sich Peters und Waterman mit den Schäden und Nachteilen des rationalen Modells beschäftigt. Ich gehe davon aus, daß dieses Buch im Prinzip bekannt ist. Deshalb lohnt es nicht, alle Facetten noch einmal zu wiederholen. Aber einiges sollte doch in diesem Zusammenhang noch einmal aktualisiert oder vertieft werden. Auch Peters und Waterman gehen davon aus, daß das moderne professionelle Management die nüchterne Rationalität völlig überbetont. Die »Suche nach den unerschütterlichen Fakten« wird übertrieben, und damit werden die sanften, weichen oder unsichtbaren Fakten deutlich vernachlässigt. Aber Fakten, Zahlen und rationale Zielprojektionen negieren den Bauch. Sie placieren sich über Emotionen und Wertvorstellungen. Sie können weder Leidenschaften noch Selbstmotivationen hervorrufen. Und als Langfristkonsequenz bedeutet das, daß Vernunft und übertriebene Rationalität, insbesondere im Planungs- und Entscheidungsverhalten, die Kollektivkultur einer Firma ganz negativ beeinflussen, und zwar in Richtung einer »Tyrannei der Vernunft«, der man nicht entfliehen kann. Die Mitarbeiter werden dann immer unfähiger, lateral zu denken, also kreativ sprunghaft, oder durch unlogische Sichtweisen aus dem Gefängnis gestriger Strategien herauszukommen.

Ich habe von meinen Mitarbeitern eigentlich immer mehr als 100 Prozent erwartet und heimlich mit 80 Prozent gerechnet. Ich habe die Strategie dieser Über-Initiative ganz bewußt eingesetzt. Und zwar von Anfang an. Und gleichzeitig habe ich immer ausgesprochen viel semantische Offenheit investiert. Also habe ich genau das Gegenteil von dem getan, was in den Büchern steht. Denn offiziell hätte ich klare, überschaubare Zielvorgaben machen müssen, so präzis und linear begründbar wie irgend möglich, und diese Ziele gleichzeitig auf den Punkt des optimal Erreichbaren justieren müssen. Kurz: Ich hätte dafür sorgen müssen, daß ganz klar ist, was wir wollen. Und daß das, was wir wollen, auch gewollt werden kann. Ich habe es genau andersherum gemacht. Ich habe immer viel mehr gewollt und gleichzeitig viel weniger. Und ich habe darüber hinaus immer Wert darauf gelegt, daß nie ganz klar ist, was ich wirklich will. Die Mitarbeiter sind, wenn man sie so steuert, wenn man sie so führt und wenn man sich so als kultivierende Kraft ihrer Fähigkeiten versteht, viel besser, als man es vorher erahnen kann. Wenn man Kreativität, Widerspruch und Ausbruch als internes Erlaubnisklima aufbauen kann – was ich für sehr wichtig halte –, dann sind sie auch in der Lage, kreativ-schöpferisch und selbstmotiviert zugleich Wege zu gehen, die keiner von uns vorher gesehen hat. Wären die Ziele rational und vernünftig vorgegeben gewesen, würden keine anderen Wege und keine besseren Ziele gefunden werden. Der Langzeitschaden der rationalistischen Management-Strategien ist noch in keinem Buch wirklich beschrieben oder untersucht worden. Aber das will ich hier auf jeden Fall vorhersagen: Wenn es je eine solche Untersuchung gibt, dann wird man sehen, daß der Hauptschaden darin liegt, daß man auf einer höheren Ebene der Kommunikation den Mitarbeitern und den Kollegen im Führungsteam indirekt zuruft, daß sie eigentlich nicht kompetent sind.

Je rationaler die Zielvorgaben des Topmanagers und je vernünftiger und geordneter die Prinzipien und Regeln für die Interpretation der Wirklichkeit sind, desto mehr unsichtbare Degradierung der wichtigsten Ressource, das heißt seiner Mitarbeiter und Kollegen, gibt es.

Gerken hat noch ein sehr interessantes Indiz dafür gebracht, daß diese Sicht nicht ganz falsch sein kann. In der Zeitschrift »Omni« schrieb der inzwischen verstorbene, bekannte Technikexperte Derek de Solla Price, daß man auch in der Technik inzwischen eingestehen würde, daß die meisten Innovationen und ingeniösen Durchbrüche eher durch Zufall als durch Absicht entwickelt werden würden, daß Linearität kaum vorzufinden sei. So hätte man 1948 beispielsweise den Transistor erfunden. Man fand ihn im Prinzip zwar nützlich und auch interessant, aber man fand für ihn keinen Einsatzzweck. Man hatte damals, wie er schrieb, »auch nicht die dunkelste Ahnung, daß sich daraus einmal eine Weihnachtsüberraschung, das Transistorradio, entwickeln würde«. Von linearer Zielvorgabe und nachfolgender rationaler Zielerfüllung keine Spur. Die Dinge werden gefunden aus dem Sud der Widersprüche, der Zufälle und der vielfältigen Versuche, die von intuitiv-zufällig bis rational-strategisch gehen. Das Ganze ist mehr wie ein Dominospiel, das heißt, eine mehr oder weniger zufällige Reihe von Ereignissen verursacht eine in keiner Weise linearrational vorherzusehende Kettenreaktion.

Das scheint die Wirklichkeit zu sein, in der wir Manager leben. Und meine Erfahrungen haben gezeigt, daß der Manager besonders gut ist, der in seinem engsten Team diese »Sprungoffenheit im Geistigen« verankern kann. Noch besser wäre es, wenn wir durch Trainingsseminare, Workshops und Gruppenarbeit zu einer »höheren Rationalität durch Paradoxa und Irrationalität« kommen könnten.

Ich weiß natürlich, daß das keine Vokabeln sind, die ein vernünftiger und kluger Manager heute in den Mund nehmen sollte. Dennoch – wenn man die Wirklichkeit monatelang beobachtet, wie ich es im Rahmen unseres Vorhabens getan habe – kann ich nur noch lachen darüber, wieviel Zufall tagtäglich mit im Spiel ist. Besonders wenn es darum geht, kreative Ideen und innovative Ansätze zu finden. Wenn man dann erfährt, daß ein Großteil der Durchbruchsinnovationen und der größte Teil erfolgreicher Martkstrategien gar nicht mal von den großen Firmen geleistet werden, sondern von vielen Außenseitern und mittleren Firmen, dann wird man nachdenklich. Und wenn man dann die Analysen von Professor Mensch studiert, wird man feststellen, daß die innovativsten Ansätze, diejenigen Neuerungen also, die den stärksten verändernden Charakter aufweisen, fast immer von Außenseitern, Einzelgängern oder Kleinteams entwickelt worden sind. Dann begreift man auch, daß diese extreme geistige Sprunggesundheit offensichtlich nur derjenige entwickeln kann, der sich gar nicht erst in das Gefängnis extremer rationaler Geordnetheit begibt.

Eine Untersuchung des Mittelstandsinstitutes Niedersachsen hat ergeben, daß mittelständische Unternehmer völlig anders entscheiden als Großunternehmen. In der Regel subjektiver und emotionaler. Und wie Professor Dr. Eberhard Hamer zu dieser Studie schrieb, sind sie vermutlich deshalb subjektiver und gefühlsbetonter, weil sie »keine Stabsstellen für die rationale Vorbereitung haben, sich nicht im Kollegial-Gremium von Vorständen oder Geschäftsführungen oder gegenüber Aufsichtsrats-Organen mit rational-ökonomischen Argumenten rechtfertigen müssen und vor allem ihre Betriebs- und Privat-Situation noch als Einheit betrachten«. Bei Dr. Hamer klingt es, als sei es ein Nachteil, wenn das Ratio-Korsett und der Mythos der linearen Vernunft außen vor bleiben. Wenn man die Untersuchungen der Innovationsforscher betrachtet, wird man da skeptischer.

Woher kommt denn der Trend, der auch die großen Firmen mehr und mehr erreicht hat, daß man wieder zu den kleinen operierenden Einheiten hin will (Dezentralisierung, *small is beautiful)?* Woher kommt denn der neue Trend zum Entrepreneurship, einer neuen Modewelle aus den USA, die den kleinen Handlungseinheiten nicht nur Handlungsautonomie geben will, sondern bewußte unternehmerische Gestaltungsfreiheit? Das alles ist doch unter anderem erklärbar aus der intuitiv gefühlten Wahrheit, daß wir täglich einen Kampf gegen die Handlungstradition und die rationalen Dogmen von heute führen. Wenn beide zusammenwirken, verleugnen wir die stärkste Waffe des Spitzenmannes: sein laterales Denken und seine Sprungbereitschaft, seine Fähigkeit also, sich auf die drei Merkmale unserer heutigen Wirtschaftswirklichkeit optimal einzustellen . . . Und diese heißen Instabilität, Unkalkulierbarkeit und Unbestimmtheit.

Ich möchte gern bei Peters und Waterman bleiben. Allein schon deshalb, weil die meisten von uns dieses Buch kennen. »Auf der Suche nach Spitzenleistungen«, der Titel allein sagt ja schon, daß es offensichtlich einige exzellente Firmen gibt, die die Kriterien vorzeigbarer Exzellenz gepachtet haben. 43 exzellente Unternehmen sind von den beiden McKinsey-Beratern gekrönt worden, aber schon zwei Jahre später waren diese Spitzenleistungen offensichtlich flüchtig geworden. Es zeigte sich nämlich sehr schnell, daß Atari, Avon, Caterpillar, Chesebrough-Pond's, Delta-Airlines, Digital-Equipment, Eastman-Kodak, Hewlett-Packard, Levi Strauß, Revlon, Texas Instruments, Tupperware und Walt Disney, ehemals hochkarätige Firmen, plötzlich nicht mehr exzellent waren. Sie waren *in trouble.* Sie hatten Sorgen. Sie waren in mehr oder weniger deutlichen Marktkrisen. Ihr Heiligenschein war verblaßt, wie die Zeitschrift »Absatzwirtschaft schrieb. Warum? Sie hatten im Prinzip einen entscheidenden Fehler gemacht. Sie hatten ihre Innenkultur (Firmenkultur und innere Selbstbeauftragung) zwar sehr gut aufgebaut und verfestigt, aber sie hatten keine Kultur für die Wirklichkeit da draußen. Ihre sogenannte »Außenkultur« war nicht entwickelt worden. Und diese hätte auch völlig anders aussehen müssen als eine gute Innenkultur, nämlich flexibel, widerspruchsoffen, verlaufsoffen, nonlinear. Die Zeitschrift »Business Week« schrieb: »Die einzigen Konstanten des Erfolgs sind Flexibilität und die permanente Bereitschaft zur Veränderung.«

Und hier genau setzen meine Beobachtungen ein. In der Sekunde, in der man auf unerschütterliche Fakten setzt und glaubt, die wirklichen, stabilen Regeln des Erfolgs erkannt zu haben, in der Sekunde also, in der man heimliche oder offene Ordnungsprinzipien mit linear-rationaler Intelligenz verbindet, in der Sekunde beginnt man, eine innere Wirklichkeit aufzubauen, die sich mehr und mehr von der Außenwirklichkeit entfernt. Instabilität, Turbulenz, Unüberschaubarkeit, das alles sind Kriterien des Umfeldes. Und wenn man dieses Umfeld, also die Konkurrenz, den Handel, die Verbraucher, die sozialen Bewegungen der Gesellschaft, wenn man all dieses Gebräu da draußen, das permanent rivalisierend miteinander ringt, verstehen und nutzen will, dann muß man fähig sein, seine klaren Zielsetzungen eine Etage höher aufzuhängen. Ich habe gelernt, daß diejenigen Ziele am besten sind, die eher offene Meta-Ziele sind. Und ich habe im Laufe der Jahre begriffen, daß das eigentliche Ziel folgendermaßen lauten müßte: Unsere Firma will erreichen, daß wir die Bewegungen des Umfeldes optimal widerspiegeln. Wir wollen eine stabile permanente Instabilität erreichen. Wir wollen erreichen, daß wir uns dauernd verändern, und zwar möglichst antwortsadäquat zur veränderten Umfeldwirklichkeit, daß heißt zu den veränderten Strukturen, zu den veränderten Machtrelationen, zu den veränderten Bedürfnissen, zu den veränderten Erwartungen und Schwerpunkten.

An dieser Stelle wird sicher deutlich, daß aber diese höhere Rationaltät, von der ich hier rede, weit entfernt ist von der klassischen Verkündungsrationalität, die im Management üblich ist. Das geht so weit, daß wir im Prinzip von der Kleidung bis zu unserer Sprachkultur eine Vernunftsfassade kultiviert haben, die zwar nicht geradezu schädlich ist, die aber für die kommenden, turbulenten Zeiten außerordentlich hemmend sein kann. Haben wir eigentlich den Mut, so frage ich das Topmanagement, zu begreifen, daß kreative Unbotmäßigkeit in zunehmendem Maße die Voraussetzung für jene neue Zielgröße der stabilen Instabilität wird? Mit anderen Worten: Wer schafft es, unser Selbstbild dahingehend zu korrigieren, daß wir uns die kreative flexible Kultur zugestehen, die für unsere kreativen und anpassungsflexiblen Strategien optimal wäre? Wann, so frage ich schon ein wenig zarter und innerlich in Deckung gehend, haben wir den Mut, kreative Zerstörung (ein Terminus von Schumpeter) nicht nur hinter den falschen Fassaden der zum Mythos gewordenen Rationalität zu betreiben?

Wir haben in unserem Kreis sehr häufig darüber diskutiert, ob diese andere Wirklichkeit des Managers jemals die Chance hat, zur offiziellen Wirklichkeit zu werden. Und wir haben häufig Arbeitshypothesen gebildet, die uns helfen sollten zu begreifen, warum wir alle eine A-Fassade haben, wenn der eigentliche Erfolg durch unsere B-Kompetenz erzielt wird. Ich habe mich selbst beobachtet. In den Vorphasen für wichtige kreative Prozesse habe ich mich außerordentlich sprunghaft, fast ungeordnet verhalten. Ich habe mich leiten lassen von spontanen Einfällen, von Zufällen und von Impulsen, die eher aus dem Vorbewußtsein kommen, als daß ich sie mit meinem Gehirn geläutert hätte. Ich bin immer gut damit gefahren. Und wenn wir dann alle Mann um den großen Tisch saßen und mit der großen Planungssitzung begannen, dann hatte jeder die rationale Lüge im Gesicht, und es begann ein außerordentlich überflüssiges intellektuelles Ritual, in dem wir uns wechselseitig bescheinigten, daß wir uns alle jederzeit wie Vernunftsmenschen gebärdet hätten, kalkulierbar, berechenbar, kausal-logisch, linear. Und erst wenn es mir gelungen war, dieses traurige und die Kräfte dezimierende Spiel zu durchbrechen, erst dann kam immer so etwas wie eine Durchbruchschemie in unser Team, in unseren Raum. Natürlich habe ich oft innerlich geschmunzelt und mich gefragt, warum wir nicht gleich von vornherein anders arbeiten und warum wir nicht kreative Rituale anstelle von Vernunftsritualen setzen. Wenn wir alle wissen, daß die Spitze der Manager, und das ist ja schließlich die Quintessenz der Untersuchungen von Mintzberg, Quinn und anderen, alles andere als kausal-linear operiert, dann brauchten wir keine Zeit und keine Energie zu verschwenden für ein mattes, ewig gleiches Schauspiel, das dort heißt »das Potemkinsche Dorf mit dem Namen Rationalität«.

Vielleicht hat mir hier meine schauspielerische Affinität oft geholfen. Ich habe ganz zu Beginn meines Weges im Busineß die Schauspielerei als Beruf gesehen, ich habe die Bühne kennengelernt und kenne das faszinierende metaphysische Feld, das sich aufbaut, wenn man eine Illusion verkörpert, wenn man eine Person, das heißt eine psychische Realität, aus dem eigenen Körper und aus der eigenen Seele heraus gestaltet. Vielleicht fällt es mir deshalb leichter als anderen Managern, die eher den klassischen Weg der Universität und der Business Schools gegangen sind, diese Potemkinschen Rituale zu zerbrechen. Vielleicht ist es mir immer leichter gefallen, die vornehme Blässe wechselseitiger Vernunftsverbeugungen voreinander mit meiner berlinerisch angehauchten Ruppigkeit so oft zu durchstoßen, daß der frische Wind der Kreativität hineinwehen konnte.

Wie dem auch sei, eines ist sicher: Das Umfeld wird für das Management immer entscheidender. Und dieses Umfeld wird immer turbulenter, immer instabiler und immer unberechenbarer. Wir brauchen eine neue Kultur für diese unberechenbare Turbulenz, und diese neue Kultur liegt sicher im Weltbild, in der Persönlichkeit, in der intuitiven Qualität des Topmanagers und in seiner Kompetenz, seine Kollegen und sein Management-Team so zu pflegen und zu kultivieren, daß es reif wird für diese neue Strategie der stabilen Instabilität. Das ergibt eine zweifache Aufgabenstellung für den zukünftigen Manager:

1. *Er muß eine neuartige Management-Praxis entwickeln:* Vermutlich wird er sie nicht von den Universitäten bekommen. Die Universitäten werden wahrscheinlich aufgrund der Angst der Wissenschaftler vor den anderen Wissenschaftlern sehr viel länger am alten Modell der beweisbaren Faktizität festkleben. Wir Manager müssen also aus uns heraus eine neuartige Management-Lehre entwickeln, und die muß von Instabilität, Unbestimmbarkeit, Unberechenbarkeit ausgehen. Wir müssen neue Gesetze, Regeln und Modelle schaffen für diese nonkausale Wirklichkeit, die unser morgiges Zuhause sein wird.
2. *Er muß eine neue Management-Persönlichkeit entwickeln:* Es sind nicht nur das Denk- und das Modellsystem des Managers zu verändern, sondern auch das Bild von uns selbst, die eigene Rolle des Managers, das Selbstbild des Managers und die verborgene Psychokraft des Managers. Das bringt uns nunmehr zu dem zweiten Teil meiner Reflexionen und Analysen: Wir müssen eine neue, bewußte Kultur der Subjektivität im Management entwickeln.

2. Kapitel
Die subjektive Konstruktion der Welt

Ich möchte eine Geschichte erzählen, die mich sehr nachdenklich gemacht hat, als ich sie das erstemal las. Und zwar handelt es sich um eine Begebenheit, die vielleicht erfunden ist. Vielleicht ist es nur eine Anekdote, vielleicht ist sie aber auch wahr. Auf jeden Fall habe ich sie aus einem angesehenen Wirtschaftsmagazin, und in denen soll ja das meiste glaubwürdig sein.

Es handelt sich um IBM. Wir alle wissen, daß IBM heute auch im Bereich der Personal- und Kleincomputer tätig geworden ist. Aber das war nicht immer so. Es hat eine Zeit gegeben, in der IBM nur an das große Geschäft dachte . . . natürlich nur an große Maschinen. Große Computer sollten es also sein, die möglichst auf Basis langfristiger Leasingverträge das große Geschäft bringen sollten. Und als dann IBM auf die neuen – damals noch sehr kleinen – Märkte der Personalcomputer hingewiesen wurde, soll der Sprecher von IBM folgenden historischen Satz gesagt haben: »IBM produziert kein Spielzeug.«

Mag es wahr sein oder nicht. Auf jeden Fall spricht die Realität dafür, daß IBM so gedacht hat. Man hatte damals wirklich den Kleincomputerbereich außen vor gelassen. Natürlich hat sich das einige Jahre später schlagartig geändert, und heute sagt John F. Akers, daß man sich in sehr, sehr kurzer Zeit fast gänzlich auf den Kopf habe stellen müssen. Man habe das schmerzlich begriffen, denn man mußte sich in kürzester Zeit die Kompetenzen, Technologien und Vertriebswege für Personalcomputer aneignen.

Ich will IBM gar nicht kritisieren. Die Firma ist so bedeutend und groß, daß man schon aus diesem Grunde fast gar nichts sagen kann. Aber den Aspekt der subjektiven Weltsicht, den möchte ich doch anhand dieses Beispiels aufzeigen:

Wir alle wissen, daß IBM viele hochkarätige Experten für Marktprognostik hat. Wir alle wissen, daß IBM mit Statistiken und Zahlen außerordentlich gut umgehen kann. Wieso haben sie dann den kommenden Trend für Homecomputer übersehen?

Mit Verlaub, es ist eine Frage der subjektiven Ideologie. Man sieht die Welt nur so, wie man sie gerne sehen möchte. Oder – um es mit Marilyn Ferguson zu sagen –: »Man kann nur das lernen, was man eigentlich schon kennt.« IBM hatte eine sehr feste Intention, und die lautete: »Großes Geschäft mit großen Computeranlagen.« Wenn man einmal eine solche Fiktion im Kopf hat, dann interpretiert man die Zahlen natürlich so, daß die Fiktion genährt und gestützt wird. Man konstruiert seine subjektive Wirklichkeit so, daß sie, den Strategien und Zielen entsprechend, dienlich wird.

Und damit sind wir genau bei der entscheidenden Frage: Warum haben die Manager soviel Angst vor Subjektivität? Wir sind subjektiv vom ersten Atemzug bis zum letzten. Wir arbeiten im Prinzip auch alle überwiegend subjektiv und zumeist auch hervorragend intuitiv . . . doch darauf kommen wir später noch. Aber wenn wir dann in den Konferenzen sind, im Ausschuß oder bei Kollegen, dann tun wir so, als ob wir nach folgendem Muster arbeiten und entscheiden würden: zuerst die Fakten und die rationalen Konsequenzen, also die kausalen Schlußfolgerungen, und dann ganz zum Schluß – vielleicht wie eine Prise Salz – ein Schuß Gefühl. Diese Weltsicht ist überall verbreitet, und sie ist nichts anderes als ein Potemkinsches Dorf. Ich behaupte sogar, es sei eine Art Verteidigungsrationalismus aus purer Angst heraus.

Psychologen haben oft genug darauf hingewiesen, daß eine sehr kraftvolle Persönlichkeit Emotion – und damit Subjektivismus – offen zeigen kann. Man könnte sogar andersherum argumentieren: Je kraftvoller, entwickelter und gleichzeitig weiter eine Persönlichkeit ist, um so mehr Emotionalität und Subjektivität in der eigenen Person. Je enger und neurotischer eine Person ist, um so rational-dogmatischer ist sie in der Regel.

Wir haben in unserem kleinen Kreis auch über diesen Aspekt sehr intensiv diskutiert und sind heute mehr denn je der Meinung, daß die wirklichen Spitzenmanager hinter den rationalen Masken immer eine hohe Kultur der subjektiven Weltkonstruktion betreiben. Um das noch einmal zu sagen: Sie konstruieren ganz bewußt ein subjektives Weltbild!

Gerken hatte, als wir uns wieder einmal trafen, inzwischen einiges Material zu diesem faszinierendem Thema der Subjektivität zusammengetragen. Und er war auf eine Art Goldader gestoßen. Ich war am Anfang etwas skeptisch, weil all das, was wir da gemeinsam analysierten, lasen und diskutierten, so unerhört abstrakt war. Und ich habe nie ein Hehl daraus gemacht: Allzu abstrakte Modellbildungen und Theorien können eben genau das Gegenteil von Subjektivität und Emotionalität sein. Sie sind häufig nur als Konstrukt richtig und damit weit entfernt von der Wirklichkeit. Aber das Paradoxe ist, daß gerade diejenigen Wissenschaftler, die sich besonders intensiv mit der subjektiven Weltkonstruktion beschäftigen, so ausgesprochen abstrakt und schwierig zu verstehen sind. Es handelt sich um eine Forschungsrichtung, die auch Konstruktivismus genannt wird.

Lassen Sie mich versuchen, dieses ganze hohe Thema ein bißchen plastischer und konkreter zu formulieren, als es manchmal üblich ist. Ich weiß, daß ich damit viele wissenschaftlich ambitionierte Leser verärgern werde, aber ich weiß auch, daß es viele Praktiker und Manager gibt, die dankbar dafür sein werden, daß nicht alles immer so wissenschaftlich richtig, aber eben dafür doch verständlich ausgedrückt wird.

Lassen Sie es uns gemeinsam versuchen: Das Wichtigste, das der Konstruktivismus bisher mit seinen Forschungen und Analysen erbracht hat, ist die Tatsache, daß Realität von Kindesbeinen an immer konstruiert wird. Es gibt eben keine Trennung zwischen Subjektivität und Objektivität. Das alte Modell, das wir alle im Kopf haben, ist schlichtweg falsch. Dieses Modell lautete: Ich bin immer ein Subjekt, und es gibt um mich herum eine Welt, die aus Objektivitäten besteht. Und ich kann mir im Prinzip jede Objektivität anschauen. Genau das gibt es nicht.

Wie Piaget, der Schweizer Experimentalpsychologe, demonstrieren konnte, beginnen auch Kleinkinder ihre Welt durch Sensomotorik, also durch Sehen, Schmecken, Betasten, Fühlen und Riechen, zu konstruieren. Und man kann sehr gut zeigen, daß die Art der Sensomotorik die Qualität und Ausrichtung des Weltbildes ausmacht. Das, was man im wahrsten Sinne des Wortes nicht subjektiv »inhaliert« hat, wird eben nicht zur Welt. Es findet im Prinzip nie eine Welt außerhalb des Subjektes statt.

Bis dahin ist ja noch alles ganz einfach. Aber die Konsequenz ist schon sehr wichtig: Die höchste Rationalität des Managers ist die anzuerkennen, daß er immer ein subjektives Weltbild hat. Die Schlußfolgerung daraus: Wenn dem so ist, müßten wir alles tun, um unsere Subjektivität nicht nur zähneknirschend oder verschämt zuzulassen, sondern sie sogar zu fördern und zu qualifizieren, ja . . . ein Profi der Subjektivität zu werden.

Ein Teil der unsichtbaren Kraft des erfolgreichen Managers liegt darin, daß er sich seine Subjektivität bewahren konnte oder daß er sie sogar professionalisieren konnte, obwohl die Umwelt um uns herum immer nur lineare Vernunft, glasklare Rationalität und damit verkopfte Qualitäten anerkennen kann.

Gehen wir ein bißchen weiter: Piagets Forschungen haben auch ergeben, daß »keine Erkenntnis allein durch Perfektionen kommt, denn diese sind immer von Aktionsschemata begleitet«. Er weist darauf hin, daß das Wort »Faktum« deshalb nie eine Faktizität, das heißt etwas objektiv gleichmäßig Stimmiges, ist. Faktum kommt vom lateinischen *facere*, und das heißt schlicht »machen«. Also werden Fakten gemacht. Wirklichkeiten werden gemacht. Objektive Weltbilder werden subjektiv gemacht. Und wenn man beispielsweise von sich selbst, von seiner Firma und von seinem Markt ein Abbild, also einen Wirklichkeitsentwurf, hat, dann muß man in jeder Sekunde daran denken, daß dies alles im Prinzip im Kopf konstruiert ist. Man zielt mit seinen Strategien, Konzepten und Maßnahmen auf eine Wirklichkeit (auch Ziele sind formulierte Wunschwirklichkeiten) und weiß, daß diese nicht etwa objektiv sind, sondern daß sie vom

Manager konstruierte Wirklichkeiten sind. Kurz: Wir tun ja alle nur so, als gäbe es Objektivität.

Die Konsquenz daraus ist aber wichtiger als die Tatsache als solche. Sie lautet: Wenn ich weiß, daß ich mit meinen Strategien und Maßnahmen auf eine von mir selbst entworfene Wirklichkeit ziele, dann muß ich in erster Linie dadurch besser werden, daß ich die Wirklichkeit besser entwerfe. Also geht es nicht darum, bessere Strategien zu finden, was natürlich nicht unwichtig ist. Und es geht auch nicht so sehr darum, bessere Ideen zu haben, was gleichermaßen wichtig ist, sondern es geht im tiefsten Kern darum, eine bessere Wirklichkeit zu konstruieren, damit ich ein besseres Wollen formulieren kann.

Lassen Sie uns wieder zurückkommen zu IBM. Wenn ich glaube, eine heutige Wirklichkeit zu sehen, in der die Kleincomputer Spielzeug sind, dann werde ich meine internen Ressourcen, meine Kreativität und die gesamte Leistungsfähigkeit meiner Firma so steuern, daß mir in Sachen Kleincomputer nichts Vernünftiges einfällt.

Vielleicht werde ich sogar so weit gehen, daß ich Strategien oder Maßnahmen erfinde, um die ersten zaghaften Trends, die in Richtung Kleincomputer abfahren, zu bremsen. Ich werde vielleicht sogar aufgrund einer falschen Wirklichkeitskonstruktion gegen die Wirklichkeit arbeiten. Ich werde meine Kraft gegen die wirkliche Wirklichkeit einsetzen.

Ich weiß nicht, ob Sie mich hier richtig verstanden haben. Es ist sicher gut, optimale Strategien zu finden. Aber das eigentliche Problem des Spitzenmanagers, der eine große Firma, Hunderte, Tausende, ja Zehntausende von Menschen stimulieren, kultivieren und global führen soll, ist die Tatsache, daß er nur das wirklich anstreben kann, was er sieht. Deshalb muß er sein Sehen verbessern. Und er muß dafür sorgen, daß er eine bessere Wirklichkeit konstruiert. Seine persönliche Optimierung kann nur gelingen, wenn er endlich einmal zugibt, daß alles Heil in der Subjektivität liegt. Solange man sich seiner Subjektivität schämt, solange man davon träumt, es gäbe objektive Fakten, auf die man sich doch bitte schön zurückziehen könne und auf die man sich, komme, was da wolle, verlassen könne, so lange wird man kaum in der Lage sein, einen offensiven Weg zu finden, um die eigene Wirklichkeit zu verbessern.

Als wir an einem Sommertag unter vier großen Eichen zusammensaßen (es war in Worpswede bei Bremen, und es war ein traumhafter Tag, und es war ein Landgasthof, der neben diesen uralten Eichen auch noch eine eigenartige naturmeditative Atmosphäre bot), sprachen wir darüber, wie man denn seine Subjektivität oder seine subjektive Wirklichkeitskonstruktion verbessern könne. Kurz: Wir diskutierten die Praxis der Wirklichkeitsverbesserung. Wir wollten wissen, wie man denn besser werden kann, wenn man doch selbst sein eigenes Subjekt ist. Oder anders ausgedrückt: Kann man sich überhaupt in seiner Subjektivität verbessern, wenn man sich selbst doch permanent belügt oder wenn man sich selbst nie von außen sehen kann?

Ich glaube, man kann das. Ich will auch einen Weg aufzeigen, ich will mich nicht vor der Antwort drücken.

Wir besuchen einfach einmal den amerikanischen Psychologen Philip Tetlock. Er hat eine Professur an der Universität von Berkeley in Kalifornien. Nehmen wir mal an, wir seien jetzt bei ihm im Wohnzimmer und würden ihn fragen, was die Konsequenzen des Konservativismus seien. Dann würde er antworten: »Oh, wie schön, daß Sie gerade mich fragen, denn das ist mein Spezialgebiet . . . ich beobachte die Konstruktion von Wirklichkeit entsprechend den Denktraditionen, den Ideologien und den unterschiedlichen Einstellungen.« Und er würde natürlich sofort ins Erzählen kommen. Die Essenz seiner vielen, vielen Anekdoten, Forschungsergebnisse und Fakten wäre etwa folgende:

Wer konservativ denkt, denkt geistig und intellektuell beschränkter.

Sie werden sagen: Was für eine harte, um nicht zu sagen zynische Aussage. Dennoch, wir müssen zugeben, daß sie immerhin recht gut wissenschaftlich abgesichert ist. Und es ist im »Journal of Personality and Social Psychology« alles fein säuberlich veröffentlicht. Tetlock hat einen Ideologiewert zum Ausgangspunkt gemacht. Die ADA (Americans for Democratic Actions) publiziert jährlich den Ideologiewert von US-Senatoren. Nun hat Tetlock gesagt, wenn man in etwa einstufen könne, wer konservativ, liberal oder progressiv sei, dann könne man erforschen, wie denn eine solche innere Haltung auf die Erfassung von Wirklichkeit wirke. Das Ergebnis ist eben das, was wir oben kurz in einem Satz zusammengefaßt haben: Je mehr man sich den Luxus der konservativen Weltsicht erlaubt, um so weniger sieht man die Welt mit all ihren Veränderungen, Widersprüchen und Entwicklungen. Konservatives Denken ist in der Regel ein Denken, das einen Teil der Welt anhalten möchte – nach dem Motto: Haltet die Welt an, ich will aussteigen! Wer also als Manager auch noch stolz darauf ist, daß er im geistigen Feld konservativ ist (ich meine hier jetzt nicht die Frage, ob er einen Nadelstreifenanzug trägt oder ob er etwas lässiger gekleidet ist), der genehmigt sich eine subjektive Wirklichkeitskonstruktion, die an der wachsenden Komplexität der Märkte und der Gesellschaft vorbeiläuft. Er genehmigt sich eine reduzierte Wirklichkeitskonstruktion, die den wachsenden Turbulenzen in unserer Zeit nicht mehr entspricht. Wir müssen also als Manager zugeben, daß zwischen unserer Denkhaltung (konservativ bis progressiv) und unserer Erkenntnisintelligenz, was Wirklichkeit, Umfeld, Turbulenz und Komplexität betrifft, eine direkte Verbindung besteht. Noch einmal: Eine konservative Geisteshaltung sorgt dafür, daß wir nicht all das wahrnehmen, was wir wahrnehmen müßten.

Also haben wir schon den ersten Weg, um die unsichtbare Kraft in uns Managern zu erhöhen. Wir müssen uns geradezu »geistig peitschen«, nie konservativ zu werden. Wir können jeden Tag graue oder blaue Anzüge tragen. Wir können unseren Mercedes-Benz so fahren, als würden wir in einer Kutsche sitzen. All das sollten wir aber im Prinzip als Maskerade höherer Seriosität verstehen. Wir sollten das tun, weil man uns nur so die Busineßprofession abkauft. Wir sollten das mit einem heimlichen Augenzwinkern tun. Aber dahinter sollten wir alles tun, um die

Veränderung zu lieben. Und wenn wir uns dabei ertappen, daß wir auf eine Neuerung mit dem inneren Stoßgebet reagieren: »Was soll denn das schon wieder, so ein Unsinn«, dann sollten wir uns so lange mit dem linken Fuß auf den rechten treten, bis wir uns an unser Versprechen erinnern, alle Änderungen im Prinzip erst einmal zu begrüßen. Denn diese Geisteshaltung ist die einzig richtige, um sich eine permanent revolvierende, zeitgeistig optimale Wirklichkeitskonstruktion zu erlauben.

Noch einmal: Ich plädiere dafür, auch blödsinnige, dumme oder überflüssige Mechanismen und neuzeitliche Impulse wahrzunehmen. Ich plädiere dafür, sie nicht sofort auszugrenzen oder durch Mißachten zu bestrafen. Warum? Erstens ist es nicht schlimm, wenn man sich auch für Dinge interessiert, die unser Interesse »nicht wert« sind, weil wir überhaupt nicht wissen können, was unser Vor- und Unterbewußtsein mit diesen Informationen macht. Ein Großteil des kreativen Potentials von Führungspersönlichkeiten entwickelt sich unter Ausschluß unserer Ratiokontrolle, und zwar im Vorbewußtsein. Dort gibt es offensichtlich so etwas wie eine ganze Armee von geistigen Helfern, und wir dürfen denen nicht vorschreiben, welchen Informationsbrocken sie mit welchen anderen Informationsbrocken kombinieren. Diese geistigen Helfer da unten in den unsichtbaren Gefilden unseres Bewußtseins können aus Blödsinn goldene Ideen machen. Die kombinieren ja nicht die Fakten so, wie wir sie permanent beurteilen oder verurteilen: Das ist seriös, das ist unseriös. Die kombinieren diese Fakten völlig anders, und zwar höchst kreativ spontan und lateral, also außerhalb jeder linearen Folgerichtigkeit.

Der erste Weg, unsere unsichtbaren Kräfte zu verbessern, ist daher die Überwindung des geistigen Konservativismus, und das Konzept dafür lautet: Bauen Sie sich eine innere Programmatik auf, die davon ausgeht, daß im Prinzip alles, was neu ist, gut ist, daß alles, was progressiv und irritierend ist, von Ihnen vorbehaltlos geliebt wird. Ich empfehle nicht, das allen mitzuteilen. Man könnte Sie leicht für verrückt oder überspannt halten. Sie können das zu Hause tun. Sie können das schmunzelnd für sich allein tun. Aber genießen Sie alles Neue, alles Verrückte, alles Progressive. Und zwingen Sie Ihr Gehirn dazu, die konservativen Vorverurteilungen ein für allemal einzustellen. Nur so wird Ihre Erkenntnisintelligenz, wie es Tetlock nennt, immer größer.

Ich möchte auch noch darauf hinweisen, was wir in unserem Kreis erkannt haben: Wir leben in einer Zeit, in der einige Fluktuationskräfte eine permanente Turbulenz erzeugen. Und diese zentralen Turbulenzkräfte lauten: Gentechnologie, Solarenergie, Telekommunikation, Roboterisierung und Computer. Was diese Veränderungskräfte an Erosionskraft und Neuprägekraft in die Gesellschaft schleudern, das sucht seinesgleichen. Das ist, wie Professor Häfner und andere immer wieder betonen, historisch einzigartig. Deshalb versagen auch die Vergangenheit und die Geschichte als Erkenntnis-und-Beurteilungs-Fundament. Wir sind in einer einzigartigen, turbulenten Situation. Und diese Turbulenz wird anhalten – davon bin ich fest überzeugt – bis weit in das Jahr 2000 hinein. Paul Hawken, der das berühmt gewordene Buch »The Next Economy« geschrieben hat, glaubt, daß wir erst dann wieder zu einer relativen Stabilität zurückkehren, wenn die Informationsgesellschaft ihre erste Reife erreicht hat, und das wird vermutlich so zwischen 2030 und 2040 sein können. Vor uns liegen also viele Jahre oder gar Jahrzehnte der permanenten Turbulenz. Turbulenz und Instabilität werden unser tägliches Gefühl prägen.

Aber nicht nur Turbulenz kommt immer stärker ins Spiel, sondern auch Komplexität. Wir schaffen uns – historisch völlig einzigartig – durch neuartige weltweite Kommunikationsvernetzung eine Welt, die immer arbeitsteiliger und immer vernetzter ist. Alles hängt immer mehr mit dem anderen zusammen. Alle kausal-linearen Modelle, die nach dem Motto funktionieren: »Wenn ich hier auf den Knopf drücke, geht dort hinten das Licht an«, funktionieren nicht mehr. Es gehen dann eben viele Lampen an, oder es geht gar nichts an, und manchmal gehen die Lampen auch an, wenn ich gar keinen Knopf drücke. Das heißt, wenn irgendein Staat, weit entfernt von mir, einen großen volkswirtschaftlichen Unsinn macht und wesentliche Aspekte seiner

Wirtschaft ruiniert, dann kann das meine Stückzahlen außerordentlich beeinflussen. Kurz: Die Situation, die auf uns zukommt, ist die einer herausforderndern Einzigartigkeit. Es ist die Situation permanenter Instabilität, gekoppelt an zunehmende Komplexität.

Und genau für dieses neuartige, zappelige Umfeld brauchen wir eine wesentlich bessere Erkenntnisintelligenz. Wir müssen uns selbst schneller häuten können. Wir müssen schneller entdecken können, wo wir falschen Mustern aufgesessen sind. Wir müssen schneller den Wandel erkennen und uns gleichzeitig selbst in unserem geistigen Starrsinn durchschauen.

Das ist der eine Weg. Aber es gibt noch einen anderen, zweiten Weg. Wir müssen unser Gehirn mehr fordern. Wir alle wissen ja, daß die Informationsmenge immer mehr steigt. Futurologen wie Alvin Toffler oder John Naisbitt weisen darauf hin, daß wir in zirka fünf Jahren dreimal soviel Informationen produzieren werden. Der sogenannte Informationsumschlag pro Person wird immer größer. Wir müssen in gleichen Zeitquanten immer mehr Informationen verarbeiten. Natürlich können wir uns davor drücken, indem wir die Wirklichkeit ausblenden. Natürlich können wir uns die Sache ein wenig einfacher machen, indem wir einfach einige Zeitungen, Zeitschriften und Informationen gar nicht wahrnehmen. Was ich nicht weiß, macht mich nicht heiß. Aber was ich nicht wahrnehme, kann trotzdem außerhalb meiner Wirklichkeit neue Strukturen, neue Gefahren, aber auch neue Chancen prägen. Wenn ich also immer »am Ball bleiben« will, dann muß ich versuchen, die wachsende Informationsmenge weiterhin einigermaßen zu verfolgen.

Unser kleiner Kreis hat dieses Thema sehr kontrovers diskutiert. Nun ja, wir müssen auch nicht immer einer Meinung sein! Ich persönlich glaube, daß es richtig ist, in Zukunft pro Tag mehr Informationen wahrzunehmen. Ich glaube aber auch, daß es wichtig ist, gleichzeitig neue Verfahren zu entwickeln, die die Bewertung der Informationen qualifizieren. Wir müssen früher wissen, welche Informationen brauchbar und welche unbrauchbar sind, damit wir die Muß- oder Pflichtinformationen verarbeiten und die unwichtigen Informationen zur Seite schieben können. Wir sparen dadurch Zeit und können mit dem gleichen Zeitquantum wie vor fünf oder zehn Jahren vielleicht doppelt soviel Informationen wahrnehmen. Ich plädiere also für ein gutes Info-und-Zeit-Management.

Aber die Einstellung von Gerken leuchtet mir im Prinzip natürlich genauso ein. Er sagt: »Das Gehirn kann das Vielfache an Informationen wahrnehmen. Wir müssen lernen, schneller zu lesen. Wir müssen insbesondere unser Gehirn so lange mit einer wachsenden Informationsmenge bombardieren, bis es in eine höhere Verarbeitungs-Ebene ›hineinspringt‹.« Das würde in etwa bedeuten, daß wir das Gehirn durch ein Dauerbombardement von zuviel Informationen zwingen, sich die Muster der Informationen über den Informationen zu erarbeiten. Ich habe das an mir selbst ausprobiert und mich dabei sehr gründlich beobachtet. Meine Antwort: Es ist mühsam, aber es geht. Das muß jeder einzelne Manager mit sich selbst ausmachen, ob er diesen Weg des gewollten Infostresses gehen will. Ich denke, daß die jüngere Managergeneration, die ohnehin schon darauf trainiert ist, neben dem Essen gleichzeitig Videoclips zu sehen und die Zeitung zu lesen, damit besser fertig wird. Und unser kleiner Arbeitskreis hat auch Forschungsunterlagen auf dem Tisch gehabt, die darauf hindeuten, daß unser Gehirn tatsächlich derartige multiplizierende Koordinationsleistungen vollbringen kann, ohne daß man sich frühzeitig erschöpft. Sicher ist, daß wir unserem Gehirn mehr zutrauen können.

Aber eines muß gleichzeitig dazu gesagt werden: Die unsichtbare Kraft des Managers ist sicherlich stark davon abhängig, ob wir über dem Informationsbombardement höhere Muster abbilden können. Und diese höheren Muster können wir offensichtlich nur abbilden, wenn uns auch Tiefenentspannung und innere Ruhe zur Verfügung stehen.

Kommen wir deshalb vielleicht einmal zu diesem Themenfeld, das sicherlich auch dazugehört, wenn es darum geht, besser zu sein als der normale Manager: Aus der asiatischen Sicht wissen wir, daß Informationen dann am besten wahrgenommen werden, wenn zwei Dinge, die eigentlich paradox zueinander stehen, zusammenkommen: eine intensive Hellwachheit und eine betonte Entspannung. Offensichtlich kann man das üben. Aber hier ist ebenfalls ein großes Gebiet der öffentlichen Scheu zu beobachten. Das ist ähnlich wie bei dem Thema Rationalität und Subjektivität. Ich würde prophezeien, daß wir es in fünf bis zehn Jahren als völlig normal empfinden, derartige Tiefenentspannungstechniken zu lernen und sie gleichzeitig mit einer hochkarätigen Politik der Informationsverarbeitung zu verbinden. Das gesamte Thema »Softlearning« wird zu einem Schlüsselthema für den zukünftigen Manager werden.

Zurück zu den Informationsmustern. Der Psychologe Dörner hat in seiner berühmt gewordenen Lohausen-Studie darauf hingewiesen, daß diejenigen Manager oder Entscheider, die überdurchschnittlich gute Resultate erzielen, die Fähigkeit haben, permanent Abstraktionsmuster zu bilden. Offensichtlich ist derjenige der beste Praktiker, der den höchsten Abstraktionsgrad in seinem Kopf abbilden kann. Ich halte diesen Aspekt für besonders wichtig. Warum? Ich glaube, daß der größte Teil der Manager im Grunde nicht daran glaubt, daß man in der Lage ist, Muster über den Fakten zu bilden. Wenn man nicht daran glaubt und wenn man das nicht trainiert, so wie man Muskeln trainieren muß, dann scheint man in der Informationsflut zu ertrinken. Und genau dann setzt eine falsche Streßverarbeitungsqualität ein. Dann reduziert man die Informationsmenge. Das ist zwar verständlich und menschlich, aber es ist falsch. Ja, es ist falsch.

Darüber waren wir uns in unserem kleinen Kreis immer einig: Die Reduzierung wichtiger Informationen ist ein Akt der Selbstschädigung, denn in der Sekunde, in der wir das zulassen, konstruieren wir subjektiv eine Wirklichkeit, die starrer, enger und verzerrter ist als die Wirklichkeit. Wir werden zwar nie – so das Ergebnis des wissenschaftlichen Konstruktivismus – die Wirklichkeit wirklich erfahren. Wir werden immer nur ein subjektives Abbild in unseren Köpfen haben. Aber gerade weil dieses subjektive Nadelöhr eines unserer Hauptprobleme ist, müssen wir alles tun, um die permanente kreative Zerstörung unserer Wirklichkeit zu wollen. Das kann nur dadurch gelingen, daß wir Muster über den Fakten bilden. Denn derjenige Manager, der mit Informationen hervorragend umgehen kann, ist in der Lage, abstrakte Muster zu bilden, die ihn wiederum in die Lage versetzen, die einzelnen Fakten schneller in den geistigen Papierkorb zu schmeißen.

Ich will ein Beispiel bringen: Ich habe sehr viel mit Marketing zu tun gehabt. Tetra Pak ist eine Vertriebsfirma. Wir produzieren die Maschinen für unsere Verpackungssysteme nicht in Deutschland. Wir bekommen sie aus Schweden und aus anderen Ländern. Unser Produktionsauftrag lautet dementsprechend eigentlich: »Wir müssen die Affinität, Sympathie und Akzeptanz unserer Maschinen produzieren.« Insofern war ich von Anfang an gezwungen, für Tetra Pak eine intensive Marketing-und-Kunden-Orientierung aufzubauen. Und gerade beim Marketing bemerkt man sehr schnell, wie man aufgrund der vielen Marktforschungszahlen und der sich permanent verändernden Marktstatistiken in eine eigenartige Abhängigkeit von niederen Zahlen kommen kann. Ich muß also in der Lage sein, einige Prinzipien losgelöst von den Alltagsstrukturen zu erkennen. Ich muß die Muster hinter der Faktizität erfassen können, um mich möglichst schnell vom Gestrigen trennen zu können. Nichts ist so geistig verfestigend wie die Erfolge und die Handlungsschemata der getätigten Taten. All das, was aus der Zukunft in die Vergangenheit und die Gegenwart übergeleitet wird, birgt in sich die Tendenz der Verfestigung. Oder um es mit David Spengler auszudrücken: Das Gestrige (egal, ob erfolgreich oder nicht erfolgreich) schlägt immer das Zukünftige. Das Zukünftige, das Neuartige, hat noch nicht die formative Kraft des Gestrigen. Das Gestrige ist wie ein Vampir. Ich muß also Muster bilden, und das möglichst situationsunabhängig, also abstrakt. Dann kann ich von all den Erfolgen, von all den Sachzwängen des Heute und des Gestern abheben. Es ist das, was Gerken in unseren Diskussionen immer die Adlerposition nannte. Ich erhebe mich über die heutige Realität, um dann von einer höheren Warte (Musterebene) aus die Vergangenheit abstreifen zu können.

Um es noch einmal kurz zu sagen. Der zweite Weg, für den ich einstehen würde, lautet: Bombardieren Sie Ihr Gehirn, und trainieren Sie die Brain-Fähigkeit zur Musterbildung. Sie ist im Spitzenmanager latent vorhanden. Wir können sie trainieren und ausbauen. Nur durch diese Fähigkeit zur abstrakten Musterbildung können wir das Rad der Informationsverarbeitung oder, anders ausgedrückt, die Trennung von alten Informationen beschleunigen.

Es gibt aber noch einen dritten Weg, um die Wirklichkeitskonstruktion zu verbessern. Kommen wir noch einmal zur Ausgangslage zurück. Wir haben ja gesagt, daß alle Wirklichkeit aus Projektionen und Konstruktionen besteht. Es gibt für uns Menschen keine Wirklichkeit, die wirklich ist. Es gibt nur subjektiv entworfene Wirklichkeit. Und wir haben daraus den Schluß gezogen, daß wir alles tun müssen, um gerade die subjektive Seite der Wirklichkeitkskonstruktion zu verbessern. Dann müssen wir auch in der Lage sein, unsere Lernfähigkeit zu verbessern. Wenn Wirklichkeit immer nur subjektiv ist, ist sie auch immer eine subjektiv gelernte Wirklichkeit.

Der dritte Weg bringt uns daher zu dem Themenkomplex Lernen und Verbesserung des Lernens. Erst einmal sollte ich darauf hinweisen, daß mich ein Satz, den wir in unserem kleinen Kreis intensiv besprachen, sofort fasziniert hat. Prüfen Sie einmal, ob es Ihnen ähnlich geht. Marilyn Ferguson hat einmal gesagt, daß die Vergangenheit gut gelernt werden kann und daß die Gegenwart ebenfalls gut gelernt werden kann, daß es aber sehr schwer ist, sich an die Zukunft zu erinnern, die man einmal gesehen hat. Nun ist die Wirklichkeit des Managers immer so eine Mischung aus gestern, heute und morgen. Je überlegener eine Führungspersönlichkeit, um so größer ist der Anteil der morgigen Wirklichkeit. Aber gerade die Wirklichkeit, die noch keine Realexistenz hat, verschließt sich dem Lernen. Sie ist dispers. Sie zersprüht. Der menschliche Geist kann sie nicht festhalten. Die Gehirnforschung weiß auch um diese Probleme. Und damit kommt das ins Spiel, was Marilyn Ferguson wie folgt formuliert hat: »Wir haben das Problem, uns an die Zukunft zu erinnern: Remembering the future.«

Wie kommen wir aus diesem Dilemma heraus? Ich behaupte, daß eine unsichtbare Kraftquelle des überlegenen Managers darin beruht, daß er unthematisch ausdruckt, daß er die Zukunft besser sehen kann. Ich behaupte ganz klar, daß ein Teil der Faszination einer Führungspersönlichkeit darin beruht, daß er im Sinne einer Meta-Botschaft (das ist eine ungesagte Botschaft, die man als Schwingung, als Vibration also, versteht, obwohl sie nie deklariert wird) Wirklichkeiten sieht, die andere nicht sehen. Er hat also zukünftige Wirklichkeiten gelernt. Er kann sie geistig festhalten, und damit wird er zum Führer. Etwas überpointiert ausgedrückt: Man kann nur dann die Aura von Führungsfähigkeit aufbauen, wenn man dieses Problem des »Remembering the future« für sich gelöst hat. Ich will gar nicht sagen, daß das der zentrale Punkt ist. Vielleicht ist er es, vielleicht auch nicht. Manche Führungspersönlichkeit erleben wir deshalb so brillant, weil sie über sehr viel Herzenswärme verfügt. Bei einem anderen Spitzenmanager bewundern wir seine klare Sprachkultur. Das alles ist wichtig, und wir werden vieles davon auch noch in diesem Buch streifen. Aber eines müssen alle Führungspersönlichkeiten haben, wenn sie so etwas wie eine unausgesprochene »Follow-me-Aura« aufbauen oder besitzen: Sie müssen die Zukunft in ihrem Kopf entwerfen können. Sie müssen sich selbst an diese Zukunft erinnern, das heißt, sie müssen in der Lage sein, Visionen zu lernen.

Aber, aber, werden Sie jetzt fragen, wie um Gottes willen kann man das lernen? Auch hier gilt wieder das übliche Vorurteil: So etwas hat man, oder man hat es nicht. Ich glaube, wie schon einmal ausgeführt, daß wir es uns mit diesen Formeln zu leicht machen.

Auch auf die Gefahr hin, daß Sie beim Lesen häufig den Kopf schütteln, möchte ich Ihnen sagen, wie ich die Dinge sehe, woran ich glaube, wenn es darum geht, diese Future-Qualitäten zu lernen. Das Ganze hat etwas mit Streß zu tun. Nun, ich höre geradezu, wie Sie sagen: Du meine Güte, nicht noch mehr Streß. Das ist verständlich. Aber es gibt bekanntlich falschen Streß und richtigen Streß. Oder besser gesagt: Es gibt konstruktiv-positiven

Streß und negativen, sogenannten Dis-Streß. Versuchen wir, das Phänomen Streß im Rahmen der Informationsverarbeitung vielleicht etwas zu präzisieren. Wir gehen davon aus, daß das Leben von Managern in turbulenten Zeiten immer ein Leben im permanenten Entscheidungsstreß ist. Oder anders ausgedrückt: Je mehr Turbulenz, desto größer die Anzahl der Entscheidungen. Zuerst einmal muß der Manager der Zukunft davon ausgehen, daß er das Muster der Optimalität aufgibt. In turbulenten Zeiten kann man im Prinzip nicht mehr optimal sein. Man muß revolvierend prozessual denken, fühlen und handeln und nicht mehr auf eine Optimalität hin. Wer das versucht, ist dauernd unter Zeitdruck, erlebt sich dauernd als Versager. Ich muß mich und meine Mannschaft geistig so stimulieren, daß wir uns prozessual lernend auffassen und nicht im Sinne von: »Einmal nachdenken, dann handeln, und dann ist es ein für allemal richtig.« Das ist der erste Punkt, um sich innerlich fit zu machen für ein anderes Lernen von Wirklichkeit.

Die beiden Wissenschaftler Janis und Mann haben 1977 zeigen können, daß etwas ganz Paradoxes eintritt, wenn Manager im Kontext turbulenter Welten operieren: Dann wird jeder Versuch, sich rational zu entscheiden, im Grund irrationale Reaktionen provozieren und produzieren. Entscheidungen sind immer Konflikte, zumindest in Phasen permanenter Instabilität. Und sie erzeugen und provozieren selbst beim rationalsten Manager (Sie wissen ja, daß ich glaube, daß das nur ein Potemkinsches Dorf ist) permanent emotionale Reaktionen und ein oft sehr hohes emotionales Engagement. Janis und Mann nennen das »hock cognitions«. Und sie konnten zeigen, daß Entscheidungen immer dann, wenn das emotionale Engagement des Entscheiders einen bestimmten Mittelwert überschritten hat, mit Streß verbunden waren.

Nun könnte man daraus die Schlußfolgerung ziehen: Also muß man cool sein. Je mehr Rationalität, um so mehr *coolness*. Je kühler die Entscheidung, je weniger emotionale Beteiligung, um so weniger Streß. Aber das ist falsch gedacht. Denn wir alle beobachten in unserem täglichen Leben, daß der mittlere Streß sehr wichtig ist. Zuwenig Streß erzeugt Passivität. Man läßt zu viele Probleme als irrelevant fallen. Man läßt sich zuwenig anstacheln, anreizen, daß heißt, das interne Potential bewußter oder vorbewußter Ressourcen wird zuwenig aktiviert. Bei zu hohem Streß dagegen reagieren die untersuchten Manager mit der Ausgrenzung von Wirklichkeit, sie wollen dann die Welt blitzartig vereinfachen. Sie wirken dann wie Ertrinkende, die den nächstbesten Strohhalm als dicken Ast mißverstehen. Es fehlt ihnen an Übersicht, und es mangelt an der Fähigkeit zur lustvollen, kreativen Zerstörung. Dann wird extrem stark fixiert.

Nun, die Linie ist klar. Der mittlere Streß ist der optimale. Aber so einfach ist das wiederum auch nicht. Was heißt denn das: der mittlere Streß? Die Untersuchungen der Streßforscher haben zeigen können, daß Streß ebenfalls eine subjektive Größe ist. Da wir gerade beim Thema Subjektivität sind, sagen wir es als Formel: Das subjektive Maß an Streß kann durch subjektive Strategien gesteuert werden. Wenn Streß immer subjektiv ist, kann ich als Subjekt auch dafür sorgen, daß ich die gleiche Menge Streß subjektiv als weniger Streß erlebe. Wir Manager sollten also lernen, uns geistig so zu konditionieren, daß wir nie in das Feld des heißen Stresses hineinrutschen. Und nun kommt das eigentlich Interessante: Wenn wir unser subjektives Streßvolumen selbst steuern können (man muß sich das so vorstellen wie beim Gashahn: Wir können die Gasflamme sehr groß und heiß machen, und wir können sie sehr klein und lauwarm machen), dann fragt es sich, womit wir hier regelnd eingreifen können. Die Antwort: durch Visionen, durch die Liebe zur Zukunft. Das ist sicherlich eine völlig unerwartete Antwort. Aber ich habe das an mir selbst ausprobiert und bin immer wieder auf das gleiche Ergebnis gekommen: Ich habe beispielsweise Mitarbeiter beobachtet, die gegen die neue Computerwelt sind. Sie haben eine etwas zynisch abwehrende Haltung gegen Computer, Chips und gegen all diesen modernen neumodischen Kram. Diese Menschen haben also eine eher negative oder sogar unausgebaute Zukunftsvision. Und sie kommen, wenn sie nun Entscheidungen treffen müssen, die in Richtung Zukunft gehen, ausgesprochen schnell in die Zone der heißen Irritationen. Die Forschungen von Janis und Mann haben das, was ich jahrzehntelang gefühlt habe, praktisch bestätigt: Jeder Mensch ist in der Lage, den subjektiven Streßgrad subjektiv zu manipulieren. Und je selbstsicherer und zukunftsliebender ein Manager ist, um so weniger Streß erzeugen in ihm innovative Informationen, Störungen und unerwartete Handlungsalternativen. Je mehr Machtlosigkeit ich erlebe, um so heißer der Streß. Denn Machtlosigkeit ist ein privat-internes Gefühl, das unabhängig ist von Visionen. Je mehr Vision, je mehr Glaube an die eigene Kompetenz, an die eigene Zukunft (wobei ich nicht nur die Zukunft des Managers, sondern die seines Unternehmens meine), um so geringer der destruktive Faktor des Gefühls von Machtlosigkeit.

Ich habe versucht, daraus eine Art Regel zu bilden. Prüfen Sie, ob Sie ihr folgen können! Die Turbulenz um uns herum und der permanent sich steigernde Wirklichkeitswandel erzeugen im Prinzip bei jedem Manager viel Streß. Je mehr Visionssicherheit ein Manager für sich erarbeitet hat, um so geringer das destruktive Gefühl der Machtlosigkeit. Je besser ein Manager diese Zukunftsgewißheit in sein Unternehmen einbringen kann, um so gesünder wird der Streß, um so mehr bewegt er sich in Richtung des mittleren Stresses. Die Bandbreite des mittleren Stresses ist das ideale geistige Feld, um permanent aktiviert und engagiert zu sein, ohne die klassischen Fehler zu machen, die aus heißem Streß kommen: Informationsabschottung, Wirklichkeitsausblendung und selektives Vergessen.

Wie finden Sie das? Es ist vielleicht ein wenig umständlich und langatmig formuliert. Ich versuche deshalb, das Ganze in einer Art Slogan zusammenzufassen:

Die unsichtbare Kraft des Managers wird unter anderem dadurch gestärkt, daß er in der Lage ist, den richtigen mittleren Streß bei der Verarbeitung von Informationen zugunsten eines subjektiven Wirklichkeitskonstruktes aufzubauen. Dies geht nur durch eine engagierte und methodisch gesteuerte Visionsarbeit.

Lassen Sie uns an dieser Stelle vielleicht so etwas wie eine kleine Verschnaufpause machen, in der wir uns anschauen, welchen Weg wir miteinander gegangen sind. Unser kleiner Kreis hat erkannt, daß alles subjektiv ist. Wir haben erkannt, daß insbesondere die Wirklichkeit, auf die hin wir handeln und zielen, eine permanente subjektive Konstruktion ist. Neben den objektiven Kriterien für Überlegenheit, Zielgenauigkeit, Präzision etc. gibt es eine sehr subjektive, fast metaphysische Ebene des Managers. Wir haben erkannt, daß er um so besser wird, je besser er seine subjektive Wirklichkeit konstruiert. Wenn alles subjektiv konstruiert ist, muß es wenigstens optimal subjektiv konstruiert sein.

Dies hat uns zum Thema der Informationsverarbeitung geführt. Wir haben erkannt, daß neben den klassischen Informationsstrategien (Statistiken, Stabsstellenanalysen, Datenbanken, Datenpools, Kennziffernmarktforschung) auch andere Aspekte einer eher subjektiven Informationstrategie wichtig sind. Und hier haben wir genau drei Aspekte in den Mittelpunkt getellt:

1. Die Überwindung von Konservativismus durch ein Trainingsprogramm, um die Erkenntnisintelligenz zu erhöhen, das heißt, mehr von den Informationen nutzen zu können.
2. Die Strategie des Infobombardements, damit wir unser Gehirn zwingen, abstraktere Muster über den hüpfenden Tagesinformationen aufzubauen. Nur durch derartige Muster können wir uns schneller von der Bindungskraft der gestrigen und heutigen Fakten lösen und uns damit geistig entwickeln.
3. Die Fähigkeit, den optimalen, mittleren Streß bei der Verarbeitung von Informationen herzustellen, wobei wir erkannt haben, daß eine professionelle methodische Visionsarbeit das subjektive Streßvolumen steuert. Gleichzeitig haben wir erkannt, daß die Visionskonstruktion, und damit die subjektive Visionswirklichkeit, jede Führungspersönlichkeit in hohem Maße mit der »Follow-me-Aura« ausstattet.

Was bleibt anzumerken? Gerken hat natürlich auch die Lernpsychologie analysiert, um zu sehen, ob dort Materialien aufzufinden sind, die uns weiterhelfen. Und da ist in der Tat allerhand dabeigewesen. Ich will hier gar nicht in der vollen Breite darauf eingehen. Es soll nur ganz kurz folgendes gesagt werden, um die Grundprinzipien eines solchen Ansatzes aufzuzeigen: In der Lernpsychologie ist das chaotische Lernen bekannt. Wenn man sich, seine Führungsmannschaft und sein Unternehmen schneller zu einem schnelleren Lernumschlag bewegen will, müssen chaotische Situationen initiiert werden. Das klingt natürlich furchtbar. Aber damit ist gemeint, daß eine künstliche Krise im Bereich des Weltbildes erzeugt wird. Ein Großteil unserer eigentlichen Führungsaufgaben liegt darin, diese künstlichen Krisen zu produzieren, und der beste Weg dazu ist das Öffnen geistiger Fenster, die die Turbulenzen, die ohnehin draußen in der Welt stattfinden, stärker als vielleicht üblich in die Firmen hineinlassen.

Aber da muß eine kleine Warnung ausgesprochen werden. Dieser sogenannte Beta-Arbeitsstil, der in Amerika breit diskutiert worden ist, ist als nicht ganz ungefährlich anzusehen. Zwar stimmt es, daß man in turbulenten Zeiten stärker als in relativ stabilen oder Wachstumszeiten dafür sorgen muß, daß die interne Krise auch zunimmt. Im Grunde ein Paradox: je kritischer die Zeiten, desto mehr Krisen nach innen transportieren. Aber es ist so. Damit wird man fähiger, sich selbst zu überwinden. Je mehr Selbstüberwindung pro Zeiteinheit, um so höher das Maß an Anpassungsflexibilität. Das neue Globalziel für die Firmenstrategien lautet ohnehin: Erhöhung der Anpassungsflexibilität, Erhöhung der Handlungs- und Lebensfähigkeit. Aber – diese gewollte Krise ist nur dann wirklich in unserem Sinne konstruktiv, wenn die globalen Festigkeiten auch wirklich fest sind. Das bedeutet, daß wir dann auch eine wirklich gute Innenkultur (Corporate Culture) brauchen, und das haben die meisten Firmen nicht. Der größte Teil der Manager weiß auch nicht, wie man so etwas wie einen Firmengeist methodisch aufbaut und permanent zielgerecht aktualisiert, auf Flamme hält. Darüber hinaus brauchen wir eine Festigkeit in der Globalvision, das heißt in den Dimensionen der Sinnfrage unseres wirtschaftlichen Handelns.

Sagen wir es mit einfachen Worten noch einmal: Je mehr Flexibilität durch gewollte chaotisch-krisenhafte Impulse (die von außen nach innen getragen werden), desto mehr Festigkeit ist im Bereich der Corporate Culture und der globalen Visionen erforderlich. Flexibilität allein erzeugt Irritation.

Ich habe sehr sorgfältig beobachten können, wie schnell diese Irritationen im Führungskader auftauchen. Deshalb müssen die Fixpunkte wirklich fixiert werden. Und der schlechte Manager scheint offensichtlich die Fixpunkte zu niedrig zu hängen. Er fixiert dann konkrete Ziele, während das zappelige wirtschaftliche und gesellschaftliche Umfeld längst weitergaloppiert ist. Wir müssen die Fixpunkte globalvisionär dingfest machen, um dann in der Verwirklichung und Aktionsebene das erhöhte Maß an Flexibilität und Selbstüberwindung einbringen zu können, das nötig ist, um in immer turbulenteren Märkten mit immer höherer Handlungsflexibilität agieren zu können.

Es war ein Novembertag. Wir hatten wieder einmal eine kleine Sonderschicht eingelegt. Wir . . . das war unser kleiner Kreis. Aber diesmal war ein wichtiger Gast dabei, und zwar ein Psychologe, der in erster Linie im Verhaltenstraining ausgebildet war. Er trainierte Manager. Uns interessierte gemeinsam die Frage, was aus seiner Erfahrung zu dem Komplex »optimale Persönlichkeitsfaktoren für eine höhere Management-Kompetenz« zu sagen sei. Sie können sich vorstellen, wie schnell wir in einer sehr hitzigen Debatte waren.

Ich will vielleicht vorab meine eigenen Erfahrungen zusammenfassen:

1. Mir ist in der ganzen Phase meiner beruflichen Tätigkeit aufgefallen, daß das Thema »Persönlichkeit« ziemlich konsequent ausgeklammert wird.
2. Darüber hinaus ist mir aufgefallen, daß wir offensichtlich keine Handlungsmuster und Trainingskonzepte haben, um eine Verbesserung der Persönlichkeit zugunsten einer besseren Management-Qualität herbeizuführen.
3. Meine Beobachtung läßt sich dahingehend zusammenfassen,

daß offensichtlich die permanenten Versuche, die Persönlichkeitsfaktoren runterzuspielen, dazu geführt haben, daß wir sie lediglich begrenzt trainieren und damit optimieren können.

Ich will trotzdem versuchen, eine Lanze für die Persönlichkeit zu brechen. Bei Tetra Pak habe ich sehr häufig erlebt, daß Mitarbeiter einen negativen Tag hatten. Das sehe ich meistens an der nonverbalen Kommunikation, überwiegend an den Mundwinkeln, aber auch an der Art, wie der Kopf bei stressigen Phasen des Gespräches nach hinten gezogen wird, oft begleitet von einem sichtbaren Zusammenziehen der Augen. Das sieht in etwa so aus, als ob man sich zurückzieht von einem Blitzlicht. Ein eigenartiges nonverbales Signal. Und da wir alle miteinander per Körpersprache reden, ist das für mich immer ein Zeichen, daß die Person nicht in ihrer optimalen Tagesform ist.

Nun konnte ich anläßlich einer Strategieplanungssitzung feststellen, daß eine solche Persönlichkeitsqualität außerordentlich stark auf das geistige Ergebnis einwirkt. Wenn man nicht in Form ist, sind auch die Planungsergebnisse nicht in Form. Und zwar fehlt es meistens an Mut. Gerade für komplexe strategische Planungen benötigt man aber eine recht stabile Quelle von Handlungsoptimismus.

Und nun kommt das eigentlich Erstaunliche. Wenn so ein Manager, der nicht ganz in seiner optimalen Form ist, eine völlig sachliche Aussage macht, dann ist sie unthematisch, eben nicht sachlich. Mir ist aufgefallen, wie einer meiner besten Leute an einem solchen Tag Zahlen interpretierte und daraus die Schlußfolgerung zog, man müsse diesen neuen Markt nunmehr verstärkt angehen, es sei eine große Chance darin enthalten, und mit einer richtigen, gut koordinierten Konzeption würde man den Markt sicher relativ schnell so weit generieren können, daß es sich auch finanziell lohnen würde. Noch einmal: Der Mann interpretierte faktische, also objektiv klare Zahlen. Der Mann zog auch die völlig richtige Schlußfolgerung, die da lautete: Hier ist ein echter Markt, hier haben wir eine Chance. Und er sagte auch, daß dazu eine gut koordinierte Strategie erforderlich sei und daß mit dieser Strategie eine rentable Investition verantwortet werden könne. Er hat ausschließlich positive Entscheidungsbausteine offeriert. Aber die Stimmung, die sich im Raum zwischen uns breitmachte, war genau gegenteilig gepolt. Irgendwie hatte dieser Manager mit seiner Persönlichkeit auf einer zweiten Ebene genau das Gegenteil verkündet. Da war vielleicht kein Glanz ins seinen Augen. Da war diese eigenartige Unentschlossenheit in seiner Körpersprache. Da fehlte in seiner Stimme die Resonanz der wirklichen Überzeugung. Der Mann konnte seine Aussage, die rational intellektuell richtig war, persönlich nicht wiederholen. Persönlichkeitsaura und Fakten-Output gingen nicht zusammen!

Sie haben sicherlich ähnliches sehr häufig erlebt. Die ganze Sache wird dann noch schlimmer, wenn eine zweite oder dritte Person diese Tendenz aus Pessimismus oder aus einer gewissen konservativen Haltung (»Das klappt doch nie«) heraus noch verstärkt. Die Aura-Botschaft des Vortragenden verbindet sich dann sehr schnell mit den Brems- und Resignationskräften der anderen. Ein gruppendynamisch negativer Prozeß entsteht. Und obwohl alle über die Chancen sprechen und alle die positiven Renditechancen artikulieren, kommt kein wirkliches Wollen zum Tragen.

Interessant war für mich, wie diese Sitzung, die ich mit einer Mischung aus Amüsement und Fassungslosigkeit beobachtete, zu Ende ging. Ich ließ das Team weitestgehend allein diskutieren und fand auch Gelegenheit, den Sitzungsraum für eine längere Zeit zu verlassen. Das Ergebnis: Man hatte ein klares Protokoll. Es enthielt vier Thesen. Alle Thesen sprachen sich für ein konzentriertes, energisches Handeln aus. Die Chance war erkannt. Die Chance sollte genutzt werden.

Alles war klar, aber nichts passierte, weder in den nächsten Wochen noch überhaupt, aber auch absolut gar nichts. Es war ein rein steriles, intellektuelles Wollen. Man hatte sich in der Oberstube des Verstandes geeinigt. Aber es war keine Leidenschaft da. Es war kein Mut da, der sich im Bauch widerspiegelte, im Bauch . . . weil dort die eigentliche Kraft des Wollens sitzt.

Wäre ich nicht mit einer fragenden Initiative in diese Abwartehaltung eingestiegen, hätten wir vermutlich ewig darauf gewartet, unser Wollen nun wirklich auch zu wollen. Wir haben dann die Sitzung anläßlich einer Marketing-Koordinationssitzung sozusagen im Schnellgang wiederholt. Das gleiche Thema noch einmal. Die gleiche Diskussion in den wesentlichen Punkten noch einmal. Und diesmal stimmte die Chemie im Raum. Diesmal waren die wichtigsten Resonanzkräfte in meinem Team konditionsstärker, das heißt, die Persönlichkeitsfaktoren waren positiver aufgeladen. Und in der Tat kam es nicht nur zu einer Wiederholung des sterilen Wollens im Kopf. Es kam zu einer leicht euphorischen, außerordentlich dynamisch-persönlichen Schwingung, die fast körperlich spürbar ausdrückte: Jetzt packen wir es an.

Das war nur ein einzelner Fall von vielen. Im Laufe der letzten Jahre habe ich mich immer mehr für diese Prozesse sensibilisieren können, die hinter den rationalen Fassaden stattfinden. Und natürlich ist es interessant, nun einmal die wissenschaftliche Seite zu hören, ob und – wenn ja – inwieweit die Persönlichkeit als qualifizierender Faktor wichtig ist.

Wie gesagt: Wir waren in unserem kleinen Kreis zu dritt. Durch unseren Gast wurde es zu einer stürmischen psychologischen Debatte. Einige Aspekte sind so wichtig, daß ich sie gern vortragen möchte:

1. Wir haben erkannt, daß Manager, die sich mit der vollen Persönlichkeit in ein Problem oder in eine Systemstruktur hineinstürzen, dieses System auch besser manipulieren bzw. steuern können.

   Das ist übrigens durch die Untersuchungen von Dörner bestätigt worden. Gerken wies darauf hin, daß Dörner die Faktoren »Information und Strukturbildung« untersucht hat, und durch die Computersimulationen des Lohausen-Projektes hat man feststellen können, daß diejenigen Manager, die sich mit Problemen, Strukturen und Realitäten vollständig leidenschaftlich oder – wie man so schön sagt – mit dem Bauch identifizieren können, die inhärenten und unsichtbaren Gesetze und Regeln des Systems besser verstehen. Mit kurzen Worten: Wenn man sich mit einer Problematik voll identifiziert, kann man dieses Problem besser in den Griff bekommen.

Das ist natürlich ein sehr bedeutsamer Psychofaktor, weil hier offensichtlich Konfliktfähigkeit eine heimliche Voraussetzung dafür ist, Konflikte besser als andere lösen zu können.

2. Je höher die Toleranz sich selbst und anderen gegenüber, um so größer die Handlungssouveränität.

   Nur wenn eine Persönlichkeit sehr prestigeorientiert ist, wird sie darauf achten, daß sie sich anpassungsoptimal verhält. Je enger oder neurotischer eine Persönlichkeit, desto mehr Angst vor sozialen Konflikten und vor Wertdissonanzen. Je selbstsicherer ein Mensch, desto mehr prinzipielle Gelassenheit. Und gerade die Gelassenheit formt sich im Management um zu der höheren Stufe der Souveränität. Die wiederum ist wichtig, um bei schlechter Informationslage (das ist eine Situation, in der man im Prinzip mit 30 bis 40 Prozent Wahrscheinlichkeit Fehler macht) dennoch so etwas herzustellen wie innere Selbstüberzeugung.

   Die Regel, die wir daraus formulierten, lautete: Wer sich zu sehr einem sozialen Ideal anpaßt (oder es aus Angst idealisiert), kann kaum eine stabile Handlungssouveränität erzielen.

3. Was einen Manager nicht in seinem Ego berührt, wird er in der Regel auch vernachlässigen. Das klingt simpel, ist aber wohl die schwerwiegendste Entdeckung unserer Debatte. Denn was bedeutet das?

   Wenn man sich als Spezialist für eine Sache versteht, wenn man also sein Ego-*Involvement* bewußt verengt und auf wenige Aspekte konzentriert, dann ist man kaum in der Lage, Problemkonstellationen, die nicht in dieses Ego-Scheinwerferlicht hineinpassen, wirklich adäquat zu lösen. Was einen nicht interessiert, kann man im Prinzip auch nicht gut lösen. Die optimale Managerpersönlichkeit ist im

Prinzip generalistisch, interdisziplinär und . . . an der Grenze der Illoyalität gegenüber dem eigenen Unternehmen auch fremdinteressiert. Fremdinteressiert . . . damit meinen wir, daß sich der Topmanager für Kunst interessiert, viele Hobbys hat, die Welt beobachtet, sich auch bewußt für Aspekte interessiert, die mit dem Busineß nichts zu tun haben. Die wirklich überragenden Manager, das ergaben viele Studien, sind alles andere als Themenspezialisten. Sie sind im Grunde die Spezialisten der Vernetzung, und das ist ihre einzige Spezialisierung. Sich auf Vernetzung zu spezialisieren, das heißt aber auch, Dinge miteinander kombinieren zu können, die vordergründig, linear gar nicht zusammenpassen, sich für Dinge zu interessieren, die man angeblich nicht nutzen kann. Nur so kommt man zu der höheren Kompetenz, Dinge sehen zu können, die andere nicht sehen.

Es ist sicher das Geheimnis der erfolgreichen, dynamischen Führungspersönlichkeiten, daß sie dieses Quantum an Mehr-Welt-Interesse aufweisen, um dadurch auch ganz profane Managementprobleme besser lösen zu können.

4. Derjenige, der paradoxe Situationen aushalten kann, ist fähig, das Umfeld um ihn herum besser zu beeinflussen.

   Heute kennt man das Wort von der Ko-Evolution. Und es wird immer häufiger mit Mangement verbunden. So weiß man heute, daß der oberste Unternehmenschef im Prinzip eine vieldimensionale Koordinations-und-Kreations-Aufgabe zu leisten hat. Und das ist keine reine Binnenaufgabe, sondern in erster Linie die Aufgabe, die Prägungen nach außen mit der Fähigkeit zu verbinden, sich von dem Umfeld (Gesellschaft, soziale Bewegungen, Wertewandel) rückprägen zu lassen. Es ist die Organisation eines wechselseitigen Formungs-und-Prägungs-Prozesses. Die Dimensionen sind außerordentlich widersprüchlich. Da ist beispielsweise die Gesellschaft mit all ihren rivalisierenden und unterschiedlich rhythmischen Strukturen und Bewegungen. Da ist die Dimension des Kapitals und der Rendite, die Dimension der Mitarbeiter (Human-Ebene), die Dimension der Abnehmer (Nachfrage, Branche, Märkte etc.) und – neuerdings immer wichtiger – die Dimension der Natur. Wenn man diese fünf Dimensionen ein wenig ordnen will, dann muß der Manager im engeren Kern die unterschiedlichen und sich teilweise heftig widersprechenden Forderungen zwischen Mitarbeitererwartungen, Renditeerwartungen und Markterwartungen berücksichtigen und auf sie reagieren. Dazu kommen im weiteren Kern, der immer stärker in das Zentrum hineinstrahlt, die für das Busineß oft widersprüchlichen Forderungen von Gesellschaft und Natur. Das ist eine außerordentliche und nie stimmig zu gestaltende Koordinationsleistung.

Die Persönlichkeit des idealen Managers müßte in der Lage sein, die permanente Unstimmigkeit, den permanenten Widerspruch als Normalität zu erleben und den Bewußtseinsweg zwischen den Widersprüchen als das eigentlich Normale anzuerkennen (das erinnert sehr stark an das taoistische Modell, das ja ebenfalls den Spruch und den Widerspruch, die These und die Gegenthese lediglich als Gestaltungs- und Formungsqualitäten für einen fließenden mittleren Weg aufweist). Die optimale Persönlichkeit des Topmanagers muß also jede geistige Einseitigkeit als gefährlich erkennen. Ko-Evolution, wechselseitige Prägung und Rückprägung, kann offensichtlich nur derjenige managen, der die innere Kraft für diese permanente Paradoxsituaton in sich entwickelt hat. Und dieses wiederum, das ist sehr leicht einzusehen, geht mit einer hohen Selbstbildkompetenz bei gleichzeitig hoher Selbstkritikbereitschaft einher. Um es noch einmal kurz zu sagen: Man muß ein hohes Selbstbild von sich entwickelt haben, und gleichzeitig muß man eine außerordentliche, überdurchschnittliche Bereitschaft zur permanenten Selbstkritik in sich kultiviert haben.

5. Erfolgreiche Manager haben eine Persönlichkeit entwickelt, die zu relativ ganzheitlichen Entscheidungssets führt.

Die Psychologen haben analysiert, daß enge Persönlichkeiten überwiegend starre und lineare Handlungskonzeptionen bevorzugen. Ein Psychologe hat beispielsweise beobachten können, daß Manager mit Mißerfolgserlebnissen die Planungsmenge (die Anzahl der erarbeiteten Pläne) drastisch erhöhen. Diese Manager neigen dazu, sich wesentlich rationaler, wesentlich planproduktiver zu verhalten. Analysiert man dann aber die erarbeiteten Pläne, so kommt etwas Grausames heraus. Diese Pläne waren in der Regel monolineare Pläne, sie berücksichtigten also in gar keiner Weise die komplexe Realität. Es handelte sich im Prinzip um einen künstlichen Ersatz von Selbstsicherheit und Erfolg durch mißbrauchte Planungsrationalität. Noch etwas gehört dazu: Wer zu ganzheitlichen, komplexen Problemlösungen fähig ist, trifft pro Absicht mehr Entscheidungen. Das ist auch von dem Psychologenteam um Dörner erkannt worden: Die erfolgreichen Manager entwickeln mehr Absichten als normale Manager, und sie treffen pro Absicht auch mehr Entscheidungen. »Dies bedeutet ein Handeln mit größerer Frontbreite und größerer Tiefe« (Dörner).

Nun kommt das eigentlich Entscheidende: je größer die Handlungsbreite und Handlungstiefe, um so mehr Unstimmigkeit. Gerade Menschen mit starker Buchhaltermentalität tendieren ja dazu, sich durch die scheinbare Sachrichtigkeit der Lebendigkeit des Lebens zu entziehen. Wenn ich viele, breite und sehr tief gehende Entscheidungen wage, werde ich vermutlich nicht permanent erfolgreich sein. Der Grad der Kalkulierbarkeit, der Grad der Berechenbarkeit, nimmt drastisch ab. Je breiter und tiefer ich handle und entscheide, desto mehr Mißerfolg im Sinne vordergründiger Treffsicherheit und Berechenbarkeit. Es können also nur sehr selbstbewußte Menschen sich zu diesen eher ganzheitlichen Entscheidungssets hingezogen fühlen. Auch hier wieder der Beweis dafür, daß ein wirklich guter Manager zwar Management nicht lernen kann, wie man die linksrheinischen Flüsse lernen kann, daß er aber vieles für seine Persönlichkeit tun kann, um die unsichtbare Kraft des Erfolges in sich selbst stärker auszubauen.

6. Besonders kompetente Manager fragen häufiger als normale Manager nach kausalen Zusammenhängen.

   Je turbulenter und komplexer die Welt um uns herum, desto weniger Erfolg haben wir mit linearem und vordergründig operierendem Management. Komplexe Systeme kann man offensichtlich nur dann erfolgreich steuern und prägen, wenn man ihre Hintergrundstrukturen kennt. Je größer der Komplexitätsgrad, um so mehr Sensibilität für die Schlüsselfaktoren brauchen wir.

Das bedeutet, daß Sensibilität in der Persönlichkeitsstruktur des Topmanagers fest verankert sein muß. Dazu gehören Ahnungen. Dazu gehören spontane Evidenzen. Dazu gehören intuitive Gewißheiten und insbesondere auch die Qualität zur Symbolerfassung. Ich habe mich häufig gefragt, ob es nicht gut wäre, wenn der Managernachwuchs ein stärkeres künstlerisches Training auf sich nehmen würde. Natürlich weiß ich, daß das nach der landläufigen Meinung nichts mit Management zu tun hat. Im Gegenteil. Viele glauben, daß künstlerisch sensibilisierte Menschen als Manager versagen würden. Das sind Lebenslügen, wie sie sich vielfach durchgesetzt haben. Schaut man sich aber um, sieht man, daß gerade viele bedeutende Manager außerordentlich stark musische Menschen sind. Sie haben den intellektuell-männlichen Bereich (zu dem auch Aggressionen und Risikobereitschaft gehören) verbunden mit kontemplativen und angeblich typisch weiblichen Dimensionen. Kenneth Galbraith hat aus meiner Sicht zu Recht gesagt, daß in den ersten Entwicklungsphasen des Industrialismus und auch in den ersten Aufbauphasen nach dem letzten Weltkrieg der streng rationalisierte Typ sicherlich am meisten bieten konnte. Das sind die Leute, die die technokratische Seite des Managements mit einem hohen Quantum an Disziplin optimal entwickeln konnten. Aber in Zeiten gesättigter Märkte, wachsender Komplexität und insbesondere in Zeiten, in denen die gesellschaftlichen, ökologischen und damit die externen Forderungsqualitäten immer bedeutsamer werden und daher mitgemanagt werden müssen, ist – um mit den Worten Galbraith' zu sprechen – sicherlich »der Habitus eines Künstlers« die bessere Persönlichkeitsausstattung.

Ich habe sehr häufig darunter gelitten, daß die Kadergesetze und die Rekrutierungsgesetze des Managements das männlich-aggressive und damit auch rational-logische Muster so einseitig überbetonen. Dieses Muster ist ja nicht falsch, nur seine Einseitigkeit ist schädlich. Und ich habe als Mitglied in unterschiedlichen Institutionen doch immer wieder (manchmal kopfschüttelnd) erfahren müssen, wie außerordentlich wirklichkeitsverfälschend und kreativitätszerstörend diese einseitige Mischung zwischen männlicher Aggressivität und rationaler Intellektualität ist.

Vielleicht sollte ich an dieser Stelle auch einen kleinen Umweg vorschlagen. Was halten Sie davon, wenn wir uns ein wenig über Kunst unterhalten? Ich habe nämlich im Laufe der Zeit festgestellt, daß ein außerordentlich günstiges Instrument, um meinen Mitarbeitern in den unterschiedlichsten Abteilungen und Ebenen so etwas wie ein »Ja zur Sensibilität« nahezubringen, die Kunst ist. Ich meine die Kunst, die man sehen kann, die Kunst, die man hören kann. Ich persönlich habe mich vorrangig für die optische Kunst entschieden, für Bilder, für Skulpturen. Und viele haben gesagt: »Nun versucht er, sein persönliches Hobby in die Firma hineinzutragen.« Aber darum ging es gar nicht. Zuerst einmal bin ich gar kein Kunstsammler. Ich habe zu Hause nicht etwa eine große Sammlung. Da gibt es andere Unternehmer und Manager, die eine richtige Leidenschaft entwickelt haben. Ich habe Kunst in erster Linie als ein instrumentelles Mittel verstanden, um uns selbst als Menschen zu erweitern. Ich habe Kunst und die Beschäftigung mit Künstlern und künstlerischer Programmatik immer verstanden als eine Trittleiter zu einer höheren Sensibilität und damit zu einer höheren Fühlfähigkeit. Und ich bin gut damit gefahren. Ich muß heute sagen, daß ein Teil der kreativen Intelligenz unserer Teams sicherlich aus dieser Quelle gespeist worden ist.

Ich habe den Mut, folgendes zu formulieren: Wenn sich ein Unternehmen zwingt, sich permanent mit Künstlern, Kunst und Kunstkonflikten auseinanderzusetzen, dann bekommt es nicht nur Zimmerschmuck und einen ästhetischen Ausdruck von Zeitgeist in die Büroräume, sondern es erhält ein permanentes Trainingscamp für Intuitionen und die Metaphysik des Busineß.

Darf ich an dieser Stelle die Firma Tetra Pak erwähnen, die sich auf dem Gebiet der Kunstförderung einen Namen gemacht hat? Wir verfügen mittlerweile schon über einen reichen Fundus an Kunstinitiativen; auch die Zeitschrift »Manager Magazin« berichtete schon über unsere Thesen. Die wichtigste These sei hier zusammengefaßt: Tetra Pak hat Kunst und Künstler immer als Trainingspartner für Zeitgeist, Zukunft und Sensibilität verstanden.

7. Manager, die besonders erfolgreich sind, haben in ihrer Persönlichkeit die Fähigkeit zur Selbstreflexion besonders gut ausgebildet.

Wenn man mit komplexen, widersprüchlichen und turbulenten Situationen gut umgehen kann, dann kann man in der Regel auch mit seinen eigenen Denkoperationen gut umgehen. Man ist in der Lage, über sein Denken nachzudenken. Man ist in der Lage, sich selbst zu reflektieren. Man ist mit seinem Ich nicht so weit identisch, daß man nicht bemerkt, warum man was mit welcher Qualität und welcher Methode denkt. Man hat ein kontrollierendes Bewußtsein über sein eigenes Bewußtsein.

Das ist auch bei der Dörner-Studie herausgekommen, und mir scheint es wichtig, weil es offensichtlich eine beweisbare Persönlichkeitsqualität ist. Wenn Manager auf Mißerfolg, auf Krisen oder auf massive Problemkomplexe stoßen, so verhalten sie sich ja sehr unterschiedlich. Die Psychologen in Dörners Team konnten zeigen, daß diejenigen Entscheider, die zu einer höheren Selbstreflexion nicht fähig sind, in der Regel dazu neigten, die Probleme zu verdrängen oder mit Resignation und Flucht zu antworten.

Außerdem waren sehr häufig Notfallreaktionen oder – wie Dörner es auch nennt – »Draufhau-Methoden« beobachtet worden. Dörner selbst hat darauf hingewiesen, daß diejenigen, die ihr eigenes Denken nicht reflektieren können (was lediglich bedeutet, daß eine bestimmte Stufe der Selbstentfaltung nicht realisiert worden ist), bei Konflikten und Krisen zu einer »seltsamen Mischung aus Lethargie einerseits und brutalem Entscheidungsverhalten andererseits, gekoppelt an hektische Betriebsamkeit in irrelevanten Bereichen«, neigen.

Lassen wir diese Vokabeln noch einmal genüßlich an unserem geistigen Auge vorüberziehen. Es ist also einerseits eine Lethargie. Und andererseits wird dann plötzlich außerordentlich rigide oder brutal entschieden, und das ist dann wieder gekoppelt an Lethargie (»Ist ja im Prinzip sowieso egal«) und dann wieder verbunden mit einer hektischen Betriebsamkeit, aber eben einer Betriebsamkeit dort, wo sie nichts bringt, an Nebenschauplätzen. Eine außerordentlich problematische Verhaltenskonzeption, wenn man ein Topmanager sein will. Die Konsequenz ist auch recht einseitig: Wenn ein Manager nicht in der Lage ist, ein Bewußtsein über sich selbst zu bilden, und wenn er nicht in der Lage ist, sein eigenes Denken zu überwachen, dann ist er im Prinzip auf dem Wege zum Mißmanagement.

Da gibt es einen Professor, der diese Themen ebenfalls mit viel Engagement beobachtet. Es handelt sich um Professor Hans Ulrich. Er kommt aus dem Lager der St. Gallener Management-Lehre, und er hat eine doch sehr deutliche Kritik an der herkömmlichen Management-Lehre geäußert, die vielleicht das zusammenfaßt, was ich auszudrücken versucht habe: Zuerst einmal weist er darauf hin, daß die heutige Management-Lehre viel zu einseitig auf die Beherrschung einzelner Führungstechniken ausgerichtet ist und dabei viel zuwenig Materialien und Training zum Verstehen der grundlegenden Aufgaben und Probleme von Führung schlechthin offeriert. Die ganze metaphysische Seite –

so würde ich es einmal ausdrücken –, also die Phänomene von Optimismus, von Psychokraft, von Energieproduktion und von Visionsvermittlung, all das findet ja in der betriebswirtschaftlichen Lehre überhaupt nicht statt.

Ich habe beispielsweise erlebt, wie ich in einem kleinen Kreis von Visionsmanagement gesprochen habe. Am Anfang war kühles Schweigen. Dann habe ich gemerkt, daß ich hier wohl ein bißchen deutlicher werden muß. Ich habe in dem erlauchten Kreis gewagt zu sagen, daß das Entscheidende die Qualität der Vision sei. Und da muß dann irgendwo bei jemandem der innere Faden gerissen sein. Auf jeden Fall kam dann prompt das häufig gehörte Gegenargument: »Vision ist Illusion.« Daraufhin entstand in dieser Runde eine Diskussion über die Methodologie unseres Tuns und über die Ausrichtung unserer geistigen Instrumente. »Führen« wurde in dieser Runde verstanden als die optimale Auswertung von Fakten (was an sich schon eine Illusion ist, weil ja Fakten in der Regel subjektive Wirklichkeitskonstrukte sind, wie wir erkannt haben), und dann dürfe man allenfalls – so ein Teilnehmer in dieser Runde wörtlich – »nach der endgültigen Analyse aller Fakten bei Gleichwertigkeit von Handlungsalternativen das Gefühl sprechen lassen«. Um es noch einmal ganz deutlich zu machen: Die Fakten bringen linear-kausal die Handlungsalternativen, und ausschließlich dann – so die klassische Management-Lehre, die überall noch in unseren Knochen steckt –, wenn zwei Handlungsalternativen wertgleich sind, darf das Gefühl entscheiden. Also im Prinzip dann, wenn man rational nicht weiter weiß. Welch eine Verarmung hinsichtlich der bedeutsamen Ressourcen, die in Emotion, Vision, Imaginaton und Intuition liegen.

Hören wir zu, wie Professor Ulrich weiter argumentiert:

Er verdeutlicht einfach die Tatsache, daß Management in erster Linie die Herstellung von Energie-und-Ziel-Kohärenz ist und weniger ein physikalisch objektivierbarer Steuerungs- oder Regelungsprozeß. Im Grunde ist es die Fähigkeit, Energiefelder auf Ziele hin kohärent zu ordnen, und es ist gleichermaßen die Fähigkeit, die Zukunft so weit zu materialisieren, zu verdichten, daß sie sprachlich mitteilbar wird.

Das allein ist zwar nicht Management, aber es sind sicherlich die wesentlichen Voraussetzungen für einen erfolgreichen Manager. Alles andere ist Prozeßplanung, Prozeßsteuerung, Prozeßkontrolle. Das dürfte vermutlich mehr den physikalischen Gesetzen des Empirismus nahestehen. Aber die eigentliche, qualifizierende Größe des Managers ist weit entfernt vom Empirismus und weit entfernt von der Gesetzesstringenz physikalischer Weltmodelle. Und so schreibt denn auch Ulrich weiter zu Recht:

> »Trotz der jahrzehntelangen Bemühungen von Tausenden von Wissenschaftlern ist es den Wirtschafts- und Sozialwissenschaften nicht gelungen, auch nur ein einziges Gesetz mit der Erklärungskraft einer physikalischen Hyphothese zu entdecken.«

Und da deckt er sich völlig mit Konrad Lorenz, dem Nobelpreisträger, der ebenfalls eine »wahnsinnige Überschätzung des Qualifizierbaren« als eine Ursache für falsche Strategien und fehlende Anpassungsfähigkeit entdeckt hat. Ulrichs Resümee daraus:

> »Die Management-Lehre tut gut daran, endlich aufzuhören, dem Bild der klassischen Physik nachzueifern, und entschlossen die Regeln, die sie daran hindern, ihr eigentliches Forschungs-Objekt vorurteilsfrei zu erfassen, über Bord zu werfen.«

Auf der Basis meiner ganz privaten Erfahrungen und unserer doch sehr intensiven Diskussionen und Recherchen in unserem kleinen Kreis wage ich es, folgende These zu formulieren:

> Wir brauchen eine andere Hierarchie der Management-Erfolgsfaktoren. Obenan müßte das Training der optimalen Persönlichkeit stehen, und erst auf der zweiten und dritten Ebene kämen dann die klassischen Faktoren wie etwa Management-Wissen und Branchenerfahrung.

Ich habe daraus so etwas wie ein primitvies Modell eines »dualen Managements« entwickelt. Natürlich ist das keine Wissenschaft und auch nichts, was in ein theoretisches Fachbuch hineingehört. Aber ich bin ganz gut damit gefahren. Und wir haben es auch in unserem Arbeitskreis immer wieder verfeinert und abgeklärt. Deshalb möchte ich es hier einmal vorstellen:

Ich gehe davon aus, daß die Ratioseite des Managements nach wie vor wichtig ist, daß sie aber von der ersten auf die zweite Position zu rücken sein wird. Mit Ratio verbinden sich Präzision und der Faktor »Aggression und Prägung«.

Zu dem Ratiobereich des Managements gehört eine prozeßlineare Planung. Das ist die Organisation von Disziplin, von Kalkulierbarkeit, Berechenbarkeit und Ablaufgenauigkeit. Es ist aber eine prozeßorientierte Qualität, keine kreationsorientierte Qualität. Es handelt sich um Ablaufplanung, um Planung nach Entscheidung. Dieses wird zu kombinieren sein mit dem, was man in der Literatur das systemische Management nennt. Das ist eine moderne, kybernetisch orientierte, also rückkoppelungsorientierte Form, anhand seiner Zielvorgaben die Wirklichkeit zu lernen und die Zielvorgaben anhand der gelernten Wirklichkeit zu korrigieren. Es wird systemisch genannt, weil es auf der Basis eines permanenten Feedbacksystems operiert.

Das systemische Management würde ich mit drei wesentlichen Bereichen besetzen:

1. Kurzfrist-Ziele,
2. Funktionale oder Zwischen-Ziele,
3. Strategische Ziele (Strategie hier verstanden als ein begründbares Set von Plänen im Hinblick auf Eintretenswahrscheinlichkeit).

Das alles ist der rationale Bereich. Das ist die eine Seite des Managements. Das ist das, was heute das Handwerkszeug eines jeden Managers ist. Wir brauchen uns nicht über die Vokabeln zu streiten. Jeder hat seine Begriffe. Aber im Prinzip haben wir das alle gelernt. Das können wir. Mein Plädoyer: Lassen Sie uns das können, aber lassen wir es nicht an erster Stelle stehen!

Wenden wir uns der anderen Seite zu. Nennen wir es die Intuitionsseite des dualen Managements. Hier geht es nicht um Präzision, sondern um Anpassungsflexibilität. Hier geht es also nicht um Prägen, sondern um die Fähigkeit, sich prägen zu lassen.

Da unsere Zeit zunehmend von Turbulenz und Vernetzung geprägt ist, setze ich diese Fähigkeit, sich prägen lassen zu können, an erste Stelle. Vor allem die Fähigkeit, Visionen nicht nur diffus zu entwerfen, sondern dann auch in einen beinahe faßbaren Zustand weiterzuentwickeln. Dazu muß man sich zukünftige Zustände so konzentriert bildhaft vorstellen können, daß diese sich als wohlstrukturierte Wirklichkeitsvision abzeichnen. Diese Vision wäre das Wichtigste. Daraus würde sich ein visionsorientiertes Management ableiten (das ist das, was manche Wissenschaftler, wie etwa Ulrich, ein »kulturbezogenes Management« nennen). Und dieses hätte in meinem Modell vier Aktivfelder:

1. Produktion von Handlungsoptimismus,
2. Produktion von Psychokraft,
3. Produktion von Energiefeldern,
4. Produktion von Sprachsystemen zur Vermittlung von Visionen.

Das Organisationssystem wäre im Gegensatz zum Ratiomodell nicht linear-statisch, sondern würde mehr dem entsprechen, was die Amerikaner unter dem Begriff *organization transformation* in letzter Zeit immer häufiger publiziert haben. Darunter versteht man die Organisation von Selbstorganisation. Das bedeutet: Der Manager versteht sich als Mann der Kultivierung fremder Fähigkeiten, und zwar in den Köpfen und Herzen seiner Mitarbeiter, als Katalysator und Impulsgeber für die Selbstmotivation und autonome Kreativität seiner Mitarbeiter und seiner Teams. Er steuert also nicht mehr per Anordnung, per Vorplanung, per

Strategie, per Aktennotiz, sondern er steuert durch die Selbststeuerung der Mitarbeiter und der Gruppen.

So, damit haben wir das duale Prinzip. Da gibt es also die auf Präzision ausgerichteten Management-Faktoren des Ratiobereiches auf der einen Seite und die visionsorientierten Management-Faktoren des Intuitionsbereiches auf der anderen. Wenn beide Aspekte ausgebildet sind (ich betone noch einmal: Ich persönlich würde den Intuitionsbereich immer etwas höher werten als den Ratiobereich), dann gibt es einige Dimensionen, die die beiden Seiten miteinander verbinden und sie wie eine Hülle umschließen. Das ist der gemeinsame Bereich zwischen den Antipoden. Ihn würde ich wie folgt strukturieren: Zuerst einmal gehört die Firmenkultur dazu. Sie prägt sowohl den Ratiobereich als auch den Intuitionsbereich. Die Firmenkultur leitet sich ab aus der Vision. Die Firmenkultur selbst beinhaltet folgende Definitionen:

a) Rolle des Unternehmens,
b) Ziele und gruppenpsychologische Intentionen,
c) Identität, Selbstbild, Fremdbild,
d) Synergieversprechen (was will das Unternehmen für die Gesellschaft Positives tun?),
e) Firmenhistorie *(back to the roots)*.

Man sieht bereits, daß dies ein Zwitter ist. Das kann man zum Teil methodisch-rational planen, teilweise ist es eine eher intuitiv-visionäre Arbeit. Es ist eine Art Humusfeld sowohl für die Ratio- als auch für die Intuitionsseite des dualen Managements.

Ein weiterer Faktor, der für beide Seiten wichtig ist, ist das Aufbauen einer Mentalität, die den Wandel akzeptiert *(change acceptance)*. Dieses ist ein Mentalmuster, ein Firmenmilieu, das aufgebaut und lebendig gehalten werden sollte.

Weitere vermittelnde Bereiche zwischen Ratio und Intuition sind aus meiner Sicht:

- *Dezentralisierung bei gleichzeitiger informationeller Zentrierung,*

- *Mitbestimmung (in Zukunft vermutlich auch mehr Mitbesitz durch Mitarbeiter),*
- *Umfeld-Monitoring (die Fähigkeit, sowohl harte als auch weiche Signale, die aus dem Umfeld des Unternehmens kommen, permanent methodisch zu erfassen, etwa durch kontinuierliche Trendbeobachtungen),*
- *Issue-Politik (permanenter Wertedialog zwischen Unternehmen und den gesellschaftlichen Initiativgruppen und Klimabewegungen).*

Ja, das könnte ein Vorschlag für ein duales Management sein. Sie sehen, es sind einige strikt rational-intellektuelle Dimensionen dabei. Es sind einige Dimensionen dabei, die eher dem Feld der Metaphysik des Managements zuzuordnen sind, und es sind vermittelnde Aspekte dabei, die das Ganze verbinden und kombinationsfähig machen.

Ich bin mir nicht sicher, ob das ein Modell ist, das man durchsetzen kann. Aber ich bin sicher, daß wir irgendwann bei einem dualen Management landen werden. Egal, wie es im einzelnen aussieht. Das ist das Ergebnis meiner persönlichen Erfahrung und Beobachtung und auch das Ergebnis vieler Recherchen unseres kleinen Kreises: Die Zeit des dualen Managements kommt mit absoluter Sicherheit!

3. Kapitel
Change-Management

Lassen Sie uns das duale Management gleich weiterentwickeln. Wir haben ja gesehen, daß unsere Zeit immer turbulenter wird. Wir müssen unser Management in zunehmendem Maße auf diese Turbulenz ausrichten. Wir brauchen neue Handlungsansätze für ein, wie die Amerikaner es immer häufiger nennen, »Change-Management«. Dahinter steckt im Prinzip eine sehr einfache, wenngleich auch schwierig zu verwirklichende Formel. Diese heißt:

»Mehr Freiheit bei gleichzeitig mehr Führung.«

Das halte ich für ein Motto, das die nächste Epoche der Management-Entwicklung bestimmen wird. Lassen Sie mich kurz begründen, wieso unser kleiner Kreis zu dieser Überzeugung kam:

- Wir brauchen mehr Freiheit, weil wir in Turbulenzen nicht mehr alles von oben strategisch vorplanen und regeln können. Je mehr Turbulenz, desto mehr müssen die Strategie und die Zielverantwortung nach unten delegiert werden. Sie finden vor Ort statt, dort also, wo am frühesten die Signale der Turbulenz erkannt werden können.
- Wir brauchen mehr Freiheit, weil wir mit anderen Mitarbeitern arbeiten. Je mehr Turbulenz und je mehr Selbstorganisation und Selbstmotivation, um so mehr Partizipationskraft der Mitarbeiter. Anders ausgedrückt: Wir brauchen die neue Intelligenz von unten, die neue partizipative Potenz von

unten, je mehr wir Strategie nach unten delegieren wollen. Die neuen partizipativen Qualitäten, die sich seit Mitte der sechziger Jahre kontinuierlich entwickelten, brauchen aber ein ganz anderes Freiheitskonzept im Bereich der sogenannten Strategie.

- Wir brauchen mehr Führung als in den letzten Jahren, weil wir mehr Freiheit geben. Wir müssen das militärische Modell überwinden. Was heißt das? Wer in den Militärkader kam, wurde so lange gedrillt, bis er die Regeln widerspruchslos akzeptierte. Wirtschaft hat aber nichts mit Militär zu tun, mag auch der Begriff der Strategie immer wieder dazu verleiten, paramilitärische Konzepte und Erfolgsformeln benutzen zu wollen. Wir brauchen mehr Führung, weil das neue Management ein grundsätzlich anderes, ein nichtmilitärisches Credo aufweist: die Herstellung kohärenter Handlungen unter bewußtem Verzicht auf Befehle.
- Wir brauchen mehr Führung als je zuvor, weil wir andere Organisationsmuster einführen, zum Beispiel Dezentralisierung und fließende Organisationen *(organization transformation)*. Je weniger Schablonenfestigkeit in der Organisation, je mehr Selbstorganisation und spontane Anpassung also, um so mehr Führung. Aber diese Führung muß anders sein und nicht mehr die Führung per Aktennotiz und Angst. Es wird eine Führung durch unausgesprochene Regeln sein, wie sie im Bereich des systemischen Managements (Malik) bereits auch in einem Buch beschrieben worden sind. Man führt demnach straffer, obwohl man nicht durch inhärente, unsichtbare Regeln führt, die in der Firmenkultur verankert sind. Die neue, kraftvolle Führung ist also eine Führung durch indirekte geistige Prinzipien.

Dieses Thema hat uns in unserem kleinen Kreis immer mehr fasziniert, und ich möchte hier berichten, wie wir uns schließlich nach längeren Debatten prinzipiell geeinigt haben. Es war so etwas wie ein Halbtagsworkshop, den wir veranstalteten. Einziges Thema an diesem Sonntag gegen Ende 1984 lautete: Welche

Handlungsansätze gehören zum Change-Management in turbulenten Zeiten? Wir waren zu viert. Alles Manager, die entweder übcr rcichlichc praktischc Erfahrung odcr übcr bcsondcrs vicl theoretisches Know-how verfügten. Das Ergebnis möchte ich hiermit vorstellen:

Dimension I: Der Manager muß eine optimale Anpassungsflexibilität aufbauen können

Hiermit sind wir konkret beim dualen Management. Nur durch ein duales Management, wie ich es beschrieben habe, kann man neben dem klassischen Management (Anpassungsmanagement, Ratiomanagement etc.) das kulturbezogene Management (weiches Management) stellen. Natürlich brauchen wir nach wie vor konkrete, linear-rational erarbeitete Strategien, und natürlich brauchen wir klare Strukturen und Zielvorgaben in Form von Fakten und Zahlen (Operationalisierung). Natürlich brauchen wir klare Analysen, um Systeme beschreiben zu können. Das alles kann man vielleicht unter systemischem Management beschreiben, und das wird immer wichtig bleiben. Das Neue an unserem dualen Ansatz ist nur, daß ein anderes Management hinzuaddiert wird, eine zweite Ebene, die man ebenso virtuos beherrschen sollte wie die klassische, bisherige Ebene. Und das ist das, was wir das kulturbezogene Management nennen. Hier handelt es sich also um genau die Dimensionen, die dieses Buch zu beschreiben versucht. Peter Ulrich hat einige Aspekte beschrieben. Ich will sie hier in gestraffter Form wiederholen:

> Kulturbezogenes Management faßt die Unternehmung nicht als soziotechnisches System auf, sondern als soziokulturelle Institution. Das Unternehmen gehört der Gesellschaft, kommt von der Gesellschaft und arbeitet für die Gesellschaft.
>
> Das Unternehmen funktioniert nicht relativ autonom und damit abgetrennt-spezialisiert, sondern wirkt voll in die soziale

Lebenswelt hinein. Im Sinne einer ganzheitlichen Auffassung werden also Öffentlichkeit und Privatbereich soweit wie möglich integriert, das heißt, auch der Privatbereich der Mitarbeiter wird in Betracht gezogen (genau dieser Aspekt fällt den meisten Spitzenmanagern schwer, weil sie die privaten Aspekte ihrer Mitarbeiter, wie Selbstentfaltung und Individuation, nicht mit den betrieblichen Zielen und Fortbildungsprogrammen verbinden wollen).

Das kulturbezogene Management beschäftigt sich im Kern mit Sinnvermittlung und Sinnverständigung (im Vergleich dazu das systemische Management: Es beschäftigt sich vorrangig mit der Beherrschung von Komplexität und Ungewißheitsproblemen).

Besonders interessant ist der Vergleich der Management-Methoden. Das systemische Management benutzt wie gesagt in erster Linie Strategien, Strukturen, Management-Systeme, lineare Führungstechniken und Programme. Das kulturbezogene Management arbeitet mit besonderen Handlungen und Zeremonien. Es benutzt symbolische Repräsentationen und – wenn man so will – Interaktionen aus dem Bereich der praktischen Metaphysik. Es benötigt argumentative Konsensfindung, es basiert auf dialogischen Ansätzen der Teamorganisation.

Auch das Wissenschaftsverständnis lohnt einen vergleichenden Blick. Das systemische Management faßt sich auf als Kind der Naturwissenschaft. Das kulturbezogene Management versteht sich als angewandte Kulturwissenschaft. Dementsprechend sind die Basis-Theorien auch anders. Das systemische Management konzentriert sich immer mehr auf Kybernetik (in früheren Epochen auf die Militärstrategie-Theorie). Es integriert auch immer stärker die modernen Evolutions- und Entwicklungstheorien und kombiniert diese mit den neuen Erkenntnissen der Systemtheorie. Das kulturbezogene Management dagegen hat Hermeneutik als Basistheorie. Damit wird bereits deutlich, daß ein anderes Denken erforderlich ist, um die systemische und kulturbezogene Dimension integrieren und zur Vereinigung führen zu können. Darüber hinaus benötigt das kulturbezogene Management ein recht gutes Wissen über das, was Wissenschaftler die »Theorie des kommunikativen Handelns« nennen. Dazu gehört ein sehr gut entwikkeltes Feeling für Kulturgeschichte und Kulturanthropologie, alles Bereiche, die auf den Business Schools und in den betriebswirtschaftlichen Seminaren nicht gelehrt werden.

Soweit zum kulturbezogenen Management. Kehren wir jetzt wieder zurück zu unserem Handlungskonzept. Wir sagten, daß die Entwicklung eines dualen Managements die entscheidende Voraussetzung ist, um eine optimale Anpassungsflexibilität gewinnen zu können. Wir wollen das kurz begründen: Je mehr Turbulenz, je mehr Ungewißheit und Komplexität bei sich immer mehr verschärfendem Handlungstempo, desto geschickter muß ich die linearen, systemischen Management-Funktionen (wie Strategien, Programme und Organisations- sowie Kontroll-Techniken) mit den unsichtbaren Kraftfeldern kombinieren, die auf optimale Selbstorganisation und Selbstmotivation der Mitarbeiter zielen. Ich muß also die kulturbezogenen Dimensionen, die in erster Linie auf Sinnverständigung ausgerichtet sind, mit denjenigen klaren Fakten kombinieren, die Bestand haben. Je mehr Turbulenz, um so mehr Erosion der Fakten. Man muß also eine neue duale Kompetenz aufbauen können. Im systemischen Bereich des Managements dürfen nur diejenigen Fakten klare Fakten werden, die Bestand haben. Sie müssen trotz der Turbulenz über eine lange Wegstrecke Handlungen und Ziele organisieren und initiieren können. Sie müssen Konstanz aufweisen trotz Turbulenz. Es ist klar, daß das nur wenige globale Fakten und Zielvorgaben sein können. Nun kann aber ein Unternehmen nicht geführt werden durch die Taktik der »Reduzierung von Zielvorgaben«. Das würde zu Konfusion, Widerspruch und Selbstschädigung führen. Deshalb muß das kulturbezogene Management dringend hinzuaddiert werden, um auch in turbulenten und unsicheren Zeiten kraftvoll und erfolgreich handeln zu können. Und diese kulturbezogenen Vorgaben sind eben keine rationalen Vorgaben. Sie sind, wie ich beschrieben habe, eher metaphysisch. Sie kommen aus dem geistigen Habitus, wie beispielsweise symbolische Repräsentationen. Ich werde später darauf eingehen.

Dimension II: Das Management in turbulenten Zeiten muß Selbstorganisation und Selbstmotivation stabil initiieren können

In unserer Diskussion hat unser kleiner Kreis gesehen, daß der Aspekt Wertemanagement, der in den letzten Monaten ohnehin immer mehr in das Scheinwerferlicht der Management-Szene gelangte, offensichtlich wichtig ist. Wertemanagement heißt, daß man als Manager versucht, die Außenwerte mit den firmeninternen Werten besser in Einklang zu bringen. Es handelt sich also um den Versuch einer optimalen Abstimmung zwischen den gesellschaftlichen Außenwerten und den firmeninternen Werten, wie sie etwa in einer Firmenkultur verankert sind. Dieser Aspekt dient im weitesten Sinne auch den Mitarbeitern zur Sinnvermittlung. Ich bin davon überzeugt, daß die Mitarbeiter in den neunziger Jahren viel radikaler und konsequenter als heute die ökologischen und humanen und damit im weitesten Sinne gesellschaftlichen Implikationen ihrer Handlungen abfragen werden. Sie werden uns konkreter und fordernder als je zuvor fragen, ob sie das, was sie »in unserer Firma« tun, mit ihren privaten Wertvorstellungen vereinbaren können. Die neue auf uns zukommende Forderungsqualität lautet mit einer hohen Wahrscheinlichkeit: »Ich gebe mein Bestes, wenn mir die Firma beweisen kann, daß sie ihr Bestes für die Gesellschaft tut.« Eine hohe Präsenz von Selbstorganisation und Selbstmotivation verlangt also ein ausgesprochen professionelles Wertemanagement. Und diese Wertabstimmungen zwischen den sozialen Außenwelten und den firmeninternen Binnenwerten fließen dann ein in das, was heute immer häufiger bereits »Corporate Culture« genannt wird. Auch das ist ein Aspekt, der mit den klassischen Methoden des Managements nicht mehr zu begreifen ist. Denn was heißt das, Corporate Culture? Das ist etwas, was wir früher immer »esprit de corps« nannten. Und dieser Begriff ist, so altmodisch er vielleicht auf den ersten Blick wirkt, im Prinzip viel besser als das amerikanische Wort Corporate Culture. Warum? Ich glaube, daß der Firmengeist organisiert werden kann. Ich glaube, daß es sich um etwas Geistiges handelt, das da ist, auch wenn man es nicht vordergründig, nicht materiell sehen, anfassen und abklopfen kann. Es ist etwas – wie ich schon sagte –, was mehr eine »Teamchemie« ist. Jeder spürt es. Auf jeden wirkt es. Jeder hat es, obwohl es keiner konkret beschreiben könnte und obwohl es nie im Sinne der Naturwissenschaft objektiviert werden kann. Viele Firmen haben so etwas wie einen Firmengeist, manche einen sehr schwachen und blassen, viele einen sehr kräftigen. Es geht also darum, den Firmengeist kräftig und damit handlungsbestimmend zu machen. Aber es geht nicht nur darum, ihn durch methodische Konzepte und durch klare »metaphysische« Zielvorgaben zu kräftigen, sondern darum, den richtigen Firmengeist zu installieren. Es geht darum, einen Firmengeist so aufzubauen, daß er zwei Zielsetzungen entspricht. Erstens muß er dem Wertemanagement entsprechen, das heißt, er muß ein Höchstmaß an Außenwerten innerbetrieblich widerspiegeln. Zweitens muß er dynamisch sein, daß heißt, er muß im Prinzip nicht auf Konservierung und Stabilisierung ausgerichtet sein. In der Firmenkultur müßte statt dessen »stabile Instabilität«, wie das die Theoretiker so gern nennen, verankert sein. In meinen Worten: Wir müssen in den Firmengeist die Verpflichtung einbauen, uns immer wieder zu verändern, uns immer wieder in Frage zu stellen, permanent kreativ und innovativ zu sein. Wir müssen die permanente Selbstüberwindung zu einem lustvollen, gewollten Aspekt des geplanten Firmengeistes machen.

Und es gehört noch ein Aspekt hierzu: das, was die Amerikaner den »visionary factor« nennen. Damit will man ausdrücken, daß Wertemanagement und Firmenkultur nicht auf der Basis des heutigen Bewußtseins entwickelt werden können. Ich glaube zum Beispiel, daß eine Firmenkultur, die kein visionäres Moment aufweist, sehr schädlich sein kann, weil sie im Prinzip zu Konservativismus und Rückwärtsnostalgie verführt. Der visionäre Aspekt muß trainiert werden. Ich bin fest davon überzeugt, daß man bis zum Middle-Management diese Fähigkeit entwikkeln und trainieren kann. Man kann durch Workshops und durch Spezialmeetings die Freude an der Zukunft und damit auch die Freude am Erfühlen von Visionen systematisch und geplant erhöhen. In jedem qualifizierten Mitarbeiter steckt im Prinzip ein kleiner Futurologe. Je mehr Zielplanungskompetenz ein Mitarbeiter hat (und das verlangen wir schließlich von unseren führenden und leitenden Mitarbeitern), um so mehr Zukunftskompetenz ist vorhanden. Sie ist meistens nur sehr wenig methodisch ausgebaut. Es ist die Aufgabe des Topmanagements, diese visionäre Freude zu einer alltäglichen Sache zu machen.

Fassen wir noch einmal diesen Aspekt zusammen. Je turbulenter das Umfeld, um so geringer die linearen Anweisungen, um so reduzierter die rationalen Fakten, die wie stabile Leuchttürme wirken. Je weniger Faktizität, je weniger lineare Handlungsprogrammatik, desto mehr muß ich als Manager auf die Selbstorganisation und die Selbstmotivation der Mitarbeiter setzen. Je weniger ich sie alle »von oben beobachten und steuern« kann, desto mehr muß ich dafür sorgen, daß meine Mitarbeiter sich selbst optimal steuern. Und genau dieser Aspekt der Verbesserung von Selbstorganisation im Bereich der Mitarbeiter benötigt ein außerordentlich systematisch aufgebautes Wertemanagement, das die Basis für eine zukunftsorientierte (visionäre) Firmenkultur abgibt. Im Ansatz des dualen Managements ist das Führen durch Firmengeist kein Hokuspokus, sondern eine außerordentlich effiziente und dringende Notwendigkeit und Möglichkeit.

Dimension III: Das Management muß in der Lage sein, geistige Kreativitätsfelder aufzubauen

Change-Management in turbulenten Zeiten verlangt von uns eine andere Kreativitätskultur. Je mehr Turbulenz beherrscht werden soll und je mehr Wandel initiiert werden soll, um so mehr muß das »kreative Soll« durch unsere Räume und durch unsere Flure geistern. Der Spitzenmanager muß also in der Lage sein, in methodisch geplanter Form ein kreatives Kraftfeld aufzubauen. In unserem kleinen Kreis haben wir natürlich lange darüber diskutiert, welche Maßnahmen hierfür in erster Linie wichtig sind. Das Ergebnis unserer Debatte:

a) Wir können Kreativitätsfelder aufbauen durch das Prinzip »Führung an der langen Leine«. Dieses von Peters und Waterman so bild- und wortreich beschriebene Prinzip sollte für Turbulenz- und Change-Management übernommen werden. Denn es handelt sich hier im Prinzip um eine andere Rolle des Managers. Er sieht sich als der Kultivierer. Er sieht sich als gärtnerisch pflegende Instanz und nicht nur als der Vordenker oder der Vorhandelnde. Er sieht sich also nicht mehr wie den Generalstab beim Militär, sondern eher wie einen Gärtner, der alles tut, um die Potentiale seiner Mitarbeiter soweit wie möglich zu fördern. Dieser Kultivierungsaspekt, der seinen Einzug auch in den Bereich der St. Gallener Management-Thesen gehalten hat, ist insofern wichtig, als kreative Entfaltung nur durch die Erweiterung der Verantwortungs- und Handlungsfelder möglich ist. Führung an der langen Leine ist deshalb eine wesentliche Vorausetzung dafür, daß Mitarbeiter täglich symbolisch spüren, was von ihnen erwartet wird: Kreativität. Sie erfahren symbolisch, daß man an ihre Kreativität glaubt. Dadurch kultiviert und stimuliert man sie.
b) Wir müssen Freiräume schaffen für das, was man Entrepreneurship nennt. Das ist ein Begriff, der seit einigen Jahren durch die Literatur geistert. Es ist der Versuch, in den Firmen

neue Freiräume für Unternehmertum aufzubauen. Es handelt sich um das Organisieren von Handlungs- und Verantwortungszonen, in denen bewußtes unternehmerisches Flair gefördert und Risikobereitschaft honoriert werden. Auch dies ist wieder eine deutliche Absage an paramilitärische Prinzipien, in denen in erster Linie Gehorsam und lineares Befolgen und Vorgaben wichtig waren. Hier handelt es sich um das Delegieren unternehmerischer Kompetenzen nach dem Motto: »Jeder ist in seiner Art ein Topmanager.« Ich halte diesen Satz für überzeichnet, dennoch drückt er aus, was gemeint ist. Wenn man einen Menschen mit seinen ganzen Potentialen gleich 100 setzt, so kann man als Management-Elite viel mehr, als wir es bisher gewohnt sind, dafür tun, daß der Mensch sich mehr und mehr auf seine 100-Prozent-Marke hinentwickelt. Und wenn wir dieses tun und es nicht nur als »Sonntagsrede« mißverstehen, so wird bei den meisten Managern – und, wie Untersuchungen gezeigt haben, auch bei Mitarbeitern in vielen anderen Bereichen des Unternehmens – eine unternehmerische Disposition reif, die vorher im dunkeln schlummerte. Die Weckung unternehmerischer, also auch risikoorientierter Handlungskonzepte ist sicherlich eine wesentliche Voraussetzung, um ein Unternehmen in ein positives und stabiles Kreativitätsfeld zu führen.

c) Wir brauchen Dezentralisierung. Dieser Aspekt wird von den meisten Managern heute akzeptiert. Wenn ich mehr Kreativität fordere, muß ich mehr Dezentralisierung organisieren. Die Systemtheorie konnte ganz eindeutig zeigen, daß Systeme, die in turbulenten Phasen ein hohes Maß an Selbstüberwindung und Veränderung leisten, immer dadurch gekennzeichnet sind, daß sie sich sehr intensiv in Subsysteme aufgliedern und daß diese Subsysteme mehr eigenbestimmt operieren. Dezentralisierung ist also nichts anderes als die Herstellung von Flexibilitätskraft. Das Kleine ist wendiger als das Große. Das komplexe Ganze ist in der Regel wesentlich instabiler und damit handlungsunfähiger als das Teilelement. Dezentralisierung ist relativ leicht zu organisieren. Und die meisten Firmen sind seit längerer Zeit mit Erfolg damit beschäftigt, ihre organisatorischen Strukturen so zu verändern, daß kleinere Handlungseinheiten entstehen, ohne daß damit der synergetische Effekt (der Effekt der Zusammenwirkung) zerstört oder reduziert wird. Wir können an dieser Stelle sagen: Je mehr Dezentralisierung, desto mehr Chancen bestehen für Kreativität.

d) Wir brauchen fließende Organisation. Natürlich brauchen wir die klassische hierarchische Organisation auch in Zukunft. Ilya Prigogine (ein Nobelpreisträger, der sehr wichtig ist für den Aspekt des neuen Denkens) hat das einmal mit einer Leiter verglichen. Wir brauchen einerseits die klaren, senkrechten Streben (er verglich das mit der klassischen Hierarchie), aber wir brauchen auch die Querstreben. Evolution und Fortschritt sind nur durch die Kombination zweier Ordnungsprinzipien möglich: die spontane, das heißt die fließende Ordnung (Prigogine verglich das mit den waagerechten Streben einer Leiter), die mehr oder weniger informell, ad hoc und kreativ gefunden werden, und die klare feste Ordnung, die senkrechten Streben, die beispielsweise das dialektische Verhältnis zwischen den Führungseliten und den Mitarbeitern formalisieren. Um es kurz zu sagen: Wir müssen fähig werden, die klassische Organisation mit einer fließenden, spontanen Organisation zu verbinden. Wir müssen Hierarchien (sowenig wie möglich) verbinden mit Netzwerken. Die Systemtheorie, das hat unser kleiner Kreis sehr schön recherchieren können, kommt immer wieder auf die Netzwerkthematik. Systeme, die sich erfolgreich auf maximale Veränderungen einstellen konnten, haben immer variable Netzwerke aufgebaut. In der Organisationslehre wird deshalb seit längerer Zeit eine Richtung sichtbar, die ich folgendermaßen vereinfacht beschreiben möchte: Um stabile und intensive Kreativitätsfelder aufzubauen, muß ich Hierarchie und Heterarchie (Netzwerke) so miteinander verbinden, daß ich die fixe Organisatiton optimal mit der fließenden Organisation verbinden kann.

Fassen wir auch hier zusammen: Die Schaffung hoch aufgeladener Kreativitätsfelder ist eine wichtige Voraussetzung für ein erfolgreiches Change-Management in turbulenten Phasen. Wir müssen als Manager deshalb alles tun, um die Organisation und die Mitarbeiterstrategie so miteinander zu kombinieren, daß sowohl Freiräume für Kreativität und Risikoübernahme entstehen als auch neuartige Kombinationen von Zentralisierung und Dezentralisierung sowie von verbindlich fester Organisation und fließender Ad-hoc-Organisation. Keine leichte Aufgabe. Auch hier bleibt mir wieder nur der Hinweis, daß wir in Zukunft als Topmanager in der Lage sein müssen, duale, auch scheinbar widersprüchliche Aspekte verbinden zu können. Die Zeit des eindimensionalen Managements scheint zu Ende zu gehen.

Dimension IV: Gewinnung von Führungsautorität

Man muß es noch einmal wiederholen. Ja, wir brauchen mehr Führungsautorität, wenn wir mehr Freiheit geben wollen, mehr Freiheit geben *müssen*, weil das eine unabdingbare Konsequenz aus den aktuellen und kommenden Problemen des Managements ist (mehr Turbulenz, sich steigernde Komplexitäts- und Ungewißheitsprobleme bei sich steigerndem Handlungs- und Entscheidungstempo). Aber wie soll dieses Mehr an Autorität gewonnen werden? Wir haben natürlich auch darüber sehr intensiv und teilweise sehr hitzig diskutiert. Wir haben uns das sehr mühsam erarbeitet, denn kein Thema ist so vorurteilsbelastet wie das Thema der Chefautorität. Deshalb kann ich mit besonderer Freude berichten, daß sich die Praktiker und die Theoretiker in unserem kleinen Kreis letztlich doch einig waren, was einige Aspekte betrifft. Es handelt sich im Prinzip nur um zwei Ansätze:

a) Führungsautorität durch ein qualifiziertes Informationsmanagement. Je mehr Dezentralisierung und je mehr fließende

Organisation (*organization transformation*), um so mehr Verpflichtung für die Chefetage zur Informationszentralisierung. Je mehr organisatorische Zellteilung, um so mehr Verpflichtung, die informationellen Fäden dennoch in der Hand halten zu können. Und das geht im Prinzip nur über Computer. Die Elektronik hilft uns hier. Wir brauchen Informationsnetzwerke, die uns in die Lage versetzen, sehr schnell die wesentlichen Daten von den autonom agierenden Subsystemen zu erhalten. Aus der Systemtheorie kann man das wiederum sehr gut ableiten. Das Gesamtsystem braucht nicht die Summe aller Informationen. Es braucht in turbulenten Wandlungszeiten nur diejenigen Schlüsselinformationen, die als Indikatoren wichtig sind, um die Synopse zugunsten der Gesamtorganisation leisten zu können. Die Subsysteme, die mit mehr Freiraum und mehr Eigeninitiative ausgestattet sind, produzieren ein großes Volumen von Rückkoppelungsdaten und Aktionsinformationen. Die Chefetage braucht nicht all diese Informationen (das wäre ein altmodisches Controlling-Prinzip). Sie muß im Gegenteil dafür sorgen, daß sie sich nicht mit Informationen überfüttert, daß sie nicht durch Mikroinformationen überschwemmt wird. Sie braucht Makroinformation, Informationen über die zentralen Muster. Und das geht nur über computerisierte Informationsnetzwerke und nur durch neue Teamorganisation (persönlicher Informationsaustausch).

Die Konsequenz daraus: Informationsmanagement wird eine Aufgabe für die Ebene ganz oben. Der Fluß der Informationen, auch die Selektion und die Umarbeitung von Einzelinformationen zu Musterinformationen, darf nicht dem Zufall oder irgendeiner Stabsstelle überlassen werden, sondern wird in zunehmendem Maße Topmanagement-Aufgabe. Wie ich aus eigenen Erfahrungen weiß, sind wir für diese informationelle Regiearbeit in der Regel personell und auch instrumentell nicht richtig ausgestattet. Aber wichtiger noch: Ganz im Inneren unseres Herzens meinen wir, daß wir Informationen geben müßten, daß wir die Informationsquelle sind, und nicht, daß wir Informationen nehmen sollten. Wir verstehen uns also nicht so sehr als informationsverarbeitendes Agens (Herstellung von Muster- und Makrowissen), sondern eher als informationsproduzierende Institution. Es handelt sich also um ein Problem der Identität und der Rolle. Nur wenn diese eher psychologischen Dimensionen im Topmanagement bewältigt werden, kann die eigentliche Aufgabe eines Informationsmanagements angegangen werden. Und die lautet vereinfacht ausgedrückt: Reduzierung von Komplexität durch das Umwandeln von Informationen zu Makrowissen.

b) Ein anderer Aspekt der Führungsautorität: das Herstellen von Ordnerstrategien. Nun, das ist ein eigenartiger Begriff. Ich will auch gern erklären, woher ihn unser kleiner Kreis hat. Da gibt es von Herman Haken den Aufriß einer neuen Forschungsrichtung, genannt Synergetik. Gerken brachte dieses Buch in die Debatte. Er hatte es gerade durchgearbeitet und war der Meinung, daß für unsere Aspekte einiges darin zu finden sei. Und in der Tat: Unser Workshop mit den vier Experten wurde hier fündig. Man kann folgendes sagen: Je mehr Turbulenz, desto mehr Informationen gibt es. Je mehr Turbulenz, desto mehr widersprüchliche Informationen. Und damit ist die Vermehrung der Informationen gleichzusetzen mit mehr Nebel. In dieser Situation ist derjenige mit einer hohen Führungsautorität ausgezeichnet, der die entscheidenden Strömungen erkennen und sie als erster verbalisieren kann. Derjenge ist mit einer hohen Führungskompetenz ausgestattet, der die zentral wichtigen, ordnenden Strömungen in das öffentliche Sprachsystem des Teams oder der Firma einpflanzen kann. Ich möchte das etwas näher beschreiben. Herman Haken geht davon aus, daß analog dem Laserprinzip viele Informationen und Varietäten, wie das genannt wird, widersprüchlich umeinander kreisen und daß es dann spontane Ordnungssysteme gibt, in denen sich der sogenannte Ordner, das heißt ein informationeller oder Trendfaktor, plötzlich zum Chef aufschwingt. Mit den Worten von Haken: »Der Ordner versklavt die anderen Strömungen.« Er dirigiert sie. Sie umlagern ihn. Er wird zum Mittelpunkt vieler unterschiedlicher Kraftfelder oder Strömungen. Ich habe daraus folgenden Schluß gezogen: Wenn ich wirklich Führungselite sein will, muß ich in der Lage sein, aus dem widersprüchlichen Summativ der Informationen per Analyse oder Intuition diejenige Strömung herauszufiltern, die wichtiger ist als die anderen wichtigen Informationen. Ich muß die Kompetenz haben, die Ordner im informationellen Nebel zu erkennen. Das kann ich am besten durch Umfeld-Monitoring machen. Und das ist genau der Bereich, der in den USA immer wichtiger geworden ist: die systematische und methodische Beobachtung von Trends und sozialen Strömungen, die systematische Beschreibung und Gewichtung von Einflußfaktoren. Ein Beispiel aus einer deutschen Zeitung, ein Bericht über die Probleme der Informationsüberflutung: Der Autor, der sich auch ganz konkret auf Herman Haken und seine Synergetik-Lehre beruft, beschreibt am Beispiel der Automobilindustrie das Ordnerproblem. Will man beispielsweise die Einflußfaktoren für den Automobilbau durch klassische Marktforschung erfassen, bekommt man seitenlange Listen. Alles scheint wichtig zu sein, und das meiste davon widerspricht sich. Es ist wie die Quadratur des Kreises, die nie gelingen will. Und dennoch gibt es einige wesentliche Faktoren, die über diesem zappeligen Informationsfeld liegen, das sind die Ordner. Dazu gehören etwa Komfort, Preis und Sicherheit. Wer ein gutes Umfeld-Monitoring betreibt, ist nun in der Lage, früher und qualifizierter als andere Manager zu sagen, ab wann sich welcher Ordner durchsetzt. Der Ordner »Sicherheit« ist beispielsweise unwichtig geworden. In der Automobilbranche wird der Ordner »Komfort« immer wichtiger. Man kann nun simulieren, daß sich etwa durch Geschwindigkeitsbegrenzungen (100 oder 130 km/h auf Autobahnen) blitzschnell eine neue Ordnerhierarchie ergeben kann. Das ganze Prinzip der Automobilstrategien läßt sich auf wenige, primäre Ordner reduzieren. Das Problem ist nur, diese Ordner zu erkennen und – wichtiger noch! – die Dynamik, das heißt den Verlauf, dieser Ordner permanent erfühlen zu können (Monitoring-Prinzip). Man muß in der Lage sein, permanent die Rivalitätskämpfe der zentralen Ordner vor seinem inneren geistigen Auge zu sehen. Man braucht so etwas wie ein permanentes Fernsehprogramm, in dem die Kampfhandlungen der Ordner präsentiert werden.

Daraus leiten sich einige Schlußfolgerungen ab:

- Führungsautorität wird immer stärker mit Informationsvorsprung verbunden sein.
- Führungsautorität wird darüber hinaus mit der geistig-intellektuellen Kompetenz zur Musterbildung (Makroinformation) verbunden sein. Das bedeutet aber ein Training im Hinblick auf ganzheitliche Informatitonsverarbeitung. Das ist genau das Gegenteil der linear-intellektuellen Schulung, die wir als Manager von Haus aus mitbekommen haben.
- Führungsautorität bedeutet in Zukunft die Fähigkeit, die zentralen Ordner (das sind die prägenden Strömungen vor dem Wirbelwind der Informationen) zu erkennen und ihr permanentes Verlaufsbild beobachten zu können.

Ziehen wir ein Gesamtfazit: Führungsautorität, die ich persönlich gern als »Follow-me-Aura« bezeichne, ist im Prinzip sehr stark abhängig von einer neuartigen und sehr professionellen Informationsverarbeitung. Spitzenmanager waren im Prinzip, (das belegen viele Studien und Aufsätze) immer dadurch gekennzeichnet, daß sie sich intensiver für mehr interessierten als normale Manager. Aber das war oft eher zufällig und mit dem persönlichen charakterologischen Habitus des Managers verbunden. Doch das kann man nun methodischer, systematischer und dadurch auch gezielter und kontinuierlicher machen. Ich plädiere hiermit für eine Informationsregie, die sich direkt mit der Zielvorgabe verbindet: Erhöhe deine Führungsautorität! Und dazu bedarf es, wie unser kleiner Kreis erarbeitet hat, einer neuartigen Rolle des Managers in bezug auf Informationsnetzwerke (der

Manager als Informationsempfänger) und einer neuen Kompetenz für die Reduzierung von Komplexität und Widerspruch (der Manager als Konstrukteur von Makrowissen und Ordner-Monitoring). Alles in allem ein doch sehr grundsätzlich anderer Handlungsansatz im Umgang mit Informationen.

Dimension V: Gewinnung der personellen Kompetenz

Hier handelt es sich um die personalen Fähigkeiten und Kräfte der Mitarbeiter. Es geht also nicht um die Erhöhung von Führungsautorität (siehe IV), sondern um die Kultivierung derjenigen Potentiale und Kompetenzen, die in den Mitarbeitern angelegt sind. Die Diskussionen in unserem kleinen Kreis waren hier weniger heftig und auch relativ kurz. Wir waren uns sehr schnell einig, daß die Fortbildungsstrategien doch sehr deutlich geändert werden müßten, ebenso wie der Trend zu einem ganzheitlichen Personalmanagement stärker als bisher berücksichtigt werden müßte. Ich möchte nunmehr die beiden Aspekte etwas detaillierter beschreiben:

a) *Neue Fortbildungsstrategien.* Das neue Lernziel sollte lauten: Transformation als Daueraufgabe. Wir lernen in der Regel die Welt der Fakten, wir lernen neue Techniken, neue Management-Prinzipien. Die Fortbildungskurse der Firmen, insbesondere der großen Konzerne, sind voller Anleitungen für ein besseres linear-rationales Handeln. Aber eine der wichtigsten Funktionen, die es überhaupt gibt, die Überwindung von Festigkeit, trainieren wir ganz selten. Das Schlüsselwort hierfür ist Transformation. Darunter verstehen die Wissenschaftler die Kombination von »sich selbst durchschauen« (Selbsttranszendenz) und Selbstüberwindung (»Häutung«). Transformation beinhaltet immer die Erweiterung von Bewußtsein, auch des Bewußtseins von mir selbst. Ich muß mich selbst durchschauen können, um zu begreifen, wo ich begrenzt bin.

Das Lernziel »Transformation« ist also ein persönlichkeitsorientiertes Lernziel. Es ist die erste Stufe für ein methodisch trainiertes Inner-Management.

Ein anderer Aspekt kommt dazu: Weltbilddiagnose. Wie Dörner zeigen konnte, sind wir alle Kinder unseres eigenen Weltbildes. Es gibt so etwas wie »Denktraditionen«, die uns formen, auch dann, wenn wir es nicht bemerken. Je konservativer das Weltbild, desto reduzierter die Anpassungsintelligenz. Wer sich also ein konservatives Weltbild leistet, schädigt sich selbst und reduziert seine Handlungseffizienz. Diejenigen Entscheider, die über ein ausgesprochen zukunftsbejahendes, progressives Weltbild verfügen, können Komplexität besser erfahren. Hier wird ein Circulus vitiosus sichtbar: Wem die Welt zu turbulent wird, der neigt verstärkt zu konservativen Weltbildern. Dieses konservative Weltbild vereinfacht künstlich die Komplexität. Die wirkliche Wirklichkeit mit all ihren Paradoxa und Instabilitäten wird künstlich überschaubar und stabil gehalten. Um es bildhaft zu sagen: Man schießt dann auf eine Zielscheibe, die groß und stabil ist. Die wirkliche Zielscheibe, die sich dahinter verbirgt, ist aber klein und außerordentlich bewegt-zappelig. Kein Wunder, daß so viele Manager über eine geringe Handlungs- und Entscheidungsqualität verfügen. Schuld daran ist unter anderem ihr Weltbild.

b) *Der Weg zu einem ganzheitlichen Personalmanagement.* Bisher galten die Persönlichkeitsdimensionen (Selbstverwirklichung und Selbstenfaltung) als ausgesprochen klassische Privatzonen. »Das hat mit der Firma nichts zu tun«, war die gängige Antwort. Nun aber wird sichtbar, daß die »private Reifung« der Persönlichkeit eine wichtige, wenn nicht sogar integrale Dimension der Management-Kompetenz darstellt. Deshalb lautet die neue Aufgabe für das Personalmanagement: Optimale Persönlichkeiten sind die Vorausetzung für optimale Handlungsentwürfe und für optimale Entscheidungsqualitäten.

Alles in allem: Wenn wir unseren Mitarbeitern zu einer

besseren personalen Kompetenz verhelfen wollen, dann werden sich unsere Fortbildungsstrategien mehr und mehr auf Weltbildtransformation ausrichten, und die Persönlichkeitsentfaltung wird mehr und mehr mit den betrieblichen Zielen verbunden werden. Das Endergebnis wäre ein betont ganzheitliches Personalmanagement.

Nun, das war ein langer Streifzug durch relativ viel Theorie, und es ist sicher vieles davon sehr abstrakt, anderes wesentlich zu grob skizziert. Lassen Sie mich an dieser Stelle noch einmal sagen: Dies ist kein wissenschaftliches Buch. Es ist vielmehr das Ergebnis kontinuierlicher Selbstbeobachtung, und gleichzeitig der Bericht über die Ergebnisse unseres kleinen Kreises. Aber einige wichtige Regeln sind sichtbar geworden.

Ich möchte noch einmal mit ganz einfachen Worten die Kernprinzipien des Change-Managements in turbulenten Zeiten zusammenfassen und mich dabei bemühen, alles möglichst plastisch auszudrücken:

1. Das duale Management verbindet die rational-systemischen (»harten«) Dimensionen (Strategie, Pläne, Programme etc.) mit dem sogenannten weichen Management, das ein kulturbezogenes Management ist. Die harte Dimension sorgt für Präzision, die weiche für Sozialenergie.
2. Das duale Management ist die Voraussetzung dafür, eine optimale Anpassungsflexibilität zu gewinnen. Diese wiederum ist wichtig, um in Phasen der Turbulenz, die durch Komplexität, Unbestimmtheit und wachsendes Handlungs- und Entscheidungstempo gekennzeichnet sind, das Paradoxon zu gestalten, daß dort heißt: Wir müssen mehr Freiheit mit mehr Führung verbinden.
3. Je turbulenter die Situation, desto dringender die Notwendigkeit, zum dualen Management zu kommen.
4. Eine weitere Voraussetzung ist die Erweckung von Selbstorganisation und Selbstmotivation bei den Mitarbeitern. In turbulenten Zeiten versagt das vordenkende Management von

oben. Je instabiler und unvollständiger die Situation, desto geringer die direkte Führungseffizienz von oben.

5. Selbstorganisation und Selbstmotivation benötigen ein ausgesprochen faires und ehrlich gemeintes Wertemanagement. Die Innenwerte eines Unternehmens müssen sich dann der Außenwelt öffnen. Die Außenwerte sollten mit den Innenwerten soweit wie möglich übereinstimmen. Erst dann kann bei den Mitarbeitern Sinnvermittlung stattfinden. Für die Mitarbeiter wird der Sinn ihrer Handlungen um so größer, je mehr ihre eigenen Werte (das sind die personalisierten Außenwerte) identisch sind mit den Innenwerten des Unternehmens. Je mehr Sinnvermittlung auf dieser Ebene, desto mehr Selbstmotivation wird möglich.
6. Das Wertemanagement muß permanent umgewandelt werden in das, was man Firmengeist (Corporate Culture) nennen könnte. Der Firmengeist darf nicht als Wildwuchs- oder Zufallsprodukt entstehen, sondern muß sich ebenfalls methodisch und zielgerecht aufbauen und aktualisieren lassen, obgleich er sich dem linearen, rationalen Management verschließt. Die wichtigste Voraussetzung dafür ist der Visionary Factor, das heißt die Fähigkeit des Topmanagements, ein positives, bejahendes Klima für Visionen herzustellen. Wenn der Firmengeist lediglich retrospektiv (*back to the roots*) gestaltet wird, kann er außerordentlich schädlich werden. Eine überlegene Firmenkultur beinhaltet immer die gewollte Instabilität, die permanente innovative Selbstüberwindung. Diese wiederum braucht klare Ziele, die sich aus den relativ stabilen Langfrist-Visionen ableiten lassen.
7. Im Mittelpunkt des Change-Managements steht die permanente Verbesserung von Selbstorganisation und Selbstmotivation. Die Eingangsvoraussetzung dafür ist das Durchsetzen eines dualen Managements in den Unternehmen. Die flankierenden Voraussetzungen dazu sind

   a) die Schaffung geistiger Kreativitätsfelder,
   b) die Gewinnung von Führungsautorität,

c) die Gewinnung besserer personaler Kompetenzen bei den Mitarbeitern.

Diese drei flankierenden Maßnahmen benötigen ebenfalls eine Ausweitung des Management-Ansatzes, in dem

a) Organisationsaspekte (Dezentralisierung und fließende Organisation) verbunden werden mit
b) neuen Informationsstrategien (Info-Netzwerken und Makroordner-Strategien).
c) Hinzu kommt das ganzheitliche Personalmanagement, das unter anderem Weltbildtransformation und Persönlichkeitsentfaltung ebenso wichtig nimmt wie die Aspekte eines klassischen rational-linearen Managements.

4. Kapitel
Der Manager als Katalysator

Kürzlich hatte ich ein außerordentlich beeindruckendes Erlebnis.

Das Telefon klingelte und ein Mitarbeiter war dran. Das Gespräch entwickelte sich wie immer, ich antwortete ihm fast automatisch. Wir sprachen sieben bis acht Minuten über einige Aspekte der Logistik. Ich war unsicher, ob unser Vorgehen richtig war. Sein Vorschlag schien mir etwas sehr rigide. Wir diskutierten hin und her und einigten uns auf eine Vorgehensweise, die in etwa ein Kompromiß zwischen seinen und meinen Vorstellungen war. Ein Gespräch, wie es jeden Tag zwanzig- bis fünfzigmal stattfindet. Jeder Manager kennt das zur Genüge. Kurz danach ging das Telefon noch einmal. Ein anderer Mitarbeiter war dran. Er arbeitet im Bereich des Marketings. Und dieses Telefonat vollzog sich doch deutlich anders, sogar völlig anders. Sowohl in der Qualität als auch in der emotionalen Resonanz, die ich in mir selbst verpürte. Auch dieser Mitarbeiter hatte einige konkrete Fragen. Er wollte sich mit mir für eine Marketingmaßnahme abstimmen. Also wieder eine Routinesache, etwas, was jeden Tag in allen deutschen Firmen hunderttausendmal passiert. Aber dieses Gespräch lief anders. Wir befruchteten uns gegenseitig. Wir wurden immer flüssiger, immer kreativer. Wir kämpften nicht um einen Kompromiß, sondern wir inspirierten uns wechselseitig. Jeder gab die Meinung, die er noch vor zwei bis drei Sekunden vertreten hatte ohne Gesichtsverlust und Prestigeprobleme spontan auf, wenn ein besseres Argument oder ein besserer Aspekt durch das Telefon kamen. Man könnte sagen: Hier wirkte eine andere Geistigkeit. Und in der Tat, nachdem das zweite Gespräch zu

Ende war, schloß ich die Augen, entspannte mich und ließ beide Gespräche noch einmal langsam, wie in Zeitlupe, vor meinem geistigen Auge ablaufen. Und da bemerkte ich es. Nein, ich spürte es körperlich so, als sei es in mir selbst: Das erste Gespräch war ein Gespräch mit Haken und Ösen. Es war zwar freundlich, aber nivellierend. Wir waren beide nicht so gut, wie wir hätten sein können. Die Intersubjektivität, das unausgesprochene Resonanz-und-Schwingungs-Verhältnis zwischen dem ersten Anrufer und mir war nicht von besonders guter Qualität. Das Schwingungs-und-Resonanz-Verhältnis zwischen dem zweiten Anrufer und mir war von einer außerordentlich konstruktiven Qualität. Deshalb lief das Gespräch anders. Deshalb gab es hier wechselseitige Inspirationen. Wir jubelten uns – wenn man so sagen darf – zu immer höheren Höhen hoch.

Und ich schrieb auf ein Stück Papier: »Wir müssen das Thema Katalysator besprechen.« Beim nächsten Treffen unseres kleinen Kreises habe ich diesen Fall erzählt, und wir haben uns bemüht, den eigenartigen Akspekt der Katalysatorfunktion durch die Diskussion herauszufiltern. Wir konnten sehr schnell erkennen, daß Menschen wie Katalysatoren wirken. Es muß eine nonmediale Botschaft geben, die jeder Mensch ausströmt und die im Bezug zu anderen Menschen höchst variationsreich ist. Wir strahlen diese Botschaft entsprechend unseren Sympathien und Antipathien aus. Und sie scheinen auch entsprechend den unterschiedlichen Wertkostümen, mit denen wir behaftet sind, veränderbar. Menschen, die andere Werte leben und verkörpern, provozieren in uns eine andere Ausstrahlungsbotschaft als Menschen, deren Wertkostüm dem unseren nahe oder ähnlich ist. Wir beschlossen, dieses faszinierende Thema der Persönlichkeit als Katalysator und Inspirator weiter zu vertiefen. Und es traf sich gut, daß wir einen Bericht über das Forum 2000 erhalten hatten. Das ist eine Vortragsreihe über »das neue Zeitalter«, und wir schlachteten diese Information ausgesprochen gründlich und teilweise kontrovers diskutierend aus. Lassen Sie mich berichten, was wir aus dieser Information lernen und erfahren konnten:

1. Seit Einstein gibt es zumindest in der Physik keine Objektivität mehr. Jede Beobachtung, jede wissenschaftliche Fragestellung, ja selbst der Meßvorgang beeinflussen und verändern das Objekt. Das Ergebnis ist nicht die Wirklichkeit, sondern eine ganz persönliche Sichtweise. Wir sehen im Prinzip immer das, was unsere Persönlichkeit zu sehen möglich macht.
2. Alle Dinge sind miteinander verbunden. Das sogenannte Einstein-Podolsky-Rosen-Experiment (zitiert nach Christoph Schorsch, der im Rahmen des Forum 2000 darüber referierte) konnte diese Beobachtung beweisen. Bei dem Experiment ging es um ein System von zwei Elektronen, die sich beliebig weit voneinander entfernen können. Wird nun die Kreiselbewegung *(spin)* des einen Teilchens durch die Messung geändert, so ändert sich augenblicklich auch der *spin* des anderen Teilchens entsprechend. Wie Christoph Schorsch referierte, spielt es dabei keine Rolle, ob sich ein Elektron auf der Erde und das andere auf der Sonne oder noch weiter entfernt befindet. Selbst mit Lichtgeschwindigkeit würde es immerhin acht Minuten dauern, um die Entfernung Erde/Sonne zu überbrücken. Wie ist es dann möglich, so fragten Einstein und seine Experimentatoren, daß das zweite Teilchen sofort reagiert? Woher weiß es überhaupt von der Veränderung des ersten Teilchens? Die Antwort, die schließlich von den Wissenschaftlern akzeptiert wurde, war: Beide Teilchen, obwohl voneinander getrennt, bilden eine Einheit. Die grundlegende Konsequenz, die sich aus diesen Ergebnissen der Quantenphysik ergibt, ist folgende: »Alles ist mit allem verbunden. Was immer jeder einzelne von uns tut, beeinflußt den Kosmos als Ganzes. Unsere analytische Betrachtungsweise ist ebenfalls eine Annäherung, die ja immer einen Fehler enthält, da in Wahrheit alles mit allem zusammenhängt« – so die Schlußfolgerungen auch von Carl Friedrich von Weizsäcker.

Also sind auch Menschen viel mehr miteinander verbunden, als wir gemeinhin annehmen. Wir alle können jederzeit miteinander schwingen und kommen so zu folgenden Thesen:

- Das individuelle Bewußtsein beeinflußt das kollektive Bewußtsein, aber das gilt auch umgekehrt: Das kollektive Bewußtsein beeinflußt das individuelle Bewußtsein. Wenn bestimmte Menschen sich einer bestimmten Idee oder einem bestimmten Ordnungs-und-Gestaltungs-Schema zuordnen (wie etwa einer Firma, formiert durch eine außerordentlich starke Firmenkultur), dann sind sie wesentlich intensiver miteinander verbunden, als unsere rationale Alltagswelt dies zugeben oder bestätigen könnte. Es gibt dann so etwas wie eine spezielle Firmenseele.
- Innerhalb dieses »gleichgerichteten Bewußtseins« können kollektive Bewußtseinssprünge ebenso stattfinden wie außerordentlich kreative Austauschprozesse im Hinblick auf wechselseitige Stimulanz. Zwischen Menschen können also Resonanzen ausgetauscht werden, die ohne jedes Medium funktionieren. Man muß da nicht reden, man braucht dann keine Aktennotizen, man braucht keine Expertisen oder langatmigen Berichte. Die Resonanz kann durch die Pipeline unseres Unterbewußtseins von einer Person zur anderen Person oder von einer Gruppe zum Individuum, von einem Individuum zur definierten Gruppe ausgetauscht werden. Die neueren Forschungen aus der experimentellen Physik, aus der Biologie und aus der Chemie bestätigen derartige Resonanz- und nonmediale Austauschprozesse. Hinter unserer vordergründigen linear-rationalen Welt funktionieren offensichtlich dynamische Austauschprozesse, die sich unseren Augen und damit unserer Wahrnehmung verschließen.

Und genau hier liegt der Schwerpunkt der beschriebenen Katalysatorfunktion. Wenn es einem Topmanagement gelingt, eine möglichst große Anzahl von Mitarbeitern (etwa aus dem Lager des Middle-Managements) zu einem gleichgerichteten Bewußtsein zu führen (durch Wertemanagement und Firmenkultur), dann sind Katalysatoreffekte und Resonanzphänomene nicht mehr Zufallsergebnisse, sondern dann können sie methodisch und damit zielorientiert angegangen werden. Anders ausgedrückt: Wir können Katalysatoren entwickeln, die die Menschen um uns herum zu Resonanzen und damit auch kreativen Kompetenzen führen, zu denen sie ohne Katalysatorfunktion nur begrenzt oder überhaupt nicht fähig gewesen wären. Wir können sie »gut« machen. Wir können sie zu einer geistigen Qualität führen, ohne sie direkt (linear kommunikativ) zu fordern, zu zwingen oder auch nur zu animieren. Es handelt sich also um eine Kultur des Unspezifischen. Es handelt sich um ein Konzept des Indirekten. Der Kristallisationspunkt für derartige Strategien ist immer die »innere Kraft des Managers«, seine Persönlichkeitsqualität, die auf diese Prozesse ausgerichtet und trainiert worden ist.

Wie wichtig die Persönlichkeit, das Subjekt ist, kann man sicherlich nicht in der herkömmlichen Management- und erst recht nicht in der Betriebswirtschaftslehre lesen. Zwar gibt es so einige Globalformeln wie beispielsweise »der Mensch im Mittelpunkt«. Aber die katalysatorische Funktion der Persönlichkeit wird nur selten beschrieben. Um ein Gefühl dafür zu bekommen, wie wichtig die innere Kraft des Managers ist (und damit ist ja der Faktor Persönlichkeit gemeint), möchte ich einen kleinen physikalischen Exkurs, den wir in dem Buch von Bloch und Maier »Wachstum der Grenzen« fanden, zitieren.

»Läßt man beispielsweise einen Strahl von Mikroteilchen gegen eine Wand prallen, welche ihm nur an zwei schmalen, parallelen Spalten Durchlaß bietet, und stellt man nun in einiger Entfernung hinter der Wand zum Beispiel eine Fotoplatte auf, die durch jedes auftretende Teilchen am Auftreffpunkt geschwärzt wird, dann ist das entstehende Schwärzungsmuster qualitativ verschieden von jenem Muster, welches man erhält, wenn man abwechselnd nur den einen und dann den anderen Spaltdurchlaß für die Teilchen öffnet. Die Teilchen im Doppelspalt-Versuch verhalten sich so, als ob sie ›wüßten‹, wie viele und welche möglichen Wege es durch die Wand gibt, und es scheint so, als ob dieses ›Wissen‹ über die gesamte Struktur der Wand ihren Weg beeinflußt.

Wiederholt man das oben skizzierte Experiment im makroskopischen Maßstab, indem man die Mikroteilchen durch in Farbe getauchte Tennisbälle ersetzt, dann sind die beiden Muster, die man beim gleichzeitigen beziehungsweise abwechselnden Öffnen der Durchlässe in der Zwischenwand auf einer dahinterliegenden weißen Detektorwand erhält, identisch. Das Flugverhalten der Tennisbälle wird nur durch die Streuung an denjenigem Spalt bestimmt, durch welchen sie sich tatsächlich hindurchzwängen. In diesem Fall ist also das Bewegungs-Verhalten der Teilchen von der Versuchs-Anordnung, also insbesondere von der Tätigkeit des Experimentators, unabhängig, während im ersteren Fall seine Einwirkung auf den untersuchten Gegenstand so stark ist, daß das Bewegungsverhalten der Teilchen qualitativ beeinflußt wird. Unter anderem zeigt das oben analysierte Experiment die Unauflöslichkeit des Zusammenhangs von Subjekt und Objekt.«

Das ist ein phänomenales Ergebnis, das hier so wissenschaftlich nüchtern vorgestellt wurde. Man muß sich einmal vorstellen: Die Mikroteilchen werden beeinflußt durch den Experimentator. Wenn dieser die beiden Spaltendurchlässe mal links und mal rechts öffnet, dann gibt es ein anderes Durchlaßmuster, als wenn man beide Spalten öffnet und alles dem Zufall überläßt. Die Mikroteilchen wissen, daß der Experimentator mal den einen, mal den anderen Spalt geöffnet hat.

Aber noch mehr fasziniert war ich von dem Makrotest mit den Tennisbällen. Kein Mensch würde glauben, daß sich Tennisbälle, die ja im Prinzip auch nur aus Mikroteilchen beziehungsweise Atomen und Elementarteilchen bestehen, in irgendeiner Form von der Subjektivität des Menschen beeinflussen lassen. Und doch tun sie es. Man muß es sich einmal vorstellen: Tennisbälle kommunizieren mit dem Experimentator. Nun wird auch ein Teil der Psi-Erfolge im Sport erklärbar. Wenn ich die Tennisbälle durch die Durchlässe »schieße“, dann ergibt sich eine normal verteilte Links-Rechts-Menge. Wenn ich jedoch einen Experimentator ansetze, der mal den linken und mal den rechten Spalt öffnet, dann gehen mehr Tennisbälle durch den linken oder durch den rechten Spalt, als es dem Zufall nach möglich sein müßte. Allein die Tatsache, daß ein Experimentator in das Experiment eingreift, beeinflußt das Verhalten der Tennisbälle, und zwar qualitativ. Auch sie scheinen zu wissen, welcher Spalt jetzt für sie ein Durchkommen ermöglicht.

Man könnte nun natürlich sofort ins Spekulieren kommen. Man könnte einige Phänomene der Kreativität viel besser erklären. Wenn eine Persönlichkeit sehr kreativ und sozial gleichzeitig sehr kultivierend ist, dann wird sie Menschen intelligenter machen, als sie sich vielleicht im Augenblick fühlen. Sie wird Menschen »kreativ fündiger« machen, als sie im Augenblick zu sein scheinen. Bleiben wir nun bei diesem Aspekt der Förderung von Kreativität. Jeder Topmanager ist auf seine eigene Kreativität angewiesen, aber in zunehmendem Maße auch auf das ihn umgebende kreative Feld, das von seinem engsten Team, also von seinen Mitarbeitern und Vorstands-Kollegen, gebildet wird.

Die heimliche Kraft des Spitzenmanagers liegt unter anderem darin, daß er diese kreativen Potentiale erwecken, aktivieren und steigern kann. Wie unser Beispiel mit den Tennisbällen gezeigt hat, kann das ganz informell und ohne vermittelndes, ohne sprachliches Medium geschehen. Aber es ist nicht nur der Aspekt der Steigerung von Kreativität wichtig. Wir haben es in den Unternehmen auch mit der Aufgabe zu tun, die Kreativität kohärent und gerichtet zu gestalten. Und auch hier wirkt wieder die innere Kraft des Managers. Wenn es schon, wie die Physiker sagen, einen »unauflöslichen Zusammenhang von Subjekt und Objekt« gibt, dann wird es mit noch höherer Sicherheit einen ebenso unauflöslichen Zusammenhang von Subjekt zu Subjekt geben. Wenn man sich dieser Phänomene erst einmal bewußt ist, dann kann man seine inneren Kräfte daraufhin konditionieren, die Suchrichtung und die Gestaltungs-Richtung von Kreativität in seinem engsten Team, in seinem kollegialen Umfeld zu präzisieren. Die Kohärenz der Kreativität ist eine wesentliche Voraussetzung für das, was man »Kollektiv-Kraft« nennt. Das ist der Unterschied zwischen einem zerstrittenen Team, in dem die unterschiedlichen Impulse, Konzepte und kreativen Ansätze permanent in der Gefahr der Dispersion liegen, das heißt, sie zerstreuen sich, sie akkumulieren sich nicht, sie finden keinen Konsens. Bei kreativ kohärent ausgerichteten Teams unterstützen sich die kreativen Impulse. Und jeder Impuls zeigt weitere Impulse. Es geschieht das Sensationelle, daß trotz der Erhöhung der kreativen Outputs die Gefahr der Dispersion und der rivalisierenden Blockaden unterbleibt. Die Ideen verpulvern sich nicht, und sie blockieren sich nicht wechselseitig. Hier ist ein großes Geheimnis des Spitzenmanagers verborgen. Seine heimliche Kraft beruht, zusammenfassend gesagt, darin, durch seine gezielte Subjektivität die kreative Potenz seines Teams deutlich zu erhöhen und gleichzeitig die gesteigerten kreativen Outputs unter Umgehung von Anordnung, Zwang und mündlicher Kommunikation soweit wie möglich kohärent zu formen.

Wir erkennen also: Alles ist immer subjektiv. Wenn man erst einmal dazu steht, wird man fähig, diese Subjektivität zu einer unsichtbaren Kraft umzuformen.

5. Kapitel
Rechtes und linkes Denken

Vor mir liegt eine Checkliste. Ich habe sie ein halbes Jahr lang sorgfältig geführt. Meine Idee: Ich wollte einmal genau überprüfen, welche Planungssitzungen besonders kreativ waren. Ich wollte gleichzeitig notieren, wie die Atmosphäre war, und zwar bei den kreativen wie auch bei den weniger kreativen Sitzungen. Gleichzeitig wollte ich mich selbst beobachten. Wie fühlte ich mich in den Sitzungen, in denen wirklich überdurchschnittliche Ergebnisse und Ideen produziert wurden? Und wie fühlte ich mich bei Sitzungen, die irgendwie auf der Stelle traten oder die sogar ein Stück weit ärgerlich waren? Kurzum, ich wollte versuchen, die Hintergrundaspekte und die begleitenden Stimmungslagen bei kreativen Prozessen zu reflektieren.

Nun liegt sie hier, diese Liste. Und es ist erstaunlich. Die besten, das heißt die kreativsten Sitzungen waren immer die, in denen wir besonders locker waren. Man muß dazu sagen, daß wir unsere Planungskonferenz in der Regel zu viert, machmal aber auch mit mehr Leuten abhalten. Bei Tetra Pak ist es üblich, daß die oberste Geschäftsleitung nicht nur administrativ tätig ist, sondern in höchstem Maße innovativ und deshalb auch persönlich kreativ. Wir selbst finden die meisten unserer Ideen, Programme, Strategien und Kampagnen. Das geht so weit, daß wir häufig bei der Erstellung des Briefings für Werbekampagnen die Werbekampagnen in der rohen Form selbst skizzieren. Wir haben sogar oft erlebt, daß wir uns so intensiv mit den Grundlagen und Zielsetzungen beschäftigten, daß wir die Anzeigen bereits so fertig skizzierten, daß wir sie der betreuenden Werbeagentur als Scribble übergeben konnten. Das hat diese übrigens nicht gestört, sondern immer wieder angespornt, den vorgefundenen Gedanken vielleicht doch noch ein wenig brillanter auszudrücken oder ihn weiterzuentwickeln.

Aber kommen wir zurück zu meiner Checkliste. Ich sagte bereits: Auffällig war, daß die kreativen Phasen immer begleitet waren von einer allgemein leichten, ja fast albernen Atmosphäre. Wenn die Stimmungslage ernst, problemorientiert und philosophisch tiefschürfend war, dann war ein anderer Geist im Raum, dann floß die Kreativität auch nicht so.

Ein weiteres Ergebnis meiner Beobachtungen war, daß wir bei den besonders kreativen Sitzungen außerordentlich viele Anekdoten erzählten. Wir erzählten uns wechselseitig Geschichten, oder wir entwickelten fast eine Art pragmatischen Märchens. Jeder gab seinen Teil dazu, und es entwickelte sich ein eher visueller Prozeß. Kreative Planungskonferenzen waren bildhafter, visueller, ja ich würde sogar sagen: auf eine moderne Art und Weise märchenhafter als die unergiebigen Sitzungen. Diese waren überwiegend analytisch, machmal sehr kämpferisch. Wir stritten uns um kleine faktische Details und kamen nicht ins spekulierende Fließen.

Und noch ein Ergebnis: In den besonders kreativen Konferenzen und Sitzungen waren wir irgendwie von unserer Alltagsrolle befreit. Es herrschte eine Atmosphäre vor, in der wir über unsere funktionale Management-Rolle eine Art Zusatzrolle stülpten. Der Chef des Verkaufs war dann eben nicht nur der Verkaufschef, sondern organisierte sein Verhalten auf der Basis einer anderen, kurzfristig angenommenen Rolle. Er wirkte eher wie jemand, der etwas ausheckt. Mich erinnerte das bei den Sitzungen immer sehr stark an eine Gruppe lustiger Verschworener oder eben an eine Werbeagentur, wenn sie Brainstorming macht. Ich konnte feststellen, daß wir immer dann im Team am besten waren, wenn wir aus unseren angestammten in neue Rollen schlüpfen konnten, die ich für mich als die Rolle des kreativen Entdeckers benannte. Wie auch immer, auf jeden Fall hängen Rollenmuster und kreative Prozesse irgendwie miteinander zusammen.

Dieses Ergebnis brachte ich in unseren kleinen Kreis. Ich hatte diese Analyse angekündigt und Gerd Gerken gebeten, mit seinem Team ebenfalls das Thema »kreative Prozesse« vorzubereiten, denn wir waren frühzeitig übereingekommen, daß die Förderung kreativer Stimulanzen mit absoluter Sicherheit zum Thema Inner-Management gehören würde. Wir hatten von Anfang an gespürt, daß ein Teil der unsichtbaren Kraft des Managers im Feld der Intuition und des kreativen Fließens liegen müßte. Gerken berichtete, daß dieses Gebiet wissenschaftlich recht gut untermauert ist, und es gab auch viel Material. Wir beschlossen also, jeder auf seine Art gut vorbereitet, alles gefundene und recherchierte Wissen zusammenzutragen und es dann in einer größeren Runde zu diskutieren. Ich will hier nun über einige wichtige Ergebnise dieser Recherchen und Diskussionen berichten, weil ich glaube, daß sie richtungsweisend sein könnten für die kreative Seite der unsichtbaren Kraft.

Gehen wir vielleicht zuerst auf das Problem der Rollen ein. Wir fanden in der Literatur in der Tat Hinweise darauf, daß Rolle und Persönlichkeit eng miteinander verbunden sind. Das kann so weit gehen, daß Menschen ihre eigentliche Persönlichkeit immer mehr zurückstellen und daß die vorgeschriebene oder selbstdefinierte Rolle mehr und mehr im gesamten Verhalten dominiert. Man wird dann zum perfekten Rollenträger, dessen eigentliches Selbst nur noch als Schatten fühlbar und erlebbar ist. Rollen können also Persönlichkeiten formen und verformen. Sie können sie auch fast verhindern.

Auf der anderen Seite sind Rollen wichtig. Und die wissenschaftlichen und managementtheoretischen Schriften weisen darauf hin, daß es auch eine andere Beziehung gibt. Bestimmte Menschen mit ganz spezifisch ausgeprägten Persönlichkeiten haben von sich aus eine hohe Affinität zu spezifischen Rollen. Offensichtlich kann nicht jeder jede Rolle übernehmen. In diesem Sinne hängen Selbstentfaltung und Ich-Identität offensichtlich mit der Qualität des Rollenspiels zusammen. Bestimmte Rollen, die wichtig sind und die wir übernommen haben, können wir besser spielen als andere Rollen.

Eine Arbeitshypothese könnte also lauten: Wer sein Selbst nicht ausreichend entfaltet hat und wer darüber hinaus seine Persönlichkeit nicht reflektieren und für sich bestimmbar machen kann, kann auch kaum diejenigen Rollenschwerpunkte erkennen, für die er prädestiniert ist. Der bekannte Management-Theoretiker Peter Drucker spricht in seinen Schriften davon, daß das, was man Topmanagement nennt, im Grunde ein Summativ unterschiedlicher Rollen darstellt. Und er geht auch davon aus, daß das Topmanagement unterschiedliche Persönlichkeitstypen benötigt, um eben die unterschiedlichen Rollen besser besetzen zu können. Wir sind offensichtlich dann am besten – im Sinne unserer Generalthese von der unsichtbaren Kraft –, wenn unser Persönlichkeitstypus mit dem Rollentypus optimal übereinstimmt. Peter Drucker meint, daß zumindest vier verschiedene Persönlichkeitstypen erforderlich seien: der Typ des Denkers, dann der Typ des Machers, darüber hinaus der Typ des Menschenführers und der Typ des Repräsentanten. Drucker nennt diese Typen auch »die vier Temperamente«. Und er weist darauf hin, daß es keinen Menschen gibt, der diese doch so sehr unterschiedlichen Rollenaspekte in ein und derselben Person vereinigen kann. Damit ist im Grunde auch ausgesagt, daß wir im Topmanagement im Prinzip viel zu arglos oder naiv mit dem Faktor Persönlichkeit umgehen.

Zuerst einmal muß man wohl zugeben, daß wir ungeprüft davon ausgehen, diese vier Rollen wären in einer wirklichen Spitzenkraft einigermaßen gut vertreten, diese vier Persönlichkeitstypen würden also entsprechend den Rollenanforderungen, die auf jeden Topmanager warten, jeweils zum richtigen Zeitpunkt in ein und derselben Person geradezu aufblühen. Was die Rolle erfordert – so die etwas naive Annahme –, sei bei der Persönlichkeitspotenz einer Spitzenkraft automatisch und ausreichend vorhanden.

Auch Adizes, der ebenfalls ein außerordentlich wichtiges Buch über erfolgreiches Management geschrieben hat, weist darauf hin, daß die Faktoren Persönlichkeit und Rolle in der gesamten Management-Theorie, aber auch insbesondere in unserem praktischen Verhalten unterbelichtet ist. Wir weigern uns hier offensichtlich, die psychologischen und privat-persönlichen Dimensionen des Managers und damit auch seine besonderen Einseitigkeiten, Prägnanzen und Schwerpunktbildungen anzuerkennen. Laut Adizes gibt es vier Rollen, die ausgefüllt sein müssen, um ein Topmanagement, das heißt eine Organisation oder ein Entscheidungsteam, langfristig wirksam und effizient leiten zu können: die Rolle des Produzenten, die Rolle des Administrators, die Rolle des Unternehmers, die Rolle des Integrators. Auch Adizes meint, daß der »Lehrbuch-Manager«, der alle vier Rollen gut beherrscht, eine glatte Utopie ist.

Auch Küchle kommt zu einem weitgehend identischen Ergebnis. Er betont die Rollen des Schaffers, des Organisators, des Innovators und des Integrierers. Auch er meint, daß im Prinzip jede Persönlichkeit ihren Rollenschwerpunkt hat. Er nennt das »die Plus-Komponente«, und er schlußfolgert daraus, daß es wichtig sei, das oberste Team so zusammenzusetzen, daß es zu einer Addition bzw. Kombination dieser »Plus-Komponenten« kommt.

Fassen wir noch einmal zusammen:

- *Das, was wir Management nennen, ist im weitesten Sinne eingebunden in den Kontext unterschiedlicher Rollen.*
- *In den meisten Firmen gibt es keine klaren und präzisen Vorstellungen darüber, welche Rollen zu welchem Zeitpunkt von wem gespielt werden müssen oder sollten.*
- *In den Lehrbüchern sind in der Regel vier Rollen aufgeführt, die zu unterschiedlichen Zeitpunkten unterschiedlich stark verlangt oder benötigt werden.*
- *In der naiven Sicht der Dinge müßte jeder Manager in der Lage sein, diese Rollen zu unterschiedlichen Zeitpunkten jeweils optimal spielen zu können.*
- *In der Praxis ist jedoch beobachtbar, daß es Persönlichkeitstypen und Persönlichkeitsschwerpunkte gibt, die zu bestimmten Rollen besser passen und zu anderen Rollen weniger gut. Nicht jeder ist im Sinne des »Lehrbuch-Managers« in allen Rollen gleichermaßen gut.*

- *Es ist wichtig, die individuelle Selbstidentität zu reflektieren und seine Persönlichkeitsentfaltung voranzutreiben, weil nur dadurch die Rollenaffinität einerseits und die Rollenqualität andererseits verbessert werden können.*
- *Gleichzeitig ist es auch wichtig, sich von Rollen trennen zu können. Nur ausgesprochen profilierte Persönlichkeiten sind in der Lage, Rollen intensiv zu realisieren und sich gleichzeitig »leichtfüßig« von ihnen zu trennen.*

Soweit unsere Recherchen in bezug auf Rolle und Persönlichkeit. Wenn wir das nun verbinden mit dem, was ich persönlich ein halbes Jahr lang anhand meiner Checkliste beobachtet habe, so kommt noch ein wesentlicher Aspekt hinzu. Ich stellte fest, daß wir immer dann am kreativsten waren, wenn wir unsere Alltagsrollen aufgeben oder, besser gesagt, überwinden konnten und wenn wir einen gemeinsamen Rollenkontext finden konnten, der über den klassischen Management-Rollen lag. Es muß also eine situationspezifische Kreativitätsrolle geben. Oder etwas vorsichtiger ausgedrückt: Es scheint eine Rolle zu geben, die für kreative und innovative Such-und-Gestaltungs-Prozesse optimal ist und die über den funktionalen Rollen des Managers liegt.

Daraus könnte man folgendes Gesetz formulieren:

> Die kreative Kraft von Management-Teams ist dann am größten, wenn es gelingt, sich von den funktionsspezifischen Rollen zu lösen und möglichst frühzeitig zu Beginn des kreativen Prozesses eine Rolle über den Rollen zu finden. Diese zeitlich befristete »Gruppenrolle« aktualisiert kreative Persönlichkeitsmuster und organisiert Intuition und kreatives Fließen. Diese Überrolle kann methodisch organisiert und damit bewußt als Konditionierungsfaktor eingebracht werden. Diese Teamrolle kann definiert werden als »Astronautenrolle«.

Lassen Sie mich erklären, warum ich diese Rolle unbedingt mit Weltraum und den Mondraketen in Verbindung bringe. Mir ist aufgefallen, daß die kreative Teamrolle von mir dann am besten in unser Team implementiert worden ist, wenn ich bestimmte Vokabeln relativ häufig und prägnant einsetzen konnte. Und zwar handelt es sich um Vokabeln, die in Form steuernder Superzeichen positive stimulierende Effekte hatten. Zu diesen Begriffen gehören beispielsweise Formulierungen wie »Lassen Sie uns versuchen, heute mal etwas grundsätzlich Neues zu finden« oder »Wir wollen ein Konzept erarbeiten, das die Branche noch nie gesehen hat« oder eine andere Formulierung, die ich sehr häufig verwende: »Wir wollen etwas völlig Neues machen. Wir wollen brechen mit all dem, was wir bisher für gut befunden haben.« Man sieht schon an diesen wenigen Formulierungen, wie ich in der Regel vorgehe, um eine höhere Teamrolle einzuführen: Ich definiere ein Leitbild, das zwischen Pionier- und Entdeckertum einerseits und Show und »Shocking« andererseits liegt. Ich halte gerade diese Kombination für außerordentlich wirksam, denn sie beinhaltet zwei wichtige Dimensionen, die dazu prädestiniert sind zu motivieren und zu Kreativität anzuregen.

a) Die Dimension der Ermunterung, grundsätzlich geistiges Neuland zu betreten.
b) Die Dimension der sozialen Präsentation, das heißt des Vorführens und damit der öffentlichen Akklamation (nach meinen Erfahrungen werden kreative Gruppenprozesse dann am fruchtbarsten, wenn dieser Bühnenaspekt in der Rollendefinition enthalten ist).

Soweit unsere Beobachtungen und Recherchen zum Thema Rollen. Alles in allem kann man sagen, daß das Rollenthema in zwei Bereiche zerfällt:

1. Das oberste Management-Team sollte möglichst so organisiert sein, daß eine ganzheitliche Rollenwirkung, eine akkumulierte Rollenkraft entsteht. Dazu gehören ein hohes Maß an Selbstreflexion, eine geschickte Auswahl der unterschied-

lichen Persönlichkeitstypen und die korrekte Zuordnung dieser »Persönlichkeitstemperamente« in bezug auf die Rolle.

2. Die Implementierung spezifisch kreativer Rollen in Form situativer Teamrollen, die zeitlich begrenzt sind. Die wichtigste Teamrolle ist die, die kreative Gruppenprozesse aktiv fördert und stimuliert. Der Teamleiter (vielleicht der Sprecher des Vorstands) müßte in der Lage sein, diese Teamrolle zu konkretisieren und als geistige Realität zu Beginn der kreativen Arbeits-und-Findungs-Prozesse aufzubauen. Die kreative Teamrolle ermöglicht den Managern, sich von ihrer funktionalen Alltagsrolle zu lösen, und aktiviert kreative Potenzen, die sonst kaum artikulationsfähig wären. Sie könnten nicht »fließen«.

Wenden wir uns nun dem Gehirn zu. Ich habe anhand meiner Checkliste festgestellt, daß die besonders kreativen Konferenzen und Planungssitzungen immer so etwas Märchenhaftes hatten. Ich habe bereits geschrieben, daß wir in eine eigenartige Form des »Spinnens« hineinrutschten, wenn unsere Kreativität besonders ergiebig war. Es handelte sich um ein ganz bestimmtes visuelles Moment. Irgendwie sahen wir gemeinsam vor unserem inneren Auge, also vermutlich in unserer Phantasie das Neue, und jeder »schubste« dieses Neue ein Stück weiter. Die wirklich überragenden Kreativsitzungen, die ich analysieren und beobachten konnte, waren diejenigen, in denen alle gemeinsam eine Art optische Anekdote entwickelten.

Und genau dieses wird auch von der Gehirnforschung bestätigt. Werfen wir deshalb einen Blick in diese faszinierende Wissenschaft, so wie sie Gerd Gerken im folgenden beschreibt:

»Der amerikanische Neurobiologe und Nobelpreisträger Roger Sperry hat sich besonders intensiv um die Zusammenhänge in unserem Kopf bemüht. Er ist der Mann, der den ›sensationellen Sachverhalt‹ (Sperry) enthüllte, daß jede Gehirnhälfte ihren eigenen ›Geist‹ besitze und damit eigene Gedanken und auch ein eigenes Gedächtnis. Er hat erkannt, daß die rechte und die linke

Gehirnhemisphäre keineswegs identisch arbeiten und daß sie spezifische Aufgaben zu erfüllen haben. Die linke Gehirnhälfte denkt beispielsweise in Begriffen und kann sie verbal mitteilen. Die linke Zone ist der Sitz der Logik. Dort wird analysiert, organisiert, kontrolliert, und dort ist auch die Fähigkeit placiert, Probleme Schritt für Schritt, das heißt diskursiv und linear zu lösen. Es ist – wenn man es vereinfacht ausdrücken möchte – die Schwerpunktzone für unsere Ratio.

Die rechte Gehirnhemisphäre dagegen ist weitgehend sprachlos. Dort wird in Bildern, Anekdoten und Analogien ›gedacht‹. Die rechte Gehirnhälfte hält sich auch nicht an starre Regeln, sondern vollzieht spontan, also auch unberechenbar phantasievolle Dinge, die wiederum die linke Hälfte nicht verstehen würde, und wenn sie urteilen sollte, auch als unvernünftig verurteilen würde. Lassen wir Sperry einmal persönlich zu Worte kommen: ›Die linke Hemisphäre funktioniert linear und ist der Sitz unseres Zeitgefühls. Die rechte ist der Bereich der Synthese, des Ahnens, der künstlerischen Gestaltung und für unsere Orientierung im Raum verantwortlich.‹

Ned Herrmann, ein Trainer für Führungskräfte in New York, war lange Zeit bei General Electric und hat sich später selbständig gemacht, um sein ›hirnbiologisches‹ Wissen zu vermarkten. Er berät Manager, und inzwischen hat er mehr als 25 000 Personen mit seinem Brain-Dominance-Test getestet und beraten.

Ich will nicht länger auf den Test eingehen, weil das eigentlich nicht unser Thema ist, sondern auf die Konsequenzen für ganzheitliches Management.

Da gibt es zum Beispiel den Typ des Machers. Man könnte ihn auch den Typ des ›kreativen Gestalters‹ nennen. Das ist derjenige Manager, der neue Impulse, neue Ziele, neue Konzepte und Programme entwickelt und der deshalb in der Lage ist, die Gegenwart und die schädlichen, sich verfestigenden Denktraditionen von gestern immer wieder zu überwinden. Ein solcher Manager ist im Brain-Dominance-Test von Ned Herrmann folgendermaßen placiert:

a) Seine rechte Gehirnhemisphäre ist deutlicher ausgeprägt als seine linke Gehirnhemisphäre.
b) In der rechten Gehirnhälfte ist sein zerebrales System stärker als sein limbisches System ausgeprägt, das heißt, in erster Linie gelten für ihn folgende Brain-Kriterien:
   - intuitiv,
   - spontan,
   - künstlerisch,
   - ganzheitlich.

   Erst in zweiter Linie wirkt das limbische System mit seinen Aspekten:
   - emotional,
   - spirituell,
   - mitteilsam,
   - empathisch.
c) In der linken Gehirnhemisphäre ist das limbische System etwas stärker ausgeprägt als das zerebrale System, das heißt, die administrativen, konservativen, kontrollierenden und pedantischen Aspekte sind etwas stärker ausgebaut als die rational-logischen und damit analytisch-linearen Aspekte.

Insgesamt, so auch Ned Herrmann, ist dieser Typus von Manager, was das Gehirn betrifft, ganz ähnlich strukturiert wie ›erfolgreiche Künstler‹.

Und hier haben wir bereits einen Hinweis darauf, wie wichtig das Inner-Management ist. Wenn ein Manager sich einseitig rational ausbildet und trainiert, dann gehen ihm viele emotionale und intuitive Fähigkeiten verloren, sie verdorren. Im Brain-Dominance-Test gibt es auch den Typus des Technokraten. Bei ihm ist die linke Gehirnhemisphäre bis auf den Maximalwert 100 aufgebaut. Die intuitiven, emotionalen Facetten der rechten Gehirnhemisphäre sind dagegen deutlich unterbesetzt. Ein solcher Mann zeichnet sich durch extreme Rationalität aus, und Herrmann interpretiert ergänzend: ›Die Fähigkeit dieser Personen, andere Menschen anzuleiten oder mit ihnen auch nur herzliche Kontakte zu pflegen, ist deshalb stark eingeschränkt.‹

Die Gehirndominanz scheint mir nicht von der Natur gegeben. Man kann sich verändern. Man kann sich rationaler machen, als man es vielleicht vom Grundtypus ist. Man kann Intuition auch wiedergewinnen. Man kann Emotionalität systematisch negieren und aufblenden, man kann sie aber auch zurückentfalten.

Ich habe festgestellt, daß der künstlerische Habitus offensichtlich ideal ist für Spitzenmanager, weil sich dadurch zu den ohnehin aufgezwungenen rationalen und administrativen Funktionen und Kompetenzen, ohne die im Alltag eines Managers nichts geht, die zweite und damit die Ganzheit bringende Seite hinzuaddiert. Und diese Fähigkeiten der rechten Gehirnhemisphäre sind gerade die, die aus einem guten Manager den Spitzenmanager machen: die Fähigkeit zur Vision und zur Intuition, die Fähigkeit, das noch nicht sichtbare Morgen sichtbar zu machen und gleichzeitig Mitarbeiter und Kollegen für diese Vision zu begeistern, sie mitzureißen und zu motivieren.

Ich kenne mich in diesen Sachen recht gut aus und habe selbst einmal als Trainer für meinen Kunden Hoechst ein Trainingssystem konzipiert und durchgeführt, die aus relativ rationalen Planern mehr intuitive und kreative Manager machen sollte. Ich habe in unserem kleinen Kreis sehr ausführlich darüber berichtet und auch einige Instrumente gezeigt, mit denen man beispielsweise Intuition trainieren kann. Da gibt es etwa Dias, die ganzheitlich entschlüsselt werden müssen. Es sind Fotomotive, die man nicht rational-linear auf ihren Symbolgehalt hin interpretieren kann. Man kann sie nur seelisch und geistig auf sich einwirken lassen, und dann hört man so etwas wie eine innere Stimme, die einem sagt: Dies ist das Symbol für Friede, dies ist das Symbol für Glück, dies ist das Symbol für Sünde . . . Es handelt sich also um ganz eindeutige Trainingskonzepte für die rechte Gehirnhemisphäre. Auch Roland Spinola, ein Manager von IBM, der den Ned-Herrmann-Test in Deutschland durchführt und vertreibt, hat aufgrund seiner IBM-Erfahrungen bei Nachwuchsmitarbeitern festgestellt, ›daß die Dominanz mehr anerzogen als angeboren ist‹. Und auch er kommt zu ähnlichen Konsequenzen wie ich: ›Die ganzheitliche Gehirnarbeit kann durch

Training verbessert werden. Die zumeist unterbelichtete rechte Gehirnhemisphäre kann durch spezifische Trainingskonzepte aktualisiert und zurückgewonnen werden.‹

Aber wenn ich mir so den normalen Bildungs- und Fortbildungsweg unseres Nachwuchses anschaue, dann habe ich doch einige Sorgen und Zweifel. Nach wie vor wird in unseren Schulen und insbesondere auf der Universität eine einseitige Förderung der linken Gehirnhemisphäre geradezu kultisch-manisch betrieben. Das rationale Denken ist ja nicht schlecht, aber die Bereiche der Intuition, der Phantasie und der Emotion werden nicht parallel trainiert. Man geht offensichtlich davon aus, daß man diese Funktionen entweder in optimaler Form präsent hat oder eben nicht. Niemand würde sich genauso verhalten, wenn es um Rechnen oder Schreiben geht. Das alles wird trainiert und gebüffelt. Aber das, was man wirklich braucht, um in der Gesellschaft kreativ gestaltend tätig zu sein, das wird ausgegrenzt, links liegengelassen und nachher wieder intensiv gesucht. Und oft haben es dann die jungen Manager, die ich kennengelernt habe, nicht mehr. Wie häufig saßen sie in meinem Büro, mit hervorragender Vorbildung und Fachkenntissen, aber einer Persönlichkeitsaura – fast so trocken wie eine Wüste. Ihre emotionale und damit auch nonverbale Kompetenz war so klein wie ein dünnes Licht, ihre Intuitionsfähigkeit so wackelig und sporadisch, daß sie eigentlich erst ein bis zwei Jahre trainiert werden müßte. Das ist leider die Wahrheit bei vielen hervorragenden Managern.

Das war auch nicht so schlimm, denn gerade im Middle-Management haben wir bisher den Typ von Manager benötigt, den Ned Herrmann den ›Verwaltertypus‹ nennt. Das sind Manager, die überwiegend rational, logisch, analytisch und gleichzeitig auch sehr administrativ, kontrollierend und pedantisch sind und dabei zugleich nur mittlere Werte für Intuition und Emotionalität aufweisen. Aber derzeit ändert sich gerade das Funktions-und-Handlungs-Muster des Middle-Managements. Je mehr wir auf Dezentralisierung und *small ist beautiful* setzen, je mehr wir auch, was in allen Firmen zu beobachten ist, die Strategie ins Middle-Management schieben, sie also nach unten und vor Ort delegieren, je mehr wir also aus dem Middle-Management so etwas machen wollen wie ›kreativ gestaltende Topmanager in der Dezentrale‹ (und wir müssen das tun, um in turbulenten Zeiten flexibler und schneller reagieren und handeln zu können), um so mehr müßten auch Middle-Manager einen höheren Ausbaugrad der rechten Gehirnhemisphäre haben.

Ein Großteil der kommenden Organisationsstrategie (ich denke beispielsweise an die Kombination hierarchischer Organisationen mit den neuen Prinzipien der *organization transformation*, der fließenden Netzwerkorganisationen) ist sicherlich nur zu praktizieren durch und mit anderen Männern und Frauen, das heißt durch Mitarbeiter, die nicht mehr so einseitig rational, pedantisch, administrativ sind, wie wir es gerade jetzt im unteren und mittleren Managementbereich so häufig vorfinden.

Ich möchte noch etwas beim Gehirn bleiben, weil gerade dieser Bereich wirklich wichtig ist für das Inner-Management und weil gerade die Gerhirnfunktionen und die Gehirndominanzen tatsächlich trainierbar sind. Wir haben hier also einen Bereich, den man durch andere Fortbildungskonzepte und durch ganzheitlich ausgerichtete Trainingskonzepte verändern kann.

Im Juni 1983 schrieb das amerikanische Magazin ›Newsweek‹ über neue Tendenzen in der Hirnforschung. Und zwar konnte das Gehirn durch einen Positronentomograph während bestimmter Denk- und Imaginationsprozesse beobachtet werden. Das Ergebnis: Jedes Gehirn besitzt eine eigene Abteilung für Zukunftsplanung.

Unser kleiner Kreis hat sich natürlich für dieses Thema interessiert und es für das Thema Inner-Management ausgewertet. Ich will hier sehr stark verkürzt und zusammenfassend über einige Aspekte berichten, die mir während der vielen Jahre Praxisarbeit aufgefallen sind und die nunmehr durch empirische Forschung und durch Naturwissenschaft bestätigt werden.

Offensichtlich gibt es in unserem Gehirn eine Zone, die für Zukunftsplanung und Zukunftsgestaltung reserviert ist und die dafür ausgesprochen spezialisiert funktionieren kann. Zukunftsüberlegungen, das Herstellen von Zukunftsbildern, finden in unserem Gehirn offenbar im Stirnhirn, also dem frontalen Lappen der Großhirnrinde, statt.

Interessant sind die Forschungsergebnisse über Menschen, bei denen dieser Gehirnbereich beispielsweise durch Unfälle beschädigt wurde. Diese Menschen können sich zwar an alles erinnern, finden sich auch in der Gegenwart normal gut zurecht, aber sie sind außerstande, irgendwelche Pläne für die nächsten Wochen zu machen.

Normale Menschen können vorausplanen und können Zukünfte entwerfen, einige gut, andere schlecht. Spitzenmanager sollten diese geistige Leistung besonders hervorragend praktizieren können.

Es geht also darum, diese Gehirnzone besonders intensiv zu trainieren und sie von Jahr zu Jahr mehr zu entwickeln. Bei den Testvideos, die von Monte Buchsbaum von der University of California, Irvine, vorgelegt wurden, kann man sehen, daß immer dann, wenn Personen sich zum Beispiel bei geschlossenen Augen Zukünfte durch den Kopf gehen lassen, so eine Art Geitesblitz im Stirnhirn sichtbar wird. Man kann also kontrollieren, ob ein Mensch Zukünfte vor seinem inneren Auge nur sehr schwach und unsicher abbildet oder ob er Zukünfte innerlich mit hoher Gestaltungsfestigkeit, also auch mit hoher Prägnanz und zeitlicher Kontinuität, vorentwerfen kann.

Nun könnte man fragen: Ist das nicht egal, ob jemand sich lange auf das Morgen konzentrieren kann oder ob er es nur sehr nervös-dispers vermag? Meine Antwort stützt sich auf die Untersuchungen von Patricia Goldman-Rakic von der Yale-Universität und auf die PET-Analysen von Monte Buchsbaum. Und hier läßt sich genau das formulieren, was ich an mir selbst und durch Beobachtung seit Jahren zu einer inneren Überzeugung ausgearbeitet habe:

- Je besser wir ›körpereigene Science-fiction‹ entwickeln und entwerfen können, um so besser sind wir.
- Wir können die Fähigkeit, Zukünfte gestaltfest wie wirklichkeitsnahe Filme zu sehen, trainieren. Man kann sich die

nervös-disperse und damit flüchtig-hüpfende Form der Zukunftsplanung abgewöhnen. Man kann sich als Manager trainieren, lange Phasen von Zukunftsabläufen so konkret zu sehen, daß man die dargestellten Szenen hören, schmecken und fühlen kann. Man kann also seine Zukunftsimagination immer kraftvoller und damit immer gestaltfester ausbauen.

- Wie die Untersuchungen gezeigt haben, ist gerade die Gestaltfestigkeit der Zukunftsimagination wichtig für die spätere Handlungseffizienz, das heißt für die Kompetenz, diese oder ähnliche Ideen später auch einmal in die Tat umzusetzen.
- Das neuronale Zentrum der Zukunftsimagination (placiert im frontalen Lappen der Großhirnrinde) hat eine eigene Verbindungs-Pipeline zu der Zone des ›motorischen Kortex‹ in unserem Gehirn. Wie Goldman-Rakic dazu bemerkt, ist das das Zentrum für unsere autonom konzipierten Handlungen. Und es gibt schließlich im Gehirn viele vorprogrammierte Handlungen wie etwa Reflexe. Aber es gibt auch ein deutliches Zentrum für autonome, nicht vorprogrammierte Handlungen, für Handlungen also, die abhängig sind von unseren Vorstellungen, von unserem Wollen, von unserer Selbstmotivation und von den vorab gebildeten privaten Zielsetzungen. Genau das ist der Bereich des motorischen Kortex. Und es ist nun außerordentlich interessant, daß die Forschungen belegen können, daß das Zentrum für Zukunftsplanung und Zukunftsvision eine direkte Brücke hat zu dem Zentrum für motorisch autonome Handlungsorganisationen.
- Damit wird folgende Konzeption für das Inner-Management sichtbar: Die Kraft des Wollens und die Effizienz der Handlungsorganisation kommen aus der Kraft und Gestaltfestigkeit der Vision und der Zukunftsimagination.

Ich glaube, dieser Satz kann gar nicht oft genug wiederholt werden, denn er ist die Essenz meiner ganzen Berufserfahrung. Deshalb möchte ich ihn noch einmal mit anderen Worten interpretieren: Ich bin fest davon überzeugt (jetzt, nachdem ich die

Forschungsergebnisse der beiden Universitäten kenne, sogar hundertprozentig), daß nur derjenige Manager wirklich Neues gestalten und Mitarbeiter zu neuen Programmen führen kann, der eine gut ausgebaute Zukunfts- und Imaginationsfähigkeit aufweist.

Ich habe immer wieder beobachten können, daß es Menschen gibt, deren Zukunftsideen und innere Zukunftsbilder außerordentlich wackelig, hüpfend und eben nicht kontinuierlich und erst recht nicht gestaltfest waren. Man kann geradezu sehen, daß sie die Zukunft nur ab und zu in Form von Sternschnuppen wahrnehmen. Da blitzt mal etwas auf. Aber diese Menschen können die Bilder von morgen nicht festhalten. Sie können mit ihrem Geist nicht in ihren Imaginationen und Phantasien spazierengehen. Und genau diese Mitarbeiter und Manager, die ich beobachtet habe, sind später auch nicht in der Lage, daraus Programme und Handlungsanweisungen oder gar konkrete Ziele zu formulieren. Sie neigen dann dazu, so meine Beobachtungen, das Gestrige und Heutige zu verlängern. Ich habe zum Beispiel von Mitarbeitern Planungsexposés bekommen, die deutlich nichts anderes waren als neu formulierte und minimal weiterentwickelte gestrige Planungspapiere. Und es gibt wiederum andere Mitarbeiter, die haben geradezu die Sucht, sich vom Gestrigen, und mag es noch so erfolgreich gewesen sein, zu trennen. Sie muß man oft darauf hinweisen, daß es auch im Management und erst recht in der strategischen Planung so etwas gibt wie den Zwang zur Kontinuität und zur linearen Konsequenz. Sie kreieren immer grundsätzlich völlig neue Ansätze, völlig neue Ziele, völlig neue Handlungsprogramme. Beide Planungstypen sind natürlich extrem. Aber sicher ist, daß nur derjenige die Zukunft gestalten kann, der sie in der Großhirnrinde gestaltfest visualisieren konnte.

Unser kleiner Kreis hat natürlich sehr viel mehr Material über dieses faszinierende Thema angefordert, recherchiert und zusammengestellt. Es gibt da beispielsweise faszinierende Parallelen zur asiatischen Esoterik. Wußten Sie schon, daß im indischen Bereich (Chakren-Lehre) das sogenannte Bauch-Chakra (die indische Esoterik stellt sich vor, daß Chakren Energiewirbel sind, die in bestimmten Körperzonen lokalisiert werden können) der Sitz des Gefühls ist? Wie der bekannte Mythenforscher Professor Keyserling schreibt, ist ein aktualisiertes Bauch-Chakra die Voraussetzung dafür, daß man Visionen in das Feld der Selbstverwirklichung transformieren kann. Etwas einfacher ausgedrückt: Wenn ich Visionen so plastisch sehen kann, daß ich sie mit dem Zentrum meiner Gefühle, mit meinem Bauch, immer wieder nacherleben kann, dann entsteht offensichtlich so etwas wie eine Verwirklichungsmotorik. In mir selbst organisieren sich dann Handlungs- und Verwirklichungsprogramme, die ich vorher nicht gehabt habe. Je stärker sich der visionäre Bereich in dieser Form verkörperlichen läßt (im Prinzip handelt es sich um die Verschmelzung der zerebralen Bereiche der Intuition mit den limbischen Bereichen der Emotion), desto leichter geht mir nachher die Realisierung von der Hand.

Es ist ein faszinierendes Gebiet. Und es ist wesentlich weniger spekulativ, als die meisten Manager und Wirtschaftswissenschaftler annehmen. Es gehört im Prinzip jeden Tag zum Alltag eines erfolgreich gestaltetenden Managers. Nur, man spricht eben nicht darüber. Und man forscht auch nicht intensiv genug. Die betriebswirtschaftlichen Institute an den Universitäten haben jedenfalls dieses Thema bisher vernachlässigt. Der ganze psychische Sektor ist in der Management- und der Betriebswirtschaftslehre auf einige wenige Attitüden verkümmert wie: ›Im Mittelpunkt steht der Mensch‹, aber die Erforschung des Inner-Managements und die Erforschung einer Trainings-und-Handlungs-Praxis für das Inner-Management . . . diese wichtige Aufgabe wartet noch auf uns.

Bleiben wir noch ein bißchen bei der Gehirnforschung. Da gibt es beispielsweise das ›BrainMind-Bulletin‹, das Marilyn Ferguson aus San Francisco herausgibt. Das ist ein Informationsdienst, der überwiegend über Themen der Gehirnforschung und Bewußtseinsforschung schreibt.

Das ›BrainMind-Bulletin‹ schrieb beispielsweise über Leslie Hart. Das ist ein New Yorker Erziehungsberater, der sich sehr intensiv mit dem Zusammenhang von Lernen und Gehirnstrukturen auseinandergesetzt hat. Seiner Meinung nach lernen wir unter sträflicher Mißachtung der hirngerechten Methoden (*brain approach*). Das kürzlich erschienene Buch von Hart ist gerade für Manager außerordentlich aufschlußreich. Man sollte sein Lernen zum Beispiel so organisieren, daß das neue Lernmaterial nicht als Ergänzung zum alten aufzufassen ist, sondern als weitgehender Ersatz der alten Wissensbausteine. Die meisten Menschen haben für sich ein Lernmodell erarbeitet, das sich folgendermaßen beschreiben läßt: Zuerst lerne ich, und später ergänze ich dieses Wissen. Wird diese Fehleinstellung habitualisiert, dann wird der gesamte Such- und Dekodierungsprozeß von neuen Nachrichten immer unter dem Rubrum ›Ergänzung und Erweiterung‹ vollzogen. Man gibt seinem Gehirn völlig falsche Signale, und das Gehirn arbeitet dann auch falsch. Man lernt falsch, man lernt zuwenig, und man interpretiert die neuen Informationen subjektiv falsch, das heißt, man assimiliert sie an das bereits Gelernte. Man kommt dann häufig zu der auch in Management-Kreisen verkündeten Meinung: ›Im Prinzip ist das meiste bekannt, und es gibt wirklich wenig Neues.‹

Das stimmt nicht. Im Gegenteil. Wie man sehr leicht belegen kann, ist gerade unsere heutige Zeit dadurch gekennzeichnet, daß die Summe der Informationen und insbesondere die Summe der radikal neuen Informationen in einer sensationellen Geschwindigkeit zunehmen. Über 90 Prozent aller Wissenschaftler, die je auf unserem Erdball gelebt haben, leben in unserer Zeit, leben heute. Unser Wissen vervielfacht sich, schlägt sich immer schneller um. Futurologen wie etwa John Naisbitt nehmen an, daß wir demnächst, in rund fünf Jahren, 100 Prozent mehr Informationen zu verarbeiten haben werden.

Wir müssen also im Prinzip unser Gehirn anders beauftragen, es anders programmieren. Denn unser Gehirn ist sehr gut fähig, mehr Innovationen, mehr Impulse, mehr Neuerungen und damit mehr ›Erschütterungen‹ zuzulassen, aufzunehmen und zu verarbeiten.

Ich habe immer wieder beobachtet, daß die nicht so guten

Manager und Mitarbeiter viel zu früh informationell blockiert sind. Ich habe tausendfach sehen können, daß selbst hochbegabte Mitarbeiter sehr früh den Input-Kanal dichtgemacht haben. Das hat nichts mit Intelligenz zu tun. Es ist eine intelligenzunabhängige Persönlichkeitsdisposition, die darauf ausgerichtet ist, soviel Informationen wie möglich aufzusaugen und dabei keinen zweckrationalen Zuschnitt zu dulden. Das bedeutet auch Informationen aufzunehmen, die nicht vordergründig zum Thema passen. Auch diejenigen Informationen ernsthaft zu sammeln und ›im Kopf zu dulden‹, die scheinbar artfremd oder geradezu störend sind. Menschen, die sich für alles und nichts interessieren, sind im Lager der Spitzenmanager sehr häufig verbreitet. Menschen mit ›hoher Input-Schwelle‹, wie es die Kybernetiker nennen, sind in der Regel viel zu starr, rigide und nicht in der Lage, flexible Assoziationen geistig zu erarbeiten. Das macht sie für Spitzenaufgaben untauglich.

Die Implikation aus all diesem ist sehr einfach. Im Rahmen des Inner-Managements ist es durchaus möglich, sein Gehirn umzuprogrammieren. Wir können unserem Gehirn und damit uns selbst sehr wohl einen neuen Auftrag geben, nämlich den Auftrag, sich im Prinzip für alles zu interessieren, die Input-Schwelle so niedrig wie möglich zu halten und die neuen Informationen nicht per se als Ergänzung, sondern als Ersatz aufzufassen. Wir können uns also geistig anders programmieren, indem wir uns auf permanente Umwälzung und Transformation anstelle von Bestätigung und Ergänzung ausrichten.

Die innere Kraft des Managers entspringt unter anderem diesen Lernprogrammen. Je mehr mein Lernprogramm auf ›gewollte Umwälzung und totale Erneuerung‹ ausgerichtet ist, um so wirklichkeitsnäher wird das von mir im Kopf abgebildete Wirklichkeitsbild sein. Ich sehe dann die Welt so flexibel, so paradox, so zappelig und so multidimensional, wie sie offensichtlich ist. Denn das dürfte klargeworden sein: Nur derjenige kann erfolgreich, effizient und überlegen managen, der die wirkliche Wirklichkeit nicht ausgrenzt. Nur derjenige kann seine Firma in positive Zukünfte führen, der ein einigermaßen wirklichkeitsgerechtes Zukunftsbild verinnerlicht und entwickelt hat. Und in der letzten Konsequenz bedeutet das: Wer die heutige und morgige Wirklichkeit durch seine Persönlichkeit, durch seine private Informationsverarbeitung und durch sein Lernprogramm verzerrt und damit von der Realität wegmanipuliert, kann Wirklichkeit nicht gestalten. Er wird als Manager versagen oder eben im Prinzip keine wirkliche Management-Funktion übernehmen können.

Wir wollten bei der modernen Gehirnforschung bleiben. Da gibt es noch ein anderes Forschungsergebnis, ebenfalls von Leslie Hart präsentiert: Das menschliche Gehirn versucht, die Welt zu verstehen, indem es Gesetzmäßigkeiten ausfindig macht. Es will also die Gesetze hinter den Phänomenen erkennen. Aus scheinbarer Unordnung versucht das Gehirn automatisch, die zugrundeliegenden Muster zu extrahieren, indem es die Charakteristika und ihre Wechselbeziehungen ordnet.

Forschungsergebnis ist die Tatsache, daß jedes menschliche Gehirn im Prinzip diese ›Suche nach Mustern‹ vollziehen will. Der Mensch möchte die paradox und scheinbar ungeordnete, teilweise chaotische Umwelt ordnen. Und das kann er nur durch Muster und Gesetzmäßigkeiten. Das Gehirn ist darauf trainiert. Es ist so etwas wie ein natürlicher Brain-Trieb.

Aber das spektakuläre an den Forschungsergebnissen ist nun die Tatsache, daß wir mit unserer Lernkultur diese Fähigkeit zur Musterbildung permanent untergraben und im Prinzip gegen sie angehen. Unsere Schulen, unsere Lehrer und auch die neuen Computertechniken verlangen und trainieren logisches, diskursives und sequentielles Denken. Und je mehr man dieses rationale Denken trainiert, je mehr man es zu seinem inneren Habitus werden läßt, desto mehr be- oder verhindert man die an sich angeborene Fähigkeit unseres Gehirns, die Muster über den Phänomenen und die Gesetzmäßigkeiten hinter den Turbulenzen zu erfassen. Anders ausgedrückt: Die geheime Kraft des Managers liegt darin, sich trotz seiner rational-logischen Schulungen die an sich natürlichen Fähigkeiten der Mustererkennung und der Konstruktion von Gesetzmäßigkeiten zu bewahren beziehungsweise wieder zurückzurufen und zu einer starken geistigen Präsenz zu führen.

Das deckt sich übrigens auch mit den Forschungsergebnissen von Dörner, daß diejenigen Probanden, die in diesem Computersimulationsexperiment besonders gute Entscheidungen tätigten, immer Persönlichkeiten waren, die in der Lage waren zu abstrahieren. Sie waren immer in der Lage, von den widersprüchlichen Detailinformationen abzuheben (das ist das, was ich das Adler-Flugbewußtsein nenne), um die Gesetzmäßigkeiten hinter den Phänomenen zu erkennen. Damit ist auch das häufig gehörte Argument nicht richtig, daß es einen Unterschied zwischen Theorie und Praxis und zwischen Konkretem und Abstraktem gäbe. So einfach ist das nicht. Optimale Entscheider und kreative Manager sind offensichtlich sehr konkret, fast sinnlich dinghaft. Sie sind ja auch – wie wir gesehen haben – besonders emotional, intuitiv, in diesem Sinne weiblich. Aber gleichzeitig sind sie auch in der Lage, die abstrakten Muster hinter diesen konkreten Phänomenen zu erfassen. Denn nur durch das Erkennen von Mustern und Gesetzmäßigkeiten kann man Strategien und Zukunftsvisionen erarbeiten.

Gehen wir noch einen Schritt weiter im Bereich der Gehirnforschung: Die Untersuchungen konnten zeigen, daß unser Gehirn die Muster und Gesetzmäßigkeiten um so besser aufbauen und entwickeln kann, je reichhaltiger der Satz an Erfahrungen ist. Auch das ist ein Ergebnis, daß sich voll mit meinen eigenen Beobachtungen deckt. Die wirklich guten Manager, die ich in meinem Leben kennengelernt habe, sind immer multidimensionale Persönlichkeiten gewesen, die sich für mehr interessierten als für das, was sie hervorragend täglich taten. Und es sind immer Menschen mit fast gierigem Informations-Input-Verhalten, also Informationssammler, Neuigkeitssammler. Menschen, die Informationen wie magisch anziehen, die nicht sofort fragen: ›Brauche ich das, wofür ist das nützlich, wie kann ich diese Information verwerten?‹ Allein die Tatsache, daß es sich um eine neue Information handelt, erzeugt für diese Menschen einen pragmatischen Sinn. Das Neue ist in sich selbst Sinn und Praxis genug.«

Soweit Gerd Gerken zu diesem Themenkreis. Leslie Hart hat in seinen Analysen darauf hingewiesen, daß die Gehirnforschung zeigen konnten, daß die Erhöhung des Info-Inputs das Gehirn zwingt, stärker auf Mustererkennung und Gesetzstrukturierung umzuschalten. Ich habe das am eigenen Leibe sehr häufig erfahren. In denjenigen Phasen, in denen die Informationslage paradox und ich geradezu überinformiert war, sprang mir häufig die dahinter liegende Trendströmung oder das zugrundeliegende Handlungsschema wie von selbst in den Kopf. Ich habe auch feststellen können, und auch das ist – wie unser kleiner Kreis recherchierte – durch naturwissenschaftliche Forschung inzwischen bewiesen (durch die Lernpsychologie), daß in besonders chaotischen Phasen besonders gut gelernt werden kann. Psychologen sprechen von chaotischem Lernen, und sie meinen damit, daß immer dann, wenn das Weltbild ins Rutschen kommt, der Mensch und damit sein Gehirn außerordentlich gut in der Lage ist, neue Fakten zu erkennen und zu implementieren, das heißt, sie wirklich mit der Persönlichkeit zu verschmelzen. Das deckt sich auch mit den Erfahrungen einiger Unternehmensberater und Manager, die darauf hinweisen, daß Firmen in Turbulenz außerordentlich gut Neuorientierungs- und Visionsprozesse steuern können. Es gibt sogar einen Spitzenmanager, der kürzlich in einem Aufsatz schrieb, daß der Vorstand seit längerer Zeit folgenden Trick handhabt: Wenn die Firma gut am laufen ist, produziert man eine künstliche interne Krise, um die Firma wieder zum »Transformationsgalopp« zu zwingen.

Offensichtlich lernen wir besonders effizient, wenn uns der Boden unter den Füßen wegrutscht.

Aber zurück zu Leslie Hart. Was empfiehlt er? Er hat gute Erfahrungen mit der Technik der Input-Erhöhung gemacht. Und zwar empfiehlt er eine Erhöhung des Inputs um den Faktor 10. Seine Analysen zeigen, daß dann das Gehirn wesentlich intensiver auf Mustererkennung und Gesetzstrukturierung umschaltet. Für das Management und insbesondere für den von mir beschriebenen Aspekt des Inner-Managements eine wichtige Aussage: Wir müssen versuchen, trotz unserer Zeitknappheit mehr Informationen aufzunehmen. Wir müssen versuchen, trotz permanenter Zeitnot mehr zu lesen, mehr zu hören, mehr zu sehen. Und wir müssen auch versuchen, nicht nur das Zeitvolumen für Informationsverarbeitung zu erhöhen, sondern auch unser Lernen zu verbessern. Die Gehirnforscher weisen darauf hin, daß es nicht nur um die Ausweitung des Stundenvolumens geht, sondern auch um eine Intensivierung der Erlebniswelten beim Lernen. Ja, und wie arm sind wir hier in den Firmen. Lernen ist bei uns immer noch so etwas, was mit rationaler, fast mönchischer Stringenz gleichgesetzt wird. Wir lernen außerordentlich unsinnlich. Da gibt es Aktennotizen und mit grauen oder schwarzen Lettern geschriebene Exposés, seitenlang, zumeist ohne Bilder, ohne Entertainment-Typographie und ohne emotional-affektive Hilfen.

Interessant ist in diesem Zusammenhang vielleicht das im ›Manager-Magazin‹ beschriebene Vorgehen der Firma Stinnes. Stinnes operiert weltweit und ist außerordentlich dezentralisiert. Da gibt es Hunderte von Firmen. Wie will man sich hier zu einer gemeinsamen Zielvereinbarung arrangieren und organisieren? Der klassische Weg ist der einer großen Mammutkonferenz zur gemeinsamen Zielvereinbarung. Der nächste Schritt war der, daß man eine Art Informationsmarkt aufbaute. Das Stinnes-Forum aber ist ein einzigartiger und in seiner Art neuer Weg: Man traf sich mehrere Tage lang. Aber man tauschte nicht Zahlen, Ratiofakten in Form von Dias, Charts und Tabellen aus, sondern man inszenierte die gemeinsamen Sorgen, die latenten Konflikte und die globalen Zielsetzungen für die nächsten zehn Jahre in Form von Theaterstücken, kleinen Sketchen, einem großen Visionsballett . . . und es wurde auch gemeinsam gesungen. Alles hoch emotionale, stark bildhaft-visionäre, didaktische Strategien. Im Sinne der neueren Gehirntheorien ein richtungweisender Weg!

Es lohnt sich, noch einmal auf das Thema Kreativität zu kommen, weil es auch hier direkte Verbindungen zwischen den Brain-Theorien einerseits und den Kreativitätsmodellen andererseits gibt. Da gibt es ein Buch, das unser Kreis recherchiert und ausgewertet hat. Es kommt von Dudley Lynch. Und es hat den Titel »Your High-Performance Business Brain«. Lynch geht davon aus, daß man Menschen ändern kann und daß sich Menschen selbst auch ändern können, wenn es gelingt, die Programme und Funktionsweisen des Gehirns zu ändern. An diesem Punkt deckt er sich mit allen anderen Gehirnforschern. Die Konsequenz aus dieser empirisch gut bewiesenen Tatsache: »Allein das Gehirn ist der Manager des Managers, der Chef des Chefs.« Lynch bietet nun viele Trainings- und Übungswege an, um das Gehirn umzuprogrammieren. Wir wollen hier gar nicht auf die einzelnen Empfehlungen eingehen. Das ist hier nicht unser Thema. Aber allein die Tatsache, daß in der Management-Literatur immer häufiger Brain-Theorien und Brain-Trainingsempfehlungen auftauchen, ist ein deutliches Signal dafür, daß doch offensichtlich das Thema Inner-Management an Bedeutung gewinnt. Wir sind vielleicht auf dem Weg, die heimlichen Kräfte des Managers methodischer zu erfassen und damit auch methodischer trainieren zu können.

Aber einen Aspekt möchte ich doch erwähnen: Lynch empfiehlt, man solle sein Gehirn so trainieren, daß man seine Aufmerksamkeit gerade auch auf das richtet, was scheinbar nebensächlich ist. Gerade unwichtige Themenbereiche sind wichtig, um das Gehirn mit kreativen Mustern zu versorgen. Und man soll sich das zur zweiten Natur machen, auch wenn man dabei gelegentlich – so schreibt er – »die eigentliche unternehmerische Marschrichtung verläßt«.

Das deckt sich auch mit meinen Erfahrungen. Ich habe beispielsweise beobachten können, daß sich seit dem Zeitpunkt der starken Kunstoffensive von Tetra Pak das Gesamtflair in unserem Unternehmen bei allen Mitarbeitern deutlich verbessert hat. Sicher, man kann sagen: Warum soll sich ein Unternehmen in der Öffentlichkeit und auch in den eigenen Räumen so prononciert zu den Themen Kunst und Raumgestaltung artikulieren oder sich für sie einsetzen? Warum? Es bringt ja nicht direkt mehr Rendite. Im Gegenteil. Es kostet meistens auch noch Geld und Zeit. Es bringt nicht direkt mehr Kunden. Im Gegenteil. Es kann den einen oder anderen Kunden eher verwirren, weil er sich fragt, ob Tetra Pak nun Kartonverpackungen herstellt oder neuerdings auch Kunst. Aber das sind alles viel zu vordergründige Ebenen, linear-rationale Argumentationsschemata. Die psychologische und gruppendynamische Wirklichkeit hat ein ganz anderes Bild ergeben. Seitdem wir uns im Kontext unserer Unternehmensidentität so intensiv mit Kunst in Räumen beschäftigen, sind wir alle kreativer und auch impulsiver geworden. Wir haben die Künstler und ihre Kunst benutzt, um uns aus den allzu pragmatischen Spurrillen des täglichen Handelns immer wieder herauslösen zu können. Und ich bin fest davon überzeugt, daß es uns mit Hilfe auch dieses Mittels gelungen ist.

Es gibt so etwas wie geistige Gefängniszellen, die man nicht sieht, die man nicht anfassen kann und deren Türen, wenn sie zuklappen, auch nicht hörbar sind. Ja, es gibt sie dennoch, diese grauen, eintönigen geistigen Gefängnisse, und sie sind in unseren Räumen verborgen. Es sind Räume in unseren Räumen. Ich weiß, daß das ein sehr spektakuläres und vielleicht auch auf den ersten Blick unwissenschaftlich scheinendes Thema ist. Aber inzwischen hat sich auch die Wissenschaft damit beschäftigt: Alles, was wir sagen, und alles, was wir tun, bleibt als Essenz erhalten. Zwar läuft die Zeit weiter, wie berühmte und führende Physiker wie Joan E. Sharon schreiben, aber im Prinzip läuft nur die Zeit, während die geistige Substanz unwiderruflich bleibt. Ich will das konkretisieren: Jedes Vorstandsmitglied hat seinen eigenen Raum, und meistens ist dieser Raum auch ausreichend groß, um ihn gleichzeitig als kleinen Sitzungsraum zu benutzen. Da gibt es dann täglich oder wöchentlich kleinere Konferenzen und die schnellen Besprechungen mit Kollegen und leitenden Mitarbeitern. In einem solchen Raum entsteht nun so etwas wie Denktradition, und es akkumulieren sich die geistigen Substanzen der vielen Gespräche. Es gibt also Niederlagen, es gibt Siege, es gibt Animositäten, Präferenzen. Es gibt das, was Soziologen »soziale Beißhemmungen« nennen. Und es gibt unausgesprochene Regeln, die sich wie Wildwuchs entwickelt und verfestigt haben. Es gibt also unsichtbare Gebote und Verbote, und die sind in der Regel für die Gehirntätigkeit und insbesondere für kreative Gehirnprozesse schädlich.

Ich will damit sagen, daß in den Räumen, in denen wir tagen und in denen wir Konzepte, Programme, Visionen und Strategien finden und erarbeiten, oft eine unsichtbare Überinformation in Form eines Brain-Programms placiert ist, die voll auf uns Menschen zurückwirkt. Deshalb Tapetenwechsel. Deshalb die Stimulanz fremder Räume, fremder Umgebungen. Ich habe bei Tetra Pak eingeführt, daß wir uns einmal im Jahr in Rottach-Egern treffen, um unsere wichtigste und kreativste Sitzung dort zu gestalten. Und es ist etwas Eigenartiges passiert. Ich habe von Anfang an Wert darauf gelegt, daß in Rottach-Egern anders miteinander umgegangen wird, lässiger, entspannter, erweiterter. Wir haben uns dort auch mit Themen beschäftigt, genau wie es Dudley Lynch in seinem Buch schreibt, die offensichtlich nicht zum Anlaß unseres Meetings gehören. So haben wir uns beispielsweise einmal auf einem kleinen Hügel versammelt und haben dort gemalt. Natürlich ist das »verschwendete Zeit«. Hochbezahlte Manager malen den Tegernsee, statt daß sie über den Zahlen, Statistiken und Marktdaten brüten. Aber das sind Symbolhandlungen, die jedem einzelnen und uns als Gruppe gemeinsam signalisieren, daß wir hier breiter, grundsätzlicher und damit auch offener diskutieren und arbeiten können oder sollen. Es sind symbolische, wenn man so will, rituelle Handlungen, die ich jedes Jahr in anderer Form eingeführt habe, um diesen Treffpunkt Rottach-Egern mehr und mehr in diese Richtung zu konditionieren. Es ist das Herstellen eines unausgesprochenen Gebotes, kreativ zu sein.

Dazu gehören natürlich auch andere Effekte wie etwa das Aufbauen einer affektiven und damit emotional befriedigenden Atmosphäre. Dazu gehört auch die mittlerweile empirisch erforschte Tatsache, daß wir bei positivem Tapetenwechsel eine Superprogrammierung in unser Gehirn einspeisen, die in die Richtung läuft: »Alle Informationen sind genehmigt«, also auch unlogische, paradoxe Ideen, Verknüpfungen und Impulse. Auf jeden Fall ist auch hier ein wichtiger Aspekt der heimlichen Kraft des Managers verborgen.

Dudley Lynch gibt noch einen anderen Trainingstip, den wir ernst nehmen sollten: Er empfiehlt, daß man ein Gespür und, wie er es nennt, »einen Respekt« für das Prinzip des Fließens aufbauen müsse. Das ist etwas, was ich aufgrund meiner eigenen Beobachtung voll bestätigen kann. Ich habe selbst festgestellt, daß man diese höhere Sensibilität für die richtigen Rhythmen und die richtigen Zeitpunkte sehr gut entwickeln kann.

Ich kenne einen Manager, der auf relativ hoher Hierarchieebene angesiedelt ist, ein Ausbund an Wissen und außerordentlich intellektuell. Er hat jedoch dieses Wissen um den richtigen Zeitpunkt und um das Fließenlassen nicht. Er will immer alles erzwingen. Bei ihm verbindet sich der intellektuell-rationale Habitus mit einer extremen Willenskraft. Er läßt nicht locker. Er läßt das, was werden muß, nicht wachsen, sondern will es durch Analyse und durch lineare diskursive Fleißarbeit erzwingen . . . zumindest empfinde ich seine Art zu arbeiten so. Und dieser Manager zwingt nun seinen Mitarbeitern die gleiche starre Arbeitsweise auf. Immer wieder. Er hat damit viel Erfolg. Der Output seiner Abteilung ist sehr groß. Aber wie er selbst immer wieder im Privatgespräch mit mir betonte, sind seine Mitarbeiter zwar extrem fleißig, aber irgendwie »wahnsinnig konventionell«. Er bemerkt offensichtlich nicht, daß er seinen Mitarbeitern Spontaneität und Fließenlassen geradezu symbolisch verbietet und daß er die Brain-Programme für seine Mitarbeiter so placiert hat, daß das Prinzip des Fließens, und damit das Prinzip der nonlinearen Impulse, unmöglich wird. Ich glaube fest an die Prinzipien des Fließens und des Werdens und habe immer wieder gespürt, daß oft der Zeitpunkt noch nicht erreicht war, an dem wir bestimmte Konsequenzen diskutieren sollten. Natürlich sagt einem der Verstand sofort: Eine Nachricht oder ein Ereignis (wenn etwa ein wichtiger Kunde unser Angebot abgelehnt und sich für die Konkurrenz entschieden hat) kann, auf der rationalen Ebene betrachtet, zu jedem Zeitpunkt diskutiert werden. Man setzt sich hin, analysiert das, was als Faktum geschehen ist, und kommt zu Konsequenzen. Es gibt gute Zeiten für Konsequenzen, und es gibt schlechte Zeiten. Oft habe ich gespürt, daß man noch warten mußte, um wichtige strategische oder auch personelle Konsequenzen zu ziehen. Das mag dann von außen zögerlich oder gar feige aussehen. Aber es ist unbestritten so, daß einem oft erst die innere Kraft zuwachsen muß, die man benötigt, um wirklich auch Konsequenzen erarbeiten zu können. Oft spüren Spitzenmanager, wie mir Kollegen erzählt haben, daß ganze Teams so etwas wie eine Teamseele haben und daß hier rhythmische Gesetzmäßigkeiten wirken. Ein Kollege erzählte, daß sein engstes Team, mit dem er überwiegend zusammenarbeitet, in einer Art Orientierungskrise war. Die rationale Philosophie würde sofort diese Krise ausleuchten. Man würde fragen, warum sie da ist, wer oder was sie verursacht hat und was wir dagegen tun können. Klassische Lehrbuchrationalität! Mein Kollege hat aber ein gutes Gespür dafür gehabt, daß diese Krise ihren – nebelhaft verborgenen – Sinn haben müsse. Er hat sie weiter eskalieren lassen. Und in der Tat sind dann, wie er berichtete, »spontane Veränderungsdispositionen« im Team selbst aufgebrochen, die einige Wochen vorher nicht dagewesen waren. Nun war der Zeitpunkt für Konsequenzen und Neuorientierungen reif . . . reif in dem Sinne, daß nun das Team selbst die Veränderungskräfte offensichtlich im Keim entwickelt hatte. Hätte man diese Konsequenzen einige Wochen vorher erarbeitet und durchgeführt, so wäre es nur eine Papierqualität gewesen. Die innere Kraft, also die Realisierungskraft des Teams, wäre zu mager gewesen. Es hätte sein können, daß richtig erarbeitete Konsequenzen durch Kraftlosigkeit in sich selbst zusammengebrochen wären. Die wirkliche Krise wäre dann nachträglich geboren worden, hauptsächlich durch ein falsches Gefühl für das Fließen aller Prozesse, für eine nicht entwickelte Sensibilität für den richtigen Zeitpunkt der Reife und des Wachsens von Kräften und Potenzen.

Noch etwas anderes aus dem großen Themenkreis der Gehirnforschung möchte ich kurz skizzieren: Unsere Welt wird immer vernetzter, immer vermaschter. Und die Wirklichkeit, die wir schaffen, wird immer weniger überschaubar. Aus dem Busineß wurde ein globales, internationales Busineß. Aus den betriebswirtschaftlichen Zielsetzungen wurden zunehmend mehr auch ökologische und gesellschaftsorientierte Zielsetzungen. Das Feld, das wir überschauen müssen, wird immer größer, breiter und vernetzter. Die Handlungen, die wir initiieren, sind im Prinzip immer weniger Monohandlungen. Sie kollidieren immer häufiger mit anderen Zielsetzungen, von denen wir viele gar nicht kennen.

Besonders viele Brain-Probleme gibt es, wenn man versucht, ein Zuviel an Information rational statt intuitiv zu bewältigen. Es gelingt fast nie. Also . . . intuitiv. Aber auch hier gibt es Probleme. Der Physiker Dürr hat einmal betont, daß der Nachteil beim Einsatz von Intuition und emotionaler Erfahrung die Tatsache sei, »daß ich intuitiv Erfaßtes anderen schwerer mitteilen kann – meist bin ich auf das Vehikel der Sprache angewiesen. In diesem Fall ist die Sprache aber kein geeignetes Instrument der Sinnvermittlung, sondern sie kann sozusagen nur als ein Auslöser dienen, um beim anderen eine intuitiv geschaute Struktur selbst zu erzeugen«.

Und hier sind wir bei der neuro-linguistischen Programmierung (NLP). Das ist eine Technik, die im konventionellen Sinne der Psychotherapie zuzuordnen ist, die aber zunehmend auch für Lernen und Menschenführung wichtiger wird.

Wenn wir als Manager versuchen, intuitive Prozesse bei anderen Menschen durch Worte auszulösen, die in etwa mit unseren Intuitionen identisch sein sollen, dann müssen wir zwei Dinge beherrschen:

1. Wir müssen intuitive Bilder (auch Imaginationen) gestaltfest vor unserem inneren Auge präsentieren können. Darauf habe ich bereits hingewiesen und auch erwähnt, daß man diese Fähigkeit, die einem eine innere Führungskraft verleiht, trainieren kann.
2. Wir müssen diejenigen Schlüsselbegriffe intuitiv erfassen (sogenannte verbale Superzeichen), die mit einer relativ hohen Verläßlichkeit ähnlich gelagerte intuitive Bilder und emotionale Resonanzen bei unseren Mitarbeitern erzeugen,

damit wir eine kohärente intuitive Schau in unserem Team oder unserem Unternehmen erzielen.

Ich möchte mich auf den zweiten Aspekt beschränken, auf die Übermittlung. Die Wissenschaft hat hierzu bisher nicht allzuviel Material erarbeitet. Wir wissen nur, daß sich die Übermittlung von Intuitionsresonanzen, wenn ich das einmal so nennen darf, häufig nicht linear vollzieht. Man sagt dann nicht direkt verbal: »Ich sehe dieses und jenes«, sondern man bringt symbolische oder auch rituelle Handlungen in den laufenden Prozeß des Unternehmens ein und aktualisiert damit, ohne es direkt zu verbalisieren und in Fakten zu kleiden, die gewünschten Ziele und Imaginationen. Fritjof Capra sagt dazu: »Ich weiß, daß dies vor allem in Deutschland ein sehr heikles Thema ist, mit den Erfahrungen aus der Nazizeit. Aber trotzdem: Verständigung und Austausch durch Kunst [auch für Tetra Pak ein wichtiges Vehikel, um Zeitgeist und Fortschrittsorientierung symbolisch auszudrücken], durch Charisma, durch alle Methoden, die geeignet sind, die Intuition anzuregen, sind sehr nützlich.«

Ich habe Erfahrungen in vielen Teamsitzungen gemacht und möchte ein Ergebnis berichten: Am besten verhält man sich stochastisch, verbal stochastisch, das heißt, man sollte eher improvisiert reden, wenn es darum geht, derartige intuitive Resonanzen hervorzurufen und in seine Mannschaft einzupflanzen. Jede vorgefertigte Rede ist hier fehl am Platz. Jede rational geschliffene Formulierungskunst ist eher kontraproduktiv. Man muß dazu einen Rahmen finden, in dem man sich gegenübersitzt unter dem unausgesprochenen Rubrum »Ärmel hochkrempeln und vertraulich ein Experiment wagen«. Immer wenn es mir gelang, dieses Flair herzustellen, konnte eine fließende, suchende Sprache von mir und meinen Mitarbeitern praktiziert werden. Je inoffizieller das Flair, desto tastender und experimenteller die Sprache. Je offizieller das Flair, um so mehr Statements, die abgesichert und entpersonalisiert waren.

Die Sprache, die sich in einem derartigen Raumflair entwikkeln läßt, ist eine Sprache, die, würde man sie auf Tonband aufnehmen, mehr dem Gestammel eines Menschen ähnelt, der sich in einem Irrgarten zurechtzufinden versucht. Und in der Tat, ich habe mich selbst dabei beobachtet, wie ich in derartigen »verbalen Intuitionsphasen« ausgesprochen wenig zusammenhängende oder schöne Sätze offerierte. Das fällt im Kontext des Raumflairs niemandem auf. Es ist die adäquate verbale Qualität für die psychische und gruppendynamische Situation. Und dann wird ein Assoziationsgedanke nach dem anderen probiert, also verbal formuliert und in die geistige Zone »hineingeworfen«. Und es gibt dann die Verarbeitung von Rückkoppelungen durch den, der erzählt oder der verbal führt. Ich weiß gar nicht, woran ich im einzelnen spüre, welches Bild plötzlich greift und welche Bildervorstellung offensichtlich die richtige Resonanz herbeiführt. Es ist, als ob ein Ruck durch den Raum geht. Es ist, als ob sich schlagartig die Gruppendynamik wie durch einen Sonnenstrahl erhellt. Oft wird es – und ich habe davon bereits berichtet – plötzlich fröhlich, lustig im Raum. Und dann entsteht dieses eigenartige geistige Flair, eine gruppendynamische Kraft, die man kaum beschreiben kann und die dennoch deutlich und intensiv wirkt.

Es geht also darum, zwei Dinge zu beherrschen:

a) Der Manager muß in der Lage sein, dasjenige Raumflair herzustellen, das eine intuitionsfördernde Verbalisierung zuläßt.
b) Er muß gruppendynamisch und interpersonell so sensibel und geschult sein, daß er die Intuitionsresonanzen bei seinen Mitarbeitern, in seinem Team spürt, so daß er, wenn das richtige verbal-intuitive Feld gefunden ist, auf dieser »imaginären Schiene« weiterarbeiten kann. Er muß dann in der Lage sein, hier verbale Superzeichen zu bilden (bestimmte Begriffe für bestimmte intuitive Bilder zu konditionieren) und damit ein spezielles Sprachsystem zu entwickeln. Nur dadurch wird es möglich, das lineare Denken zu überwinden und eine gemeinsame intuitive »Schau«-Struktur zu entwickeln und zu erarbeiten.

Ich möchte daraus ein Fazit ziehen: Die geheime Kraft des Managers läßt sich immer auch ein großes Stück weit als Kraft auf sein Team und auf seine Mitarbeiter übertragen. Je mehr Psychokraft er selbst repräsentiert, um so mehr Kollektivkraft bei seinen Mitarbeitern. Gerade der Intuitionstransfer, der eben beschrieben worden ist, ist ja nichts anderes als die Kultivierung der Potenzen und Kräfte der Mitarbeiter durch die visionäre und intuitive und damit auch sprachliche Kraft des Managers.

Für Rationalisten ist das, was hier beschrieben ist, fast Hokuspokus. Für Manager, die voll in der linken Hirnhemisphäre placiert sind, ist bereits Intuition fast ein Schimpfwort. Erinnern Sie sich an den Manager, der sagte: »Nur wenn wir mehrere Strategien entwickelt haben, die gleichermaßen vernünftig und begehbar erscheinen, wenn wir also so etwas haben wie die Auswahl unter gleich Gutem, nur dann dürfen wir unser Gefühl sprechen lassen.«

Für Menschen, die mit emotionalem Erfahrungswissen und mit Intuition so umzugehen pflegen, ist das, was hier auf der Basis der modernen Gehirnforschung beschrieben wurde, obsolet und birgt in sich die Gefahr des Mißmanagements.

6. Kapitel
Die Kraft der Imagination

Kürzlich hörte ich folgende kleine Geschichte, die sich anläßlich eines Workshops zugetragen hatte: Es war ein Trainings-Workshop mit der Zielsetzung, neue Prinzipien für das aktuelle Thema »Corporate Culture« zu finden. Der Referent verwies auf einen breit aufgemachten Artikel in »Business Week«. Dort war ein neues Strickmuster für Manager und Management-Erfolge vorgestellt worden. In den USA entstehen ein neuer Unternehmertypus und auch ein neuer Managertypus, und man hatte fünfzig Männer gewählt, weil sie der Jury entsprechend am stärksten das neue Bild vom neuen Manager verkörperten. Der Workshop-Referent trug vor den erstaunten Managern folgende These vor:

- Es kommt das Ende für den *organization man,* für den Mann also, der in erster Linie technokratisch-verwaltungsorientiert managt. Damit wird die einseitige Bevorzugung von Ratio, Cool Stil und Effizienz im Sinne von übertriebener Disziplinierung und Anpassung überwunden.
- Noch gibt es nicht sehr viele, die zur neuen Mangement-Elite gezählt werden können. Aber die wenigen, die es gibt, sind sehr populär und haben besonders für den Management-Nachwuchs schon heute eine eindeutige Leitbildfunktion.
- In nur rund sieben Jahren hat sich die Auffassung, was Management kann und was Management sein sollte, entscheidend verändert. Global gesagt ist eine duale oder ganzheitliche Tendenz sichtbar. Damit kommt es zu einer Ausweitung des Management-Paradigmas.
- Die neue Management-Elite bejaht ausdrücklich die Aspekte

des permanenten Wandels, der Evolution, und betreibt deshalb vorrangig das, was man Change-Management nennt.

- Besonders wichtig wird der Mut zur Persönlichkeit genommen. Selbstentfaltung, Individuation und effizientes Arbeiten werden nicht mehr als Gegensatz erlebt, sondern bedingen sich wechselseitig.
- Die neue Management-Elite hat eine deutliche Anti-Establishment-Haltung mit einer stark egalitären Einstellung.
- Die neuen Busineßhelden verlangen von sich und ihren Mitarbeitern eine individuelle Risikobereitschaft, ja geradezu eine Risikofreude. Deshalb werden auch Fehler toleriert. Man hat ein anderes Verhältnis zu Versuch und Irrtum.
- Alles allzu Große wird abgelehnt, sowohl die Big Companies als auch die großen Gewerkschaften; *»small is beautiful«* wird als eine tragfähige Formel akzeptiert.
- Man bevorzugt, was die Organisationsseite betrifft, Konzepte der Dezentralisierung und versucht, allzu vielschichtige Hierarchien soweit wie möglich einzuebnen und Heterarchien, also Netzwerke, neben die Hierarchien zu stellen.
- Es herrscht eine Anti-Middle-Management-Einstellung vor, teils sehr offen, teils versteckt. Man versucht auf jeden Fall, die Anzahl der Middle-Manager und das Strukturbild des Middle-Managements überschaubar und klein zu halten.
- Humanisierung der Arbeit wird ernst genommen. Arbeit soll im Prinzip Spaß machen. Von dieser Leitidee wird ausgegangen.
- Die neuen Management-Helden sind trotz aller Humanorientierung für forcierte Leistungen. Sie bejahen auch den Wettbewerb.
- Gleichzeitig aber versuchen sie, Familienstrategien aufzubauen. Ihre Mitarbeiter werden oft ermuntert, sich am Kapital zu beteiligen, und Gewinnbeteiligung ist überdurchschnittlich häufig eine normale Sache.
- Das soziale Engagement der neuen Busineßelite ist nicht zu übersehen. Man fühlt sich für viele soziale Fragen in der Gesellschaft zuständig. Und eine neue ethische Verantwor-

tung für das eigene Tun und auch für die produzierten Produkte ist stark aktualisiert. Politik wird wichtig genommen, das bedeutet einen ernsthaften Dialog mit der Gesellschaft und mit dem betrieblichen Umfeld.

- Die neue Busineßelite hat das Konzept von Führung drastisch ausgeweitet. Sie sind, wie »Business Week« schreibt, eher pragmatische Träumer, folgen neben den rational-linearen Dimensionen immer mehr auch den intuitiven Methoden. Stark vertreten ist Führung durch
  - Vision,
  - Corporate Culture (Wertekultur des Unternehmens),
  - Charisma.

Und genau an dieser letzten Stelle, als der Referent begann, das erweiterte Führungskonzept der neuen Elite des amerikanischen Managements vorzustellen, konkret, als er von Führung durch Vision, Kultur und Charisma sprach, entstand ein Gemurmel im Raum. Ein Teilnehmer rief laut (um nicht zu sagen: Er brüllte): »Das sind doch keine Manager mehr . . . das sind die Totengräber der Wirtschaft!«

Sie können sich vorstellen, wie spektakulär und hektisch dieser Workshop verlief. Es prallten in der Tat zwei sehr unterschiedliche Weltbilder aufeinander. Das, was »Business Week« über die neue Management-Elite geschrieben hatte, gefällt vielen klassischen und insbesondere auch älteren Managern gar nicht. Für sie ist das ein Verlust von Rationalität, von Kontrollierbarkeit und von Berechenbarkeit. Für sie ist Führung durch Vision gleichzusetzen mit Verlust von Transparenz, Klarheit und auch von Ordnung. Und tatsächlich war dieser Workshop gar nicht mehr zu retten. Denn es entfesselte sich ein verbaler Kampf um zwei grundsätzliche Prinzipien. Und auch in den USA ist der Kampf entbrannt, wie die amerikanischen Management-Zeitschriften immer häufiger berichten. Da gibt es das klassische Management-Paradigma und das neue Paradigma einer neuen Busineßelite. Prüfen wir, welche diese Unterschiede sind.

Das klassische Management-Paradigma versteht den Manager

in erster Linie als einen »Kapitalverwalter«, dessen Hauptziele Effizienz und Rendite sind und dessen Hauptinstrumente entsprechend der klassischen, berühmten Definition von Henri Fayol aus Planen, Organisieren, Koordinieren und Kontrollieren besteht.

Das neue Management-Paradigma verzichtet nicht auf diese klassischen, eher rationalen Funktionen, die von Planen bis zu Kontrollieren gehen, aber es ist sehr viel mehr Wertgestaltung und Kulturgestaltung dabei, geistige Dimensionen also, die bisher unberücksichtigt geblieben waren.

Nun ja, Sie können sich vorstellen, daß dieser Workshop die beiden widerstreitenden Meinungen nicht wiedervereinigen konnte. Und auch in den USA gibt es noch keine Synthese dieser unterschiedlichen Auffassungen von Management. Aber es ist immerhin zu berichten, daß für die junge, neue Richtung des Managements mehr und mehr Rückenwind entstanden ist. Die innovativen, jüngeren Manger haben sich auch zu einem relativ guten Netzwerk zusammengetan. Sehr stark tonangebend sind Manager und Inhaber von High-Tech-Firmen. Und sie versuchen, soziale und auch politische Einflußstrategien zu finanzieren und zu verwirklichen. Wie »Business Week« betonte, wird sich vermutlich die neue Management-Auffassung durchsetzen, denn . . . »das Umfeld arbeitet dafür«.

Ich glaube das auch. Wie bereits ausgeführt, liegt der Gewinn der neuen, erweiterten Management-Auffassung unter anderem darin, daß sie von einem linearen Monoprinzip zu einem dualen Prinzip kommt. Das Alte wird dabei nicht über Bord geworfen: Rationalität, Kontrolle, Disziplin, ja sogar preußische Tugenden, das alles hat seinen Platz in einem dualen Management. Aber man versucht nicht mehr, ausschließlich und nur durch diese Instrumentarien und Prinzipien erfolgreich zu sein.

Ich glaube auch, daß in Zukunft die »wirkliche Wirklichkeit« des Managers immer mehr bestätigt und öffentlich zugelassen wird. Denn das ist eigentlich unser Problem: Die rationale Effizienz ist zum Fetisch überhöht worden. Nun haben wir Manager nicht den Mut, das, was wir tatsächlich wollen (und das ist überwiegend nicht rational), zur offiziellen Leitlinie zu erheben. Aber aus der Psychotherapie weiß man doch, daß nur das veredelt und auch professionalisiert werden kann, was man offiziell zugeben kann. Alles, was im Grauschatten des Halbverbotenen liegenbleibt, kann nicht professionalisiert und methodisiert werden. Um ein Beispiel zu nennen: Wenn wir deutschen Manager Prinzipien wie »Führung durch Vision, Kultur und Charisma« ablehnen, obwohl wir es im Prinzip täglich tun, so werden wir keine Methodologie der Vision entwickeln können. Wenn wir die von »Business Week« geprägte These: »Die neuen Manager sind pragmatische Träumer« kopfschüttelnd ablehnen, weil uns das Wort »Träumer« mißfällt, eben weil dieses Wort offensichtlich mangelnde Rationalität auszudrücken scheint, dann sind wir auch nicht in der Lage, die Sinn- und Werteaspekte unseres Handelns der Öffentlichkeit vorzustellen, und die Tätigkeit des Managens wird für viele soziale Gruppen und einzelne Menschen immer einen negativen Beigeschmack behalten. Wenn wir beispielsweise die These: »Der erfolgreiche Manager führt durch Charisma« weit von uns weisen, weil wir mit Charisma und Führermodellen im Dritten Reich so schlechte Erfahrungen gemacht haben, dann verkennen wir die Tatsache, daß die Persönlichkeit, die wir entwickeln und die wir (unter anderem durch Selbstdisziplin!) in uns selbst veredeln, eines der wichtigsten Führungsinstrumente überhaupt ist, viel wichtiger als die vielen Führungsprinzipien und die vielen modischen Management-Systeme, die uns die Universität, die Unternehmensberater und die Buchverlage offerieren.

Ich schlage vor, daß wir uns ernsthaft mit dem Aspekt »Führung durch Vision« beschäftigen. Ich habe unserem kleinen Kreis diese Problematik sehr frühzeitig nahegebracht. Und wir haben begonnen, hierfür Material zu sichten. Sie können sich gar nicht vorstellen, wie schwierig das war. Wir bekamen aus dem normalen Feld der Betriebswirtschaftsliteratur so gut wie gar nichts. In vielen Büchern werden Vision und Imagination bis auf wenige formale Aspekte gänzlich totgeschwiegen. Wenn man das, was die Wissenschaft hier bis heute erarbeitet hat, ernst nehmen würde, so gäbe es im Prinzip keine geistig-imaginäre Funktion. Alles beruht auf Fakten. Alles ist berechenbar. Alles beruht auf Zahlen. Und alles sind nur in die Zukunft projizierte Fakten. Zukunft ist kein geistig-visionäres Problem. Zukunft ist ein Problem, das sich als ein Rechenexempel mit methodischen Unsicherheiten darstellt. Ich teile diese Auffassung nicht. Und ich glaube, es ist gut, wenn wir uns noch einmal die tatsächliche Arbeits- und die Gestaltungswirklichkeit des Topmanagers anschauen. Auf Henry Mintzberg habe ich bereits hingewiesen. Nun möchte ich gerne über die Analysen von John P. Kotter sprechen. Kotter ist ebenfalls ein Wissenschaftler. Aber er schreibt keine abstrakten Theorien über betriebswirtschaftliche Probleme, sondern er hat etwas sehr Originelles getan, ähnlich wie Mintzberg. Er hat zwischen 1976 und 1981 eine Studie erstellt, die das Verhalten und die Tätigkeit einer besonders erfolgreichen Gruppe von Generalmanagern in neun Unternehmen analysiert. Thomas Dyllik hat darüber ausführlich berichtet, und ich folge hier – etwas verkürzt – seinem Bericht.

Kotter hat seine inzwischen berühmt gewordene Studie schlicht »The General Manager« genannt. Er kommt darin zu folgender Auffassung: Zwischen der konventionellen Betriebswirtschaftslehre über Funktion, Werkzeug und Systeme des Managements einerseits und dem gegenwärtigen Verhalten des Managers andererseits herrscht eine beträchtliche Lücke.

Beobachtet man, wie es Kotter getan hat, Spitzenmanager Tag für Tag, indem man ihnen nicht von der Seite weicht und ohne abstrakte Reformulierung tatsächlich das niederschreibt, was wirklich getan und organisiert wird, dann kommt ein überraschendes Bild heraus: Der Spitzenmanager arbeitet eher informell als systematisch. Er arbeitet eher reaktiv denn reflektierend. Und . . . er arbeitet eher chaotisch als gut organisiert.

Aus dem prototypischen Tagesablauf der erfolgreichen Generalmanager kann man das hervorragend belegen:

- Den größten Teil ihrer Zeit verbringen Generalmanager mit Kolleginnen und Kollegen in gruppendynamischen und interpersonellen Dialogsituationen. Sie sind durchschnittlich nur 25 Prozent der Arbeitszeit wirklich allein, und das meistens im Flugzeug, im Auto, also auf dem Arbeitsweg oder eben zu Hause.

- Spitzenmanager sind in erster Linie permanente Dialogredner. Und sie unterhalten sich nicht nur mit direkt Untergebenen oder Vorgesetzten. Auffällig ist, daß sie sehr viel Zeit auch mit anderen Menschen verbringen, die nicht direkt funktional zum Thema gehören. Ja, sie umgehen geradezu regelmäßig den formellen Befehlsweg. Und sie sehen auch regelmäßig Leute, die oft unwichtige Außenseiter zu sein scheinen. Ich kann dazu nur sagen, daß ich an mir selbst beobachtet habe, daß die »interpersonelle Dialogkompetenz« besonders wichtig ist. Ich kenne sehr viele gute Manager im Sinne von Fachexperten, die aber ausgesprochen viele Dialogprobleme haben, denen es auch offensichtlich nicht viel Freude macht, Menschen zu entdecken, die Aura von Menschen zu fühlen, die Emotionalität in Dialogprozessen zu genießen. Kurz: Ich kenne viele Manager, die eigentlich nicht effizient managen können, weil sie das Handwerk der mündlichen Kommunikation nicht perfekt beherrschen.
- Die Breite der Themen in diesen Diskussionen ist sensationell groß. Die Studie ergab, daß Generalmanager ihr Interesse eben nicht auf das konzentrieren, was die Betriebswirtschaftslehre ihnen geradezu vorschreibt, das heißt Planungen, Kontrolle, Unternehmensstrategie, Personalfragen und andere sogenannte echte Topmanagement-Aufgaben. Die Tonbandprotokolle zeigten etwas völlig anderes: Die Generalmanager diskutieren im Prinzip alles und über alles. Und sie sind auch emotional engagiert bei Themen, die kaum im entferntesten mit ihrem Geschäft, mit ihrer Organisation und mit ihren Aufgabe in Zusammenhang gebracht werden können. Auch hierzu könnte ich viele eigene Beobachtungen anführen. Ich kann fast die Formel aufstellen: Je spezifischer, je linearer, je rational kontrollierter, desto weniger kreativ, desto weniger kommunikativ und desto weniger führungseffizient.

- Es stimmt auch nicht, daß Manager in erster Linie anweisen, daß sie also wie berühmte Feldherren vorgeben, was zu tun ist. In erster Linie stellen Generalmanager Fragen. Sie sagen nicht, was zu tun ist, sondern sie fragen, wo es Probleme gibt und was man tun kann. In der Realität sah das so aus, daß einige dieser besonders erfolgreichen Manager innerhalb einer halben Stunde Hunderte von Fragen an ihre Dialogpartner stellten. Und während dieser Gespräche, die ja in erster Linie Fragedialoge sind, scheinen Generalmanager große Entscheidungen zu fällen. Diese wichtigen Entscheidungen fallen in einer Atmosphäre, die bei allen beobachteten Managern mit Scherzen und Späßen gespickt ist (ich habe bereits darauf hingewiesen, wie wichtig das Herstellen eines lustigen Raumklimas ist!) und Themen, die ganz offensichtlich nicht mit dem Problemkreis und mit der Arbeit zusammenhängen. Man kann eindeutig beobachten, daß die Spitzenmanager die funktionalen, das heißt die unternehmensspezifischen, Ziele unter anderem dadurch lösen, daß sie in erster Linie eine optimale Atmosphäre herstellen. Deshalb sind diese Entscheidungsgespräche immer wieder mit eher privaten kommunikativen Austauschpaketen durchsetzt. Und in diesen Paketen sind Themen wie Familie, Hobbys und Sport.
- Kotters Studie konnte zeigen, daß in diesen eigenartigen Diskussionen, die sowenig linear, sowenig pragmatisch-effizient und erst recht nicht rational-diskursiv verlaufen, eine nicht unbeträchtliche Anzahl der Diskussionen offensichtlich für das Geschäft oder für die Organisation gänzlich oder relativ unbedeutend waren. Man kommt zu der Erkenntnis, daß die tatsächliche Wirklichkeit des Managers unter anderem auch in kommunikativen Tätigkeiten besteht, die sogar die Generalmanager als »Zeitverschwendung« betrachten. Man beachte: Hier wird wieder sichtbar, daß wir, die Manager, im Prinzip Tätigkeiten verwerfen, die aber offensichtlich »Schmieröl« für ein optimales Dialogklima sind. Wir bewerten unser eigenes, ja offensichtlich effizientes kommunikati-

ves Verhalten negativ, weil es dem Fetisch der Rationalität nicht entspricht.

- In diesen Dialogtreffen, die das größte Volumen von allen Management-Tätigkeiten ausmachen, geben die Vorgesetzten selten Befehle. Sie versuchen, klassische Befehle und direkte Anordnungen geradezu zu vermeiden. Wie Dyllick es ausdrückt: »Sie sagen den Leuten selten, was sie tun sollen.« Aber gleichzeitig versuchen sie, diese Menschen, mit denen sie reden, ganz intensiv zu beeinflussen. Aber sie sagen ihnen nicht, was zu tun ist, sondern sie schmeicheln, sie schüchtern ein, sie fragen so geschickt, daß es zwischen den Worten – und damit atmosphärisch – klar ist, was zu tun ist. Sie versuchen also zu überzeugen und nicht zu diktieren.
- Insgesamt herrscht eine spontane, intuitionsfördernde Selbstorganisation vor. Ein Großteil der Manager plant den jeweiligen Tag relativ akkurat. Es gibt Manager, deren Tagesagenda vollständig ausgebucht ist. Tag für Tag. Betrachtet man dann den tatsächlichen Arbeitstag, also den wirklichen Zeitverlauf und die reale Aktivitätenstruktur, dann kann man nur schmunzeln: Selbst diejenigen, die sich selbst glasklar rational verplant haben, verbringen in der Realität schließlich einen großen Teil ihrer Zeit mit Problemen und Aufgaben, die überhaupt nicht vorgeplant waren, die nicht auf ihrem Terminkalender standen. Ich glaube, daß das gut ist. Denn diese Flexiblität und dieses tastende, prozessuale Arbeiten mit sich selbst zeigen Anpassungsfähigkeit, zeigen Lebendigkeit. Wie ich schon häufiger erwähnt habe, sagt uns gerade die moderne Systemtheorie, daß in turbulenten und damit spezifischen Lernsituationen dieses intuitionsfördernde, versuchsweise Vorgehen das einzig richtige ist. Rationale, vorgeplante Festigkeit bedeutet im Kontext derartiger Situationen die bewußte Ausgrenzung von Wirklichkeit und die bewußte Verhinderung von Lernen und Gestaltung.

Ich habe deshalb so ausführlich die berühmte Kotter-Studie beschrieben, weil ich glaube, daß es wichtig ist, daß wir uns offen zu den Kräften bekennen, die wir haben und die hinter der rationalen Tarnkappe, die wir jeden Tag tragen und präsentieren zu müssen glauben, wirksam sind. Ich glaube aufgrund meiner eigenen Analysen und Selbstbeobachtungen, daß eine der bedeutendsten und wichtigsten Aufgaben eines jeden Spitzenmanagers die Schaffung von gemeinsamen Erlebnissen und die Schaffung einer gemeinsamen Sprache ist. Das, was ich in meinem Jargon »Psychokraft« nenne, ist häufig nichts anderes als die Akkumulation gemeinsamer emotionaler Erlebnisse. Und ich behaupte, daß ein Großteil unserer Sitzungen, Tagungen, Konferenzen und Meetings nicht nur dem linearen Ziel der Informationsübermittlung folgt, sondern daß wir hinter dieser vordergründigen Funktion Rituale betreiben, gemeinsame Erlebnisse produzieren und daß wir insbesondere Energiefelder aufbauen und pflegen, über die man natürlich gar nicht spricht, weil man sie auch viel schwerer analysieren kann, und die auch immer noch irgendwie »unseriös« wirken. Dennoch bleibe ich dabei: Die Hauptfunktion des Managers ist – und da folge ich Dyllick – die Herstellung einer »wirklichkeitsschaffenden Kraft«. Hierzu gehören zwei Bereiche:

1. Wir müssen als Manager permanent die Wirklichkeit definieren und damit Wirklichkeitsurteile abgeben, weil Wirklichkeit immer subjektiv und intersubjektiv ist.
2. Wir müssen permanent mit dieser Wirklichkeitsdefinition Werturteile abgeben, weil nur die Kombination von Wirklichkeitsurteil und Werturteil so etwas wie Visionen und Sinn, die ohnehin zusammenhängen, vermitteln kann.

Das bedeutet: »Führung resultiert daraus, daß mit Erfolg die Wirklichkeit der Mitglieder der Unternehmung definiert und bestimmt wird. Die Aufgabe des Managements besteht dann darin, für akzeptierte, gemeinsame Interpretationen und Erklärungen einer widersprüchlichen Wirklichkeit zu sorgen, die als Basis für das produktive Handeln dienen können. Management wird deshalb zur Manipulation von Mythen, Symbolen und Etiketten, von Denk-, Sprach- und Interpretationsmustern. Der Manager ist in dieser Sicht eher zugleich Drehbuchautor und Regisseur in einem Stück, in dem er selbst mitspielt. Er ist eher ›Wanderprediger‹ als Buchhalter, eher Linguist als Maschinist. Sein Medium ist die Sprache, und seine Mittel sind Symbole, Rituale, Zeremonien, Mythen und Ideologien. Seine wichtigste Funktion besteht darin, dem System und seinen Mitgliedern einen Sinn zu vermitteln, ihnen Selbstvertrauen und Orientierung zu verschaffen, damit sie handlungsfähig sind« (Dyllick).

Ich würde Sie am liebsten bitten, dieses Zitat von Dyllick zweimal oder dreimal zu lesen. Denn hier ist gut beschrieben, was als unsichtbare Kraft in uns ruht und was wir methodischer, professioneller und damit auch gezielter einsetzen müssen. Wenn wir unsere Berührungsängste vor Vokabeln wie »Symbole, Rituale, Zeremonien und Ideologien« überwunden haben, dann können wir die unsichtbaren Kräfte, die ohnehin schon Erfolg und Überdurchschnittlichkeit eines Managers ausmachen, besser einsetzen und gezielter trainieren. Und wenn man dieses Zitat von Dyllick noch einmal liest und es mit dem Management-Paradigma der neuen Busineßelite vergleicht, wie sie die Zeitschrift »Business Week« beschrieben hat, dann wird sichtbar, daß die dort ausgezeichneten fünfzig »neuen Manager« im Prinzip nichts anderes auszeichnet als die Tatsache, daß sie fähig sind, neben die klassischen rational-linearen Instrumente des Managements ein Arsenal neuer »metaphysischer Instrumente« zu stellen und beide Instrumentarien zu einer Synthese zu verschmelzen.

Unser kleiner Kreis hat natürlich bei den vielfältigen Recherchen doch das eine oder andere aus der Forschung und aus der Wissenschaft finden können, das diese Überzeugungen stützt. Aber – wie gesagt – wir haben so gut wie nichts gefunden auf dem Feld der klassischen Betriebswirtschaftslehre. Doch einer der ganz großen Pioniere einer neuen Wissenschaftssicht, Humberto R. Maturana, hat hier ausgezeichnetes Material zusammengestellt. Maturana, inzwischen weltberühmt, schreibt unter anderem über die Biologie der Kognition, wobei er Kognition als den Prozeß des Erkennens bezeichnet. Er geht davon aus, daß dieses Erkennen eine basale psychologische und damit auch biologische Funktion aufweist, weil der Mensch nur durch dieses Erkennen seine Handlungen in der Welt steuern kann. Ohne Kognition keine Handlungssteuerung. Darüber hinaus ist das Produkt des Erkennens, das, was wir Wissen nennen, die Quelle für die persönliche Handlungssicherheit. Für das Management bedeutet das, daß ohne Informationstransfer keine Handlungsregie und auch keine Handlungssicherheit hergestellt werden können. Nun beschreibt Maturana aber, daß das Hauptproblem darin liegt, daß »objektives Wissen« zwar möglich zu sein scheint, und daß durch das, was wir als objektives Wissen wechselseitig definieren (im Prinzip ist das also nur eine Konvention), unsere Welt planvoller und vorhersagbarer gestaltet werden kann. Und doch ist ebendieses objektive Wissen nie objektiv. Es bleibt immer »Erfahrung, etwas Persönliches und Privates, das nicht übertragen werden kann«. Noch einmal: Wissen steuert Handlungen. Also muß der Manager Wissenstransfer und Kognitionsregie leisten, sonst kann er die Gesamtorganisation und seine Mitarbeiter nicht in seinem Sinne zu einem kohärenten Handeln bringen. Das dafür erforderliche Wissen ist im Prinzip nicht übertragbar, dann »das, was man für übertragbar hält, nämlich objektives Wissen, muß immer durch den Hörer geschaffen werden: Der Hörer versteht nur dann, und objektives Wissen erscheint nur dann übertragbar, wenn der Hörer zu verstehen vorbereitet ist« (Maturana).

Aus dieser Sicht, die dann auch neuropsychologisch von Maturana gestützt wird, wird klar, warum die Spitzenmanager im Prinzip immer »Wanderprediger« sein müssen. Sie haben die schwere Aufgabe, eine Superblockade zu überwinden, die sich wie folgt beschreiben läßt:

1. *Der Mensch kann nur das lernen, was er im Prinzip schon kennt.*
2. *Um zu einem für ihn neuen Verhalten zu kommen, muß er für ihn neues Wissen subjektiv erschaffen.*

3. *Der Manager muß also aus vorhandenem Wissen neues Wissen machen. Deshalb muß er in erster Linie ein King der interpersonalen Kommunikation sein. Und besonders schwierig wird es für ihn, wenn er Zukünfte und Visionen übermitteln will: Je innovativer der Visionsgehalt, je unbekannter, neuartiger und überraschender die projizierten Zukünfte und Wünschbarkeiten, desto geringer das identische Zeichenrepertoire zwischen Mitarbeitern und dem Manager, um so schmaler die Wissensbrücke.*

Ich will es noch einmal ganz deutlich machen: In turbulenten Zeiten brauchen wir eine neuartige Flexibilität des Geistes.

Hiervon gilt es folgendes zu sagen:

- Je turbulenter und stürmischer die Zeiten, desto mehr Trial-and-Error-Verhalten.
- Je mehr Anpassungsflexibilität, desto mehr Selbstorganisation und Selbstmotivation für die Mitarbeiter, weil nur diese vor Ort situativ diese Anpassungsflexibilität organisieren und einrichten können.
- Wenn sich aber Anpassungsflexibilität und Handlungsregie deutlich nach unten, das heißt »vor Ort« verlagern, entsteht die große Gefahr, Kohärenz und Synergismus zu verlieren und dadurch kontrovers und kontraproduktiv gegeneinander zu arbeiten. Es fehlt also die koordinierte Festigkeit, das globale Meta-Ziel, das gerade wegen der extremen Anpassungsflexibilität »ganz oben und ganz fest« bestehen sollte . . . so fest und sichtbar wie der Polarstern.
- Und genau das ist die Aufgabe des Spitzenmanagers: die feste Meta-Ziel-Ebene zu definieren, also den Polarstern. Dieses können nur sehr globale Zielsetzungen oder – besser – Visionen sein und damit definierte Wirklichkeit im Sinne von Wunschwirklichkeit und definierten Werturteilen.
- Diese Meta-Ziele und Visionen dürfen nie im abstrakten Vokabular steckenbleiben, sondern müssen permanent in die subjektive Weltwirklichkeit der Mitarbeiter transferiert wer-

den (Wanderpredigerfunktion). Je mutiger und innovativer die Vision ist, um so potentiell erfolgreicher ist das Unternehmen. Je innovativer aber die Vision ist, um so schmaler ist die Wissensbrücke zwischen Mitarbeitern und dem Topmanager. Deshalb muß der Topmanager eine metaphysische Kompetenz haben. Er muß emotional und kognitiv sichtbar machen können, was andere im Prinzip noch nicht gesehen haben oder nicht sehen konnten. Er muß seine Kommunikation inszenieren (jawohl: inszenieren!), damit aus den Visionen des Topmanagers dadurch private Visionserlebnisse der Mitarbeiter werden, daß sie sie selbst durch eigene Kognition und eigene Emotion für sich in sich selbst neu erschaffen.

Das ist Visions- und Zieltransfer. Wer hierin Meister ist, kann mit einem Minimum an Befehl, Anordnung und Disziplinierung ein Maximum an Selbstorganisation bei gleichzeitig kohärentem Wollen erzielen. Er kann – schlicht gesagt – kraftvoll energetisch führen mit einem Maximum an Freiheit.

Der Manager ist heute gezwungen, in einer Phase der erhöhten Instabilität und der erhöhten Turbulenz sein Handeln zu organisieren. Das bringt für ihn das Problem, daß er eine immer größer werdende Anzahl von Anforderungen mit einer relativ geringen und stabil kleinbleibenden Anzahl von Handlungsmustern beantworten muß. Wie Maturana schreibt, müssen wir akzeptieren, daß »unser Nervensystem Muster von Korrelationen zwischen Sensoren und Effektoren erzeugt und seine strukturellen Veränderungen den Strukturveränderungen der verschiedenen Umwelten unterwirft beziehungsweise anpaßt, mit denen es strukturell verkoppelt ist«. Dieses bedeutet, daß nur derjenige Manager kraftvoll führt, der in der Lage ist, den Mitarbeitern zu helfen, daß er ihnen plastisch nachvollziehbare Handlungsmuster vorführt, die für oft unbekannte Verhaltensanforderungen optimal sind. Etwas vereinfachter ausgedrückt: Der Manager von morgen, der in einer Turbulenzzeit mit geringer Kalkulierbarkeit, mit reduzierter Berechenbarkeit und mit sich steigender Turbulenz fertigwerden muß, muß seinen Mitarbeitern helfen, diejenigen Handlungsmuster zu vermitteln, mit denen er die immer häufiger unbekannten und konfliktträchtigen Probleme beantworten kann. Er muß ihnen helfen, die Brücke zu finden zwischen völlig neuen Herausforderungen und den im Nervensystem gespeicherten bewährten Handlungsmustern. Nur durch eine derartige Mustervermittlung ist in turbulenten und unsicheren Zeiten eine optimale Regie für Selbstorganisation zu erzielen. Der Manager wird zum Lernpartner für seine Mitarbeiter.

Die neuen Prinzipien, die sich immer mehr in der Management-Diskussion durchsetzen, wie beispielsweise Selbstorganisation und Selbstmotivation, bleiben so lange Schall und Rauch, wie der Schritt zum metaphysischen und damit ganzheitlichen Management nicht vollzogen wird. Denn diese Mustervermittlung zwischen dem Nervensystem der Mitarbeiter und den komplexen, neuartigen Außenanforderungen ist nicht mit dem Instrumentarium des klassischen rationalen Managements zu bewerkstelligen. Hier versagt die *box of instruments* des klassischen Managers. Hierzu brauchen wir die unsichtbare Kraft, brauchen wir Vision, Charisma, Intuition, Zeremonie, Ritual und Symbolvermittlung.

Zum Thema Vision gehört meiner Meinung nach auch der faszinierende Aspekt der Energiefelder. Das ist das gleiche, was Sportler kennen. Auch da hat der Trainer vorrangig die Aufgabe, Energie- und Kraftfelder aufzubauen, die den Teams oder dem einzelnen Sportler helfen, auf der Basis seines Talents und seiner Trainingsprogramme zu Spitzenleistungen zu kommen. Jeder, der sich ein bißchen auskennt in der Sportpsychologie, weiß, daß die Stars unter den Sportlern einander technisch relativ ebenbürtig sind. Der Trainer hat also kaum noch die Aufgabe, die Technik zu perfektionieren. Seine Hauptaufgabe liegt im psychologischen Training. Und was verbirgt sich wirklich dahinter? Betrachtet man die Literatur hierzu, so wird schnell sichtbar, daß auch im Sport das sogenannte Motionfield-Management gebräuchlich ist. Dieses Wortungetüm will sagen, daß man in der Lage ist, Kraftfelder aufzubauen, aus denen heraus sich die Teams oder die einzelnen Sportler beziehungsweise Mitarbeiter stärken können.Und oft sind es gerade diese zusätzlichen Energiereserven, die den endgültigen Durchbruch oder Sieg bringen. Das ist dann das, was der Volksmund die »etwas bessere Kondition« nennt.

Unser kleiner Kreis hat sich auch mit dem Phänomen der Energiefelder auseinandergesetzt und ist unter anderem auf Rupert Sheldrake gestoßen. Es kann heute aufgrund der vorliegenden wissenschaftlichen Ergebnisse kein Zeifel mehr daran bestehen, daß es Energiefelder gibt – sowohl im Mikrobereich unserer Welt (siehe etwa die Tatsache, daß die Elementarteilchen in permanenten Energiefeldern operieren und daß sie durch Energie- und Netzwerksysteme miteinander verbunden sind) als auch zwischen Menschen, Tieren und auch Pflanzen. Es sind Energiemuster, die methodisch aufgebaut werden. Es würde ein ganzes Buch füllen, dieses Thema wirklich gründlich zu behandeln. Ich bin ganz sicher, daß die Zeit kommen wird, in der die Spitzenmanager ein völlig anderes Verständnis für die Produktion von Psychoenergie einerseits und die Aufladung und Steuerung von Energiefeldern andererseits haben werden. Ausgehend von den uns heute vorliegenden wissenschaftlichen Erkenntnissen, ist ein Motionfield-Management hauptsächlich durch zwei Ansatzpunkte zu realisieren:

1. Energiefelder können methodisch aufgebaut werden durch ein sorgfältig gestaltetes, kraftvolles System von Regeln. Es handelt sich hier aber nicht um Regeln im Sinne von Anordnungen und Befehlen, sondern um inhärente Regeln, die auf einer Meta-Ebene wirken, die also im Grunde nicht ausgesprochen oder vorgeschrieben werden, obwohl sie gleichermaßen da sind. Es handelt sich um das, was ohnehin als »Neuentdeckung der Strategieberatung« in den letzten Monaten mehr und mehr in den Mittelpunkt gerückt ist, nämlich die Planungstechniken für Corporate Culture, worunter man den systematischen Aufbau einer Wertekultur für ein Unternehmen versteht. Je besser, lebendiger und durchsetzungsfähiger diese Wertekultur ist, um so kraftvoller und damit auch

umsetzungsfähiger sind die indirekten Regeln, die in jeder Wertekultur enthalten sind. Wir dürfen nie vergessen, daß Werte Regelcharakter haben. Wenn man also auf Befehl, Disziplinierung und lineare Anordnung verzichten will und muß, was ohnehin ganz im Trend aller Management-Perspektiven liegt, dann sollte man als Manager umschalten können auf die Aspekte der Wertekultur. Denn das sind diejenigen Regeln, die auch unausgesprochen wirksam sind und die das Globalziel, die neuartige Kombination von mehr Führung bei gleichzeitig mehr Freiheit, optimal erreichen können. Nun ist das Regelsystem als Ergebnis der Wertekultur für die Formulierung der Handlungsrichtung wichtig und damit für die Kohärenz der Handlungen der Mitarbeiter. Um es noch einmal zu sagen: Die Richtung und Kohärenz entstehen durch Corporate Culture und das darin enthaltene Regelsystem. Und hier kommt nun die Vision ins Spiel.

Dasjenige Unternehmen, das eine kraftvolle Wertekultur entwickelt und angenommen hat, ohne daß das Topmanagement in Vision geübt und kompetent ist, wird immer zu einer Binnenkultur gelangen, die zwar kraftvoll und stark ist, die aber dem Unternehmen gerade durch diese Stärke den Zugang zur Zukunftsflexibilität versagt. Ich will damit ausdrücken, daß man sich im Prinzip nur dann eine knorrigkantige Firmenkultur erlauben darf, wenn diese eindeutig einen visionären Gehalt hat. Wir sehen hier also ein Dilemma: Einerseits geht es nicht mehr ohne Firmenkultur, weil nur durch das Regelsystem der Firmenkultur kraftvoll, ohne Befehl und Disziplinierung geführt werden kann. Andererseits birgt jede Firmenkultur in sich die Gefahr der Verhärtung und der Rigidität gegen das äußere Umfeld und die fließende Zukunft. Deshalb möchte ich noch einmal ganz klar betonen, daß aus meinen Beobachtungen heraus, die sich weitgehend auf neuere wissenschaftliche Erkenntnisse stützen können, eine Hauptaufgabe für das Topmanagement die Aufladung der Firmenkultur mit Visionen darstellt. Der visionäre Aspekt wird aber häufig verkannt. Viel zu viele Manager –

nach meinen Beobachtungen hauptsächlich untere Manager, Abteilungsleiter und auch das Middle-Management – verwechseln Visionen mit Utopien oder gar Illusionen. Für sie ist das »Einbildung und falsche Prophetie«. Genau das Gegenteil ist richtig: Nichts ist in unserer Zeit so wichtig wie eine klare, gestaltfeste Vision. Wenn sich nämlich die Firmenkultur auf heute und gestern verlagert und wenn sie sich denn auch noch kraftvoll verfestigt, dann verhindert diese Firmenkultur durch das Fehlen visionärer Aspekte das Finden von Regeln dafür, wie man mit der Zukunft und mit Überraschungen und Innovationen umgehen soll. Ich prophezeie, daß in den nächsten Jahren der Aspekt Vision deshalb wichtig wird, weil wir in eine immer größere Fluktuation und Turbulenz hineinkommen, und zwar in allen industrialisierten Ländern. Und ich habe den Eindruck, daß die Formel heißen wird: »Je mehr Turbulenz, um so mehr Visionskraft«. Ich prophezeie, daß mehr und mehr Manager erkennen werden, daß das gesamte Unternehmen durch ihre persönliche Visionskraft Anpassungsflexibilität und Innovationsoptimismus erhält.

Diesen Zusammenhang hat als einer der ersten Dean Berry, der Leiter des englischen Center for Business Strategy an der London Business School, beschrieben. Er geht davon aus, daß die strategischen Probleme »sich immer mehr in Richtung Corporate Culture entwickeln«, und weist darauf hin, daß die Firmenkultur so organisiert werden muß, daß das Unternehmen in seiner Ganzheit »flexibel reagieren kann«. Damit müssen also Innovationslust, Zukunftsbejahung und Vision in die Firmenkultur eingearbeitet werden. Und Dean Berry weist auch darauf hin, daß eine Wertekultur, auch wenn sie relativ fest und gut verwurzelt ist, »relativ schnell in Bewegung geraten kann, wenn eine neue Management-Persönlichkeit in der Lage ist, eine andere Vision oder einleuchtende neue Ziele zu kommunizieren«. Auch hier der direkte Hinweis, daß die Pflege und Veränderung von Firmenkulturen überwiegend durch langfristige Zielsetzungen und Visionen geschehen muß.

2. Um effiziente Energiefelder aufzubauen, bedarf es aber nicht nur der Firmenkultur, die die Richtung für die Regeln und für die Energieflüsse gibt, sondern es bedarf auch der artikulierten Vision für einen ganz anderen Aspekt. Wir müssen uns nämlich fragen: Woher entsteht die Kraft, die eigentliche Energie? Und hier lautet die erstaunliche Antwort: Sie kommt aus der Imagination, und sie kommt aus der Affirmation von Visionen. Das bedeutet (und Professor Kotters Studien bestätigen das), daß ein Spitzenmanager permanent reden und um Perspektiven buhlen muß. Er muß durch andauernde Dialoge und kommunikative Netzwerke dafür sorgen, daß Zukünfte nicht nur in seinem Kopf stattfinden, sondern daß auch andere Mitarbeiter und Kollegen diese Zukünfte möglichst identisch sehen und erleben können. Sie müssen bildhaft werden. Dafür braucht man ein spezifisches Sprach- und Mitteilungssystem, und dafür braucht man auch Manager, die nicht nur in der kühlen Atmosphäre der intellektuellen Analytik stehenbleiben. Visionen müssen inszeniert und über den Faktor der Persönlichkeit auch emotional aufgeladen und gestaltet werden. Die ständigen verbalen Wiederholungen sind wichtig, denn durch die Schlüsselbegriffe (verbale Superzeichen) wird die Handlungsmotorik gesteigert. Die wissenschaftlichen Ergebnisse der Gehirnforschung beweisen eindrucksvoll, wie wichtig die permanente Wiederholung bestimmter Schlüsselbegriffe ist, um über die motorischen Komplexe im Gehirn und über das Nervensystem Handlungsdispositionen und Handlungsoptimismus herzustellen. Wir können also kurz gefaßt sagen: Die Kraft entsteht durch Zielimagination und durch die verbale Wiederholung bestimmter Schlüsselbegriffe von Visionen.

Faßt man beide Aspekte zusammen, dann ergibt sich folgende Formel:

1. *Es ist die Aufgabe des Topmanagements, dafür zu sorgen, daß durch Energietransfer von oben nach unten permanente Ener-*

giefelder existieren. Das ist eine wirkliche Eliteaufgabe, der es sich nicht entziehen kann.

2. *Visionen sind wichtig, um die Richtung für die Firmenkultur anzugeben, die maßgeblich die inhärenten Regeln festlegt. Visionen sind also die Quellen für die Ausrichtung der Energie.*
3. *Visionen und Zielimaginationen müssen aber nicht nur in der Firmenkultur enthalten sein. Sie sollten gleichzeitig in das kommunikative Netzwerk eingeschleust und zu einem Bestandteil des internen Sprach- und Erlebnissystems werden, weil dadurch die eigentliche kollektive Kraft entsteht.*

Kurz gesagt: Der Faktor Vision schafft über Firmenkultur und Regelsystem den Weg, und die Visionsarbeit schafft die Kraft für diesen Weg, der es möglich macht, mitzuhelfen die Zukunft zu gestalten. Zukunft ist machbar.

Es ist interessant, daß die meisten betriebswirtschaftlichen Tagungen und auch die großen Busineßkonferenzen den Aspekt der Vision außen vor lassen. Selbst beim jährlichen Symposium in Davos wird nur ab und zu das Thema der Vision gestreift, aber es bleibt in der Regel bei einigen schönen Maximen wie: »Das Management braucht klare Visionen.« Mehr hört man dort auch nicht. Und was am meisten fehlt, ist eine klare »Praxis für die Praxis der Visionsarbeit«. Ja, das fehlt wirklich. Und es ist ein sträfliches Vernachlässigen, das wir Manager im Grunde alle zu verantworten haben, denn keiner von uns weiß so ganz genau, wie man Visionen formuliert und – wichtiger noch – wie man diese Visionen emotional auflädt und in die Sprachsysteme überträgt, damit die Kraft der Visionen sich im Sinne des »Kaskaden-Modells« (wie es Gerken immer nennt) von der Energiequelle oben zu den Mitarbeitern in der Mitte und ganz nach unten übertragen läßt.

Unser kleiner Kreis hat in den Nebenfeldern, in denen wir recherchierten, natürlich sehr viel Praxismaterial gefunden. Es ist also keineswegs so, daß man in anderen geistigen Bereichen nicht wüßte, wie man mit Visionen praktisch und handfest umzugehen habe. Überall dort, wo es darum geht, daß sich Menschen verändern und daß Menschen aus sich heraus Energie für ihre persönliche Transformation erschaffen, überall dort gibt es Techniken und praktische Regeln für die aktive Imagination. Da gibt es unzählige Übungen. Und für mich überraschend war die Tatsache, daß die meisten Übungen gar nicht so sehr geistige Übungen sind, sondern daß sie fast immer mit Körperarbeit verbunden werden. Offensichtlich – und das ist ein wichtiger Hinweis für zukünftige Forschungsrichtungen im Bereich der Busineßvisionen – läßt sich Visionsarbeit nie außerhalb der Persönlichkeit entwickeln und erfahren.

Wir haben auch sehr viel Material gefunden über »Visionen und Pädagogik«. Ein interessantes Ergebnis möchte ich kurz skizzieren. Da gibt es ein Zentrum für beschleunigtes Lernen in Lake Genever im US-Bundesstaat Wisconsin. Und dort hat eine Untersuchung gezeigt, daß der Einsatz von Visualisierungstechniken die Lernfähigkeit deutlich verbessert.

College-Studenten hat man trainiert, ganz bestimmte, zielgerichtete innere Bilder zu entwickeln und diese inneren Bilder relativ häufig zu benutzen. Und die Studenten, die diese Imaginationsfähigkeit entwickelt hatten, konnten die Leistungen ihres Kurzzeitgedächtnisses gegenüber der Kontrollgruppe um zwölf Prozent verbessern. Noch eklatanter war das Ergebnis beim Langzeitgedächtnis. Die Testgruppe, die gleichzeitig gelernt und dabei innere Imaginationsarbeit geleistet hat (das Gelernte in innere Filme umgesetzt hat), kam auf sage und schreibe 26 Prozent mehr Lernleistung als die Kontrollgruppe. Und diese Ergebnisse waren unabhängig von der Anzahl sozialer und biologischer Unterschiede und von den individuellen Bedingungen im Lernstil der Betreffenden. Der Direktor des Zentrums, David Meier, kommentierte diese außerordentlich wichtigen Ergebnisse wie folgt: »Wenn geistig erzeugte innere Bilder den äußeren Bildern, die die Lernumgebung erzeugt, derart überlegen sind, dann müssen wir Visualisierungstechniken mehr Aufmerksamkeit zukommen lassen, mindestens die gleiche Aufmerksamkeit wie den komplizierten, computergesteuerten audiovisuellen Lerngeräten.«

Als ich dieses gelesen hatte, habe ich an die häufig zu beobachtende sensible Abwehr vieler Topmanager gegenüber »zu viel Computerei« gedacht. Irgendwie spüren viele Manager, insbesondere diejenigen, die guten Zugang zur rechten Gehirnhemisphäre und damit zu Phantasie und Emotion haben, daß ein zu intensives Eingehen auf den Computer, der uns ja nicht nur informiert und hilft, sondern uns auch einen linear-rationalen Dialog abfordert, à la longue dazu führen könnte, daß wir die Pflege und anhaltende Konditionierung unserer inneren Imaginationen vernachlässigen. Auf jeden Fall zeigt das Ergebnis, daß selbst das Lernen besser wird, wenn die Kraft der Vision und der Imagination dazukommt.

Je besser es einem Management gelingt, Visionen zu popularisieren, für andere Teams und Mitarbeiter erlebbar zu machen, je mehr Visionen also in das tägliche Bewußtsein und erst recht in das normale, alltägliche Sprachsystem übertragen werden können, desto mehr Zukunftskraft, desto mehr Handlungsoptimismus ist zu beobachten. Insofern stimmt der Satz auch nicht, den ich vor einigen Monaten las: »Der Optimismus ist der Luxus großer Männer.« Nein, das ist kein Luxus. Denn Luxus, da klingt etwas Überflüssiges an, das ist etwas, was nicht direkt nützlich ist für den Alltag. Aber genau das ist es nicht. Handlungsoptimismus und Zukunftsoptimismus sind niemals Luxus, zumindest nicht, was das Management betrifft.

Mit Vision hängt ein anderer sehr wichtiger Aspekt zusammen: die spezifische Führungskompetenz, die ich bereits als »Follow-me-Aura« vorgestellt habe. Sie ist extrem wichtig in Turbulenzphasen, in denen die verläßliche Orientierung und die berechenbare Festigkeit immer geringer werden. Durch den schwierigen Transformationsprozeß von einer Industriegesellschaft zu einer Informationsgesellschaft werden wir auch in den nächsten Jahrzehnten mit solchen Turbulenzphasen umgehen müssen.

Aber wie kommt es nun zu dieser Aura, die sich als unthematische Information mit bestimmten Persönlichkeiten verbindet, während sie bei anderen Persönlichkeiten so gut wie gar nicht vorhanden ist? Weshalb gibt es Menschen, denen man fast blind folgen könnte, während andere Menschen, die genauso klug sind und dieselben Programme verkünden, nicht dieses Vertrauen in solide Führung erwecken? Die »Follow-me-Aura« ist nach meinen Beobachtungen in erster Linie die Fähigkeit, mit Zukunft besser, also intensiver umgehen zu können. Meine Formel dafür: Wer die Zukunft kennt und wer die Zukunft so sehr verinnerlichen kann, daß er mit seiner ganzen Persönlichkeit Träger eines Zukunftsbildes wird, der gewinnt wie von selbst die Ausstrahlung in Richtung Zukunfts-Führungs-Fähigkeit.

Die Zukunft innerlich so klar, so fest und so kraftvoll zu gestalten, daß man sich permanent an diese entworfene Zukunft erinnern kann, das ist der Quellgrund für das, was ich »Follow-me-Aura« nenne. Und diejenige Führungsperson wirkt für andere Menschen besonders faszinierend, die in der Lage ist, dafür zu sorgen, daß sich andere Personen an diese Visionen, diese Entwürfe eines anderen oder besseren Morgen, auch erinnern können. Der Königsweg lautet also: Wem es gelingt, auch demjenigen die Zukunft erinnerbar zu gestalten, der diese Zukunft von sich aus nicht sehen konnte, der bekommt das, was man Charisma und Führungsaura nennen könnte.

Roger von Oech hat in einem Beitrag in der Zeitschrift »Human Potential« fünf wesentliche Rollen für kreative Personen beschrieben. Ich möchte sie kurz skizzieren, um darauf hinzuweisen, daß die Imaginations- und Visionsarbeit, die ein Spitzenmanager zu leisten hat, außerordentlich stark damit zusammenhängt, daß er weiß, wie er persönlich gestrickt ist, wo er seine Schwächen und seine Schwerpunkte hat und welcher Rolle er als *kreativer* Führer überwiegend folgt. Um mit den Worten von Roger von Oech zu sprechen, gibt es fünf besonders häufig vertretene Rollen:

1. Der Magier: Das ist der Kreative, der besonders viel Spaß am Verzaubern hat. Er arbeitet mit dem Merkmal der Faszination.

2. Der Jäger: Das ist der Kreative, der besonders viel Spaß am deutlichen, am ausgeprägten Risiko hat.
3. Der Spieler: Das ist der Kreative, der besonders viel Spaß am Spiel und an experimentellen Versuchen hat.
4. Der Revolutionär: Das ist der Kreative, der besonders viel Spaß an Rebellion und am gezielten Widerspruch hat.
5. Der Poet: Das ist der Kreative, der besonders viel Spaß an sensiblem Zweifel und am Mitfühlen hat.

Ich führe diese unterschiedlichen Kreativitätsrollen mit der Absicht auf, darauf hinzuweisen, daß die Visionen, die wir finden, immer von unserem Weltbild und von den Rollen abhängig sind, die wir einnehmen oder die wir uns antrainiert haben. Und das hat dann sehr weit reichende Konsequenzen: Ohne eine außerordentlich rigide Selbstreflexion wird man wohl kaum diejenige Vision finden können, die für die Corporate Culture und für das Unternehmen im ganzen wichtig ist. Wir alle finden nur diejenigen Visionen, zu denen wir fähig sind. Wir müssen uns also selbst durchschauen können, um uns vor uns selbst warnen zu können. Um ein Beispiel zu nennen: Ein Revolutionär wird immer die Visionen finden, die besonders stark im Widerspruch zu den herrschenden Auffassungen stehen. Das kann oft sehr gut sein. Es kann aber manchmal außerordentlich verhängnisvoll und zerstörerisch sein. Ein kreativer Manager, der die Jägerrolle stark verinnerlicht hat, wird immer diejenigen Visionen bevorzugen, die ein außerordentliches Risiko beinhalten. Auch das kann sehr richtig sein (Risiko und Gewinn hängen ja nachweislich voneinander ab), aber es kann für bestimmte Phasen in der Entwicklung eines Unternehmens genau die falsche Grunddisposition sein. Was ich damit sagen will: Die »Follow-me-Aura« bedarf disziplinierter Selbstreflextion. Selbstreflexion muß die Eingangsvoraussetzung sein, wenn man Visionsarbeit leisten will. Selbsterkenntnis und konsequente Ich-Analyse sind wichtige Voraussetzungen dafür, dem Unternehmen diejenigen Visionen zu übermitteln, die für das Unternehmen und für die spezifische Problemkonstellation richtig sind (ähnlich wie jeder

Psychoanalytiker eine Lehranalyse machen muß, bevor er anderen helfen kann).

Das ist eine eigenartige, paradoxe Situation: Visionen sind nur möglich durch die Kraft der Persönlichkeit. Gleichzeitig müssen die Visionen soweit wie möglich entpersonalisiert werden. Wir dürfen beispielsweise auf keinen Fall engen Rollenkonzepten folgen. Visionsarbeit ist das Ergebnis von Selbstverwirklichung bei gleichzeitiger Ich-Überwindung.

Zusammenfassend können wir drei private Aspekte der »Follow-me-Aura« definieren – und zwei soziale. Erst die privaten:

- Zur Visionsarbeit gehört Selbsterkenntnis, um bestimmte Ich-Färbungen überwinden zu können. Die Visionen und Zukunftsentwürfe müssen weitgehend frei von Neurosen und persönlichen Defiziten sein.
- Die Visionen sind immer Kinder unserer Weltbilder. Der Manager muß also frei von Verzerrungs- und Ausgrenzungsdenken sein. Er muß eine realistische Wirklichkeitsarbeit leisten, sein persönliches Wirklichkeitsbild soweit wie möglich von Wünschbarkeiten und Idealisationen frei machen.
- Die Visionsfestigkeit ist eine wichtige Voraussetzung für die Führungs-Aura. Die Visionsfestigkeit ist nicht »wie von selbst« da. Man muß sie über Affirmation und Imagination üben. Visionsfähigkeit ist eine individuelle Kompetenz, die durch Training erworben wird.

Kommen wir zu den sozialen Aspekten:

- Zuerst einmal muß ein Manager, der eine bestimmte Vision in seinem Kopf abbilden kann, die Fähigkeit aufweisen, die Brücke zwischen den im Nervensystem gespeicherten Handlungsmustern und den situativen Anforderungen der Vision herzustellen. Er muß also eine Art Übersetzung für das Handlungsrepertoire des Nervensystems leisten. Auch dieses muß trainiert werden. Und interessanterweise können das überwiegend diejenigen Manager besonders gut, die sich dem

»prallen Leben« stellen. Alle »Elfenbeintypen«, die das normale Leben eher als vulgär und übermäßig konfliktträchtig erleben, sind dazu nicht in der Lage. Man muß das Leben mit all seinen Höhen und Tiefen nicht nur intellektuell begreifen, sondern tatsächlich lieben. Man muß im Prinzip vielleicht sogar eine Art »vulgäre Komponente« in sich haben, um überhaupt diese Brücken schlagen zu können. Vielleicht liegt hierin auch der Grund dafür, daß der »typische Intellektuelle« kaum in der Lage ist, Begeisterung und soziale Sympathie für sich und seine Programme aufzubauen.

- Visionen brauchen aber nicht nur die Brücke zum Nervensystem, sondern auch einen sozialen Transport, damit sie besprochen und memoriert werden können (These: *remembering the future)*. Deshalb muß der Manager in seinem sozialen Umfeld die Visionen in Form von Superzeichen kristallisieren können, um sie dann in das Sprachsystem einzubringen. Er muß also eine aktive, zielgerichtete Sprachvermittlung für seine Visionen betreiben. Gelingt ihm dieses nicht, bleiben seine Visionen Privatsache. Sie mögen ihn persönlich erfreuen und unterhalten, aber sie bewirken sozial nichts.

Soweit die funktionalen Voraussetzungen, um die mentale Führungskompetenz, die ich »Follow-me-Aura« nenne, zu begreifen und gegebenenfalls zu trainieren. Wir haben gesehen, daß sich die Wissenschaft diesem Themenkreis langsam genähert hat. Und wir haben auch gesehen, daß andere Disziplinen, die dem Busineß fernstehen, in der Praxis sehr viel weiter sind. Ich kann deshalb aufgrund meiner eigenen Beobachtungen nur raten, daß wir Manager uns viel intensiver mit der Praxis der Visionsarbeit beschäftigen, weil hier eine Grundvoraussetzung für die kommende neue Management-Epoche liegt, die dadurch gekennzeichnet sein wird, daß sich mehr Freiheit mit mehr Führung verbindet. Die Renaissance einer »Führung durch Geist« steht vor der Tür.

Werfen wir noch einen Blick auf eine Theorie und Methodik, die schon besonders viel praktische Erfahrung im Umgang mit

Visionen und Imaginationen aufweist. Es handelt sich um das Lebenswerk von Roberto Assagioli. Eines seiner Hauptwerke heißt »Die Schulung des Willens«. Dieser Titel ist ein wenig irreführend. Es handelt sich um eine andere Auffassung von Willen. Es geht Assagioli direkt darum, den Willen umzugestalten, damit er zu einem wesentlichen Bestandteil einer – wie er es nennt – »Psychologie der Freude« wird. Es handelt sich also um einen Aspekt der Psychologie oder der Psychotherapie, international bekanntgeworden unter dem Begriff Psycho-Synthesis. Und nach dem Verständnis der Psycho-Synthesis strebt der Mensch von Natur aus nach einer Harmonie in sich selbst und mit der Welt. Das alternative Konzept des Willens von Assagioli hat hierin seine zentrale Bedeutung. Deshalb ist Assagioli auch ausgesprochen intensiv auf »psychische Gesetze« eingegangen, und diese sind direkt brauchbar für Manager, wenn sie ein anderes Verständnis und eine bessere Nutzungstechnik für Visionen und Imaginationen haben wollen.

Ich schlage vor, daß wir einfach einige der von Assagioli formulierten Gesetze ohne großen Kommentar zitieren. Sie sprechen im Prinzip für sich selbst.

Gesetz 1: Vorstellungen oder mentale Bilder und Ideen haben die Tendenz, die körperlichen Bedingungen und die äußeren Handlungen zu erzeugen, die diesen entsprechen.

Das entspricht fast auf den Punkt meinen eigenen Beobachtungen und auch den Forschungsergebnissen der Gehirnwissenschaft. Man könnte dieses Gesetz auch folgendermaßen formulieren: Jedes innere Bild hat in sich selbst ein motorisches Element., Oder: Alles geschieht, was in Dir geschieht.

Gesetz 2: Einstellungen und Handlungen haben die Tendenz, entsprechende Bilder und Ideen hervorzurufen. Diese wiederum verstärken entsprechende Emotionen.

Man kann dieses Gesetz, darauf weist Assagioli ausdrücklich hin, zum Beispiel so nutzen, daß man bei ausgesprochen optimistischen Visionen (siehe Gesetz 1), die man zu inneren Bildern umgeformt hat, eine entsprechende körperliche Haltung einnimmt. Dadurch werden Emotionen und Gefühle das Bild verstärken. Durch derartige Rückkoppelungsprozesse zwischen Körper, Gefühl und Visionsbild kommt es zu dem, was Assagioli ein »verstärktes Fließen der Energie« nennt.

Gesetz 3: Ideen und Bilder haben die Tendenz, Emotionen und Gefühle zu erwecken, die diesen entsprechen.

Hier haben wir den direkten Hinweis darauf, daß es möglich ist, durch konzentrierte innere Visionsarbeit die Team-Chemie oder das, was ich das »optimistische Raumklima« nannte, zu beeinflussen. Es ist in der Psychotherapie allzu sattsam bekannt, daß sich Emotionen ausgesprochen schnell übertragen. Je stärker der prägende Einfluß der Chefperson auf seine Mitarbeiter, um so stärker werden auch seine Emotionen im Laufe des Zusammenseins auf die anderen Mitarbeiter und Kollegen überfließen. Und es ist völlig falsch anzunehmen, daß Gefühle und Stimmungslagen wie von selbst da sind, daß derjenige, der überwiegend ausgeglichen und fröhlich ist, so etwas wie ein »zufälliges oder göttliches Geschenk« bekommen habe. Überwiegend sind unsere Gefühle und Stimmungslagen direkt abhängig von den inneren Bildern und von den Handlungs- und Selbst-Ideen, die wir für uns erarbeitet haben. Die Topmanager sind verantwortlich für die positive Emotions-Chemie.

Gesetz 4: Gefühle und Eindrücke haben die Tendenz, Ideen und Bilder zu erwecken und zu verstärken, die diesen entsprechen oder mit ihnen verbunden sind.

Hier wird bereits wiederum ein Circulus virtiosus sichtbar. Sind wir in der Lage, in uns selbst und bei unseren Mitarbeitern positive Gefühle und Eindrücke hervorzurufen, so wird damit eine automatische Verstärkungstendenz frei für positive Ideen. Man kann sogar sagen, daß ohne einen kraftvollen Emotions-Transfer vom Chef zu den Mitarbeitern keine visionäre Kreativität möglich wird.

Gesetz 5: Aufmerksamkeit, Interesse, Bestätigungen und Wiederholungen verstärken die Ideen, Bilder und psychischen Gebilde, auf die sie sich konzentrieren.

Ich habe an mir selbst festgestellt, daß Konferenzen, die besonders gut liefen, eine eigenartig chaotische, aber intuitionsfördernde Tendenz aufwiesen. Ich habe beispielsweise einmal bei einer Tagung (es ging um das Finden einer Vertriebsstrategie für ein völlig neues Produkt beziehungsweise Marktsegment) ein Tonband-Protokoll erstellen lassen. Mir hat meine Sekretärin nachher leid getan. Es war ein »verbaler Eiertanz«. Was war geschehen? Wir waren einfach gut. Und wenn man in Sachen Zukunftsfindung und Strategieentwicklung gut ist, dann ist unsere Sprache eben alles andere als linear und kausal logisch, sondern sprunghaft, unscharf und eigenartig wiederkäuend. Es war auch sehr gut zu beobachten, daß bestimmte Begriffe sehr häufig wiederholt wurden und die Diskussion thematisch auch sehr häufig abglitt. Aber wir kamen immer wieder auf gewisse Begriffe zurück. Offensichtlich kann man nur durch derartige Verstärkungstendenzen (das heißt durch wechselseitige Bestätigung und Wiederholung) so etwas aufbauen wie ein gemeinsames inneres Abbild neuer Perspektiven. In der Kommunikationstheorie würde man dazu sagen: Im Prinzip schufen wir eine Konvention für verbale Superzeichen und besetzten durch die irritierenden, oft chaotisch anmutenden Dialoge diese Superzeichen mit inneren Bildern. Durch die wechselseitigen Bestätigungen und Wiederholungen sicherten wir uns ab, daß wir in etwa alle das gleiche sahen. Professor Kotter hat in seiner Studie zeigen können, daß die meisten Manager Gespräche mit besonders vielen Fragen spicken. Sie reden nicht im Sinne eines Monologs, sondern sie fragen, sie provozieren durch Fragen und steuern die Antworten der Mitarbeiter und Kollegen durch Fragen. Sie lenken die Aufmerksamkeit, das Interesse, und damit auch die Emotionen, ganz geschickt durch Fragen. Sie wissen also intuitiv und vermutlich ohne jedes methodische Training, was das 5. Gesetz aussagt: daß man durch intensiven Emotionstransfer und durch konzentrierte Wiederholungsrituale gemeinsame Bildwelten und damit neutrales Wollen mit hoher Kohärenz aufbauen kann.

Gesetz 6: All die verschiedenen beschriebenen Funktionen und ihre Kombinationen wählen Mittel zur Erreichung ihrer Ziele ohne unsere Bewußtheit, ja unabhängig davon, und selbst gegen unseren bewußten Willen.

Wenn man in der Lage ist, gemeinsame Gefühle zu initiieren und gemeinsame Bilder zu entwickeln, dann wirkt das Gesetz, das auch als das »Gesetz des unterbewußten Finalismus« beschrieben worden ist. Das ist ein Gesetz von fundamentaler Bedeutung. Es sagt, daß »das mentale Bild des Zieles, das erreicht werden soll, im Unbewußten eine Tätigkeit in Gang setzt, die auf die Erreichung des Zieles ausgerichtet ist«. Es gibt also eine natürliche Kraft unterhalb unserer Bewußtseinsschwelle, die darauf ausgerichtet ist, die im Bewußtsein erhellten und zu hoher Gestaltfestigkeit verdichteten mentalen Bilder (Visionen und Imaginationen) anzustreben. Ideen und Handlungsprogramme kommen dann »wie von selbst« auf einen zu. Sie fallen einem spontan ein, und man wundert sich oft, wieso diese Ideen, Handlungsimpulse und Programme so gut zu den Ideen passen, die man gerade in seiner Psyche bewegt und problematisiert hatte. Dieses entscheidende Gesetz wird vielleicht eines Tages das Schlüsselgesetz für die Themen der Selbstorganisation und Selbstmotivation sein. Denn hier ist bereits vorbildlich – wenn auch nur aus dem Lager der Psychotherapie – vorformuliert, wie stark mentale Gruppenbilder und Visionen dem Mitarbeiter helfen, auf diejenigen Ideen und Handlungsprogramme zu kommen, die er benötigt, um sich selbst zielgerecht und kreativ zu verhalten. Hier liegt eine Quelle für das »Führen ohne zu führen«.

Assagioli hat einen anderen Bereich ebenfalls sehr gut analysiert durchgearbeitet: die Technik des »Handelns als ob«. Diese Technik besteht darin, zu handeln – so schreibt er –, »als ob man tatsächlich den erwünschten inneren Zustand erreicht hätte«. Das ist keine Scharlatanerie, sondern eine ausgesprochen gesunde und seriöse Handlungsweise, denn sie gründet auf der Tatsache, daß der Wille, der nur eine beschränkte und oft überhaupt keine Herrschaft über Emotionen und Gefühle ausüben kann, viel direkter auf körperliche Haltungen und äußere Handlungen einwirken kann. Assagioli schreibt dazu: »Wenn wir zum Beispiel traurig oder bedrückt sind, ist es schwierig, wenn nicht sogar unmöglich, durch eine direkte Tat des Willens froh und gelassen zu werden. Andererseits liegt es in unserer Macht, unsere Stirn zu glätten, unseren Kopf hochzuheben, zu lächeln und Worte der Harmonie, des Optimismus, der Zuversicht und der Freude zu sprechen. Wir sind also sozusagen fähig, uns zu benehmen, ›als ob‹ wir freudig und zuversichtlich wären.«

Interessant ist – so meine ich – der Verweis auf das, was Gerken in unserem kleinen Kreis immer »intelligente Naivität« nannte. Und dabei verweist er auf Peters und Waterman (»Auf der Suche nach Spitzenleistungen«). Überragende Spitzen-Manager haben danach die Fähigkeit des »Als-ob«-Handelns ausgesprochen stark ausgebaut. Sie scheinen offensichtlich sehr genau wahrzunehmen, was nicht klappt. Sie bemerken auch, wo es hakt und wo es nicht so ideal funktioniert. Aber sie lassen nicht zu, daß daraus negative Gefühle und bremsender Zweifel geboren werden. Sie gehen quasi mit einer Überdosis an Idealismus an die Dinge heran, obwohl sie rational wissen, daß das Endergebnis sehr viel weniger ideal sein wird. Sie wissen also um die Kraft des »Als-ob«-Handelns.

Ich meine, daß wir Manager die Aufgabe haben, dies Handeln, »als ob«, mit der bereits beschriebenen Zielsetzung der Sinnvermittlung zu verbinden. Wir dürfen keine Illusionen aufbauen, sondern unsere Visionen müssen wirklich seriöse Substanz haben, und sie müssen den Mitarbeitern helfen, häufig und tiefgehend zu erfahren, daß ihre Arbeit, soweit das im Kontext der heutigen Wirtschaft und Gesellschaft möglich ist, sinnvoll ist . . . sowohl, was den privaten Sinn als auch was den gesellschaftlich sozialen Sinn betrifft. Eine alte Geschichte mag das illustrieren:

Als im Mittelalter eine Kathedrale gebaut wurde und drei Steinhauer nacheinander gefragt wurden: »Was machst du?«, antwortete der erste in zornigem Ton: »Wie du siehst, haue ich Steine!« Der zweite antwortete: »Ich verdiene für mich und meine Familie den Lebensunterhalt.« Aber der dritte sagte voller Freude: »Ich baue eine große Kathedrale!« Alle drei verrichteten die gleiche Arbeit. Aber während der erste Steinhauer wegen der geistlosen und bescheidenen Art der Arbeit ein Gefühl der Nutzlosigkeit hatte und der zweite einen geringen persönlichen Sinn darin erblickte, sah der dritte den wirklichen Zweck des Steinhauens. Er erkannte, daß die Kathedrale ohne seine Arbeit nicht gebaut werden könnte. Und er war mit der Freude über seine Beteiligung an einem bedeutungsvollen Ziel durchdrungen.

7. Kapitel
Sonntags-Exerzitium

Ich habe eine besondere Angewohnheit, die ich auch pflege. Jeden Sonntagnachmittag ziehe ich mich in mein privates Arbeitszimmer zurück und bereite die kommende, neue Woche vor. Ich weiß, daß das oft belächelt worden ist. Und viele haben mir mit gutmeinenden Ratschlägen zu sagen versucht, daß ein Spitzenmanager einmal in der Woche – und das möglichst am Sonntag – ausspannen und nichts anderes tun solle als faulenzen, Sport, Familie, Kultur. Im Prinzip spricht auch nichts dagegen. Aber ich habe im Laufe der Jahre folgende faszinierende Entdeckung gemacht: Wenn ich mich sonntags hinsetze und ausgesprochen akribisch detailliert die nächste Woche vorbereite, dann baue ich in mir selbst die Kompetenz auf, diese Woche wie einen Film zu sehen.

Um ein Beispiel zu nennen: Ich sehe auf meinem Terminkalender, daß mein Kunde X besucht werden soll. Normalerweise würde man sagen: Okay, der Termin ist drin, das reicht. Bei meinen sonntaglichen Exerzitien mache ich aber etwas ganz anderes. Ich lasse mich geistig zurückfallen, manchmal schließe ich auch für einen kurzen Augenblick die Augen und sehe dann, wie ich mit meinen Mitarbeitern dorthin fahre, ich sehe es optisch – wie einen Film –, und ich höre auch oft, wie wir miteinander sprechen. Ich sehe, wie wir dort ankommen. Wir gehen durch die Eingangstür, und der gesamte Film der kommenden Verhandlung – meistens geht es um Konditionen – läuft vor mir ab. Dann fallen mir spontan sehr viele Dinge ein, etwa was wir noch vorbereiten könnten, was wir mitnehmen müßten. Das diktiere ich dann auf Band, schnell und ohne daß es mich zu stark ablenkt.

Das Ergebnis dieser sonntäglichen Stunden hat zwei Seiten: Die eine, die übliche, formale Seite ist die, daß am Montagmorgen ein Haufen Aktennotizen geschrieben werden muß, daß viele Mitarbeiter im Laufe des Montags viele schriftliche Hinweise, Impulse und Anregungen von mir erhalten. Das hat einen direkten, linearen Funktionswert. Es hilft uns, besser zu organisieren, frühzeitiger an bestimmte Schwachstellen oder Konflikte zu denken.

Aber das ist nur die eine Seite. Die andere Seite ist viel faszinierender. Dadurch, daß ich die Ereignisse der Woche mit intensiver innerer visueller Anteilnahme vorgedacht habe, bekomme ich eine andere Fähigkeit der geistigen Führung: All das, was ich intensiv vorgedacht beziehungsweise vorab visualisiert habe, gelingt mit besser.

Das geht so weit, daß offensichtlich eine Aura entsteht, die von meinen Gesprächspartnern bemerkt wird. Es ist so, als ob man die Ereignisse und die Handlungen schon einmal »vorgehandelt« hätte. Man steht automatisch kraftvoller im Mittelpunkt der Ereignisse. Sie bleiben spontan, sie bleiben fließend, sie sind damit auch nach wie vor verlaufsoffen und überraschungsorientiert wie alle menschlichen Dialoge und Interaktionsprozesse. Aber irgendwie wird man durch diese Art des Vorplanens immer Mittelpunkt der fließenden Geschehnisse. Man bekommt eine Führungsfunktion, die durch äußere Fakten und oft auch durch die Rollenverteilung an sich nicht gegeben wäre. Man bekommt eine Kompetenz außerhalb der klassisch-rationalen Kompetenzfaktoren. Aber auch das ist nur eine Seite. Eine andere fasziniert mich seit vielen Jahren viel mehr. Es gab oft überraschende Konferenzen. Vor einigen Monaten wurde beispielsweise ein ganzer Tagesablauf kurzfristig geändert. Wir bekamen fast völlig unvorbereitet Kundenbesuch in unserem Hause. Nun haben wir sehr häufig wichtige Kunden in unseren Räumen, wenn es darum geht, neue Kooperationen oder auch neue Maschinenprogramme zu besprechen. Aber diesmal wurde der Besuch kurzfristig dazwischengeschoben. Wir waren sachlich gut präpariert, und alles war trotz der knappen Zeit gut vorbereitet. Aber ich selbst hatte mein Sonntags-Exerzitium nicht mit diesem Thema verbinden können, es war sonntags noch nicht bekannt, daß wir diesen großen Kunden so kurzfristig zu einer intensiven Verhandlung empfangen würden. Es hatten sich also noch keine »innere Kompetenz« und auch noch keine emotionale Spur für dieses Meeting aufgebaut. Und ich konnte beobachten, wieviel Kondition mir selbst fehlte. Natürlich kannte ich die Fakten, kannte ich die Personen, und natürlich lief das Gespräch, von außen betrachtet, so gut wie immer. Und doch fehlte etwas. Für mich fehlte sogar etwas sehr Entscheidendes, und das ist schwer auszudrücken. Ich will es trotzdem versuchen: Ich schien im Zeitstrom der Gespräche und der sich daraus entwickelnden Ereignisse und Erkenntisse zu schwimmen. Ich hatte keinen »überlegenen Standpunkt«. Im Verhältnis zu innerlich vorbereiteten Konferenzen und Verhandlungstreffen floß die Zeit wesentlich schneller. Mein subjektives Zeitgefühl war also chaotischer und hektischer.

Wenn ich jetzt dieses Kundentreffen mit den vielen besser vorbereiteten Kundentreffen vergleiche, so ist festzustellen, daß im subjektiven Zeitgefühl offensichtlich ein großes Geheimnis liegt. Unser kleiner Kreis hat sich natürlich auch um dieses Thema gekümmert, weil ich es wichtig fand, Fakten zu finden, die dieses eigenartige Zeitgefühl untermauern könnten. Wir fanden tatsächlich etwas: Larry Dossey schreibt, daß man die Zeit verlangsamen könne und daß der Grad der Tiefenentspannung, den man realisieren kann, trotz hellwacher Aktivität und trotz hochkarätigen Engagements eine Schlüsselvoraussetzung dafür sei. Ich will es noch einmal mit meinen Worten sagen: In einer derartigen gruppendynamischen Konstellation bekommt offensichtlich derjenige automatisch eine informelle Führungsfunktion, der nicht direkt ein Gefangener des Zeitflusses und des Bewußtseinsstromes ist. Angestrebt werden sollte deshalb die Fähigkeit, voll mitzugehen und gleichzeitig darüberstehen zu können. Ob man über den Ereignissen steht, das bemerkt man an der Fließgeschwindigkeit des subjektiven Zeitgefühls. Wird man mit den Ereignissen mitgerissen, ist man also voll im Strudel der Dialoge und der sich daraus ergebenden Konsequenzen und

Perspektiven, hat man ein schnell fließendes Zeitgefühl. Hat man derartige soziale Ereignisse intensiv visuell vorgeplant, vorgefühlt und vorab erlebt, dann ist man genauso engagiert dabei, erlebt aber das Ereignis wie in Zeitlupe. Genau das ist wichtig, weil nur dadurch die eigenartige Kombination von tiefer Entspannung und hellwacher Aktivität gewährleistet wird.

Wenn die subjektive Zeit zu schnell fließt, verschließt sich die Dimension der Tiefenentspannung in der hellwachen Aktivität. Und genau diese tiefe Entspannung, die inmitten der dynamischen Aktivität präsent gehalten werden muß, ist der Zugangsweg zur Intuition und damit auch zu Emotion, Aura und Charisma.

Die Überlegenheit, die man in bestimmten sozialen Gruppenkonstellation oft so manifest spürt (man hat dann das Gefühl: Alles läuft wie automatisch auf meine Position und auf meine Ideen hin), ist offensichtlich nicht nur von der grundsätzlichen Kraft der Persönlichkeit abhängig, also von den Aspekten der Empathie, des Charmes, des Sozialprestiges, des Auftretens und ähnlichem. Das wären relativ konstante Persönlichkeitsfaktoren, die natürlich wichtig sind. Aber es gibt spezifisch situative Persönlichkeitsaspekte, die mal stärker und mal schwächer im Spiel sind.

Meine Erfahrung ist die, daß durch visuelles Vorhandeln eine spezifisch situative Führungsfunktion gemanagt wird, die sich nonmedial (ohne bestimmte Worte, sondern nur als Vibration oder Resonanztransfer) in der Gruppendynamik auswirkt. Man kommuniziert dann eine Botschaft, ohne daß man sie akustisch verbalisiert, oft sogar, ohne dies selbst zu merken.

In Berlin arbeiten zwei Wissenschaftler an ähnlichen Themen. Es handelt sich um Alexander van Eye und seinen amerikanischen Kollegen Roger A. Dixon. Ihr Thema lautet »Gedächtnis-Entwicklung im Erwachsenenalter«. Was mich an diesen Forschungen besonders fasziniert hat, waren nicht die Gedächtnisleistungen, sondern die Techniken der Vertiefung von Lerninhalten. Die beiden Forscher fanden heraus, daß Inhalte um so intensiver gelernt und mit der Persönlichkeit verbunden werden können, je tiefer diese Inhalte verarbeitet und je emotionaler sie verinnerlicht werden. Offensichtlich gibt es flache, eher distanzierte Auseinandersetzungen mit Lerninhalten, ebenso wie es tief verinnerlichte Auseinandersetzungen gibt. Und je tiefer die Auseinandersetzung mit bestimmten aktuellen und zukünftigen Sachverhalten ist, um so mehr wird dieser Sachverhalt mit uns identisch. Er webt sich – wenn man so ein Bild benutzen darf – in unsere Persönlichkeit ein. Er wird nicht nur kognitiv besser behalten, sondern er wandelt sich um zu einem Persönlichkeitsmerkmal. Und hier ist nun eine ganz wichtige Aussage zu machen: Wenn jemand nur sehr oberflächlich und distanziert eine Sitzung vorbereitet hat, dann mag sie vom rationalen Standpunkt aus faktisch ausreichend vorbereitet sein. Aber sie ist, was das Persönlichkeitsmuster betrifft, nicht tief genug verankert worden. Und wenn ein solcher Mann nun eine Aussage macht (zum Beispiel: Ich persönlich bin der Überzeugung, daß wir eine besonders hohe Maschinenkapazität offerieren), dann bleibt diese Aussage distanziert, kühl, geradezu abstrakt. Die gleiche Aussage von dem gleichen Mann in der gleichen Gruppenkonstellation würde, wenn er sie tief mit seiner Persönlichkeit verwoben hätte, wenn die gleiche Aussage also eine andere emotionale Verarbeitungsqualität hätte, ungleich intensiver und überzeugender wirken. Er würde nicht nur sagen: »Ich bin davon überzeugt«, sondern er würde nonverbal auf einer Meta-Ebene ausdrücken, wie sehr er davon überzeugt ist.

Die Untersuchungen von Eye und Dixon zeigten darüber hinaus, daß Texte und Lerninhalte, die »bildhafte Inhalte beschreiben«, wesentlich besser wiedergegeben werden konnten als abstrakte. Schlußfolgerung daraus: Je mehr es uns gelingt, Wissenselemente und Fakten zu visualisieren, um so größer die persönliche Färbung, die private Identifikation. In einem Bericht über diese Forschungen wurde darauf hingewiesen, daß es offensichtlich darum geht, durch Visualisierung (Umwandlung von abstrakter Information zu persönlich-bildhafter Information) die sinnliche Eigenschaft der Fakten zu erhöhen. Das verbessert nicht nur das Lernen, sondern – wie ich persönlich immer wieder beobachten konnte – in erster Linie auch die Meta-Kommunikation, die Botschaft der Überzeugung und die Inhalte des »Ich glaube ganz persönlich fest daran«.

Alles in allem: Vielleicht verstehen Sie jetzt, warum ich mich Sonntag für Sonntag hinsetze und die kommende Woche durchgehe, und zwar nicht rational-abstrakt, sondern tief verinnerlichend mit dem Mittel des »plastischen Bilderdenkens«. Ich gewinne dadurch eine Führungsausstrahlung. Ich verbessere damit meine geistige Führungsqualität durch visuelles Vordenken. Auch das gehört zum Inner-Management. Auch hier liegt eine wesentliche Quelle für die unsichtbare Kraft des Managers.

8. Kapitel
Trendsignale

Es war ein nüchterner Konferenzraum. Er gehörte zu einer international operierenden Firma. Ein kleiner Multi. Es war halb elf. Um elf Uhr sollte eine Werbeagentur eine grundsätzlich neue Werbestrategie vorstellen. Man kannte sich seit fast zwei Jahren. Es ging nun darum, den Raum zu präparieren, sich kurz noch einmal auf die Aufgabenstellung einzustimmen, bevor die Agentur kam.

Der Marketingleiter hatte plötzlich eine Idee. Er wies darauf hin, daß zum erstenmal drei Amerikaner dabei wären. Die Agentur kannte diese drei Chefs aus dem anderen Kontinent noch nicht. Und listig schmunzelnd fügte er hinzu: »Wollen wir doch einmal unsere Werbeagentur daraufhin überprüfen, wie gut, wie sensibel sie ist. Wir setzen diesmal alle anders. Dorthin, wo sonst immer unser Boß sitzt, setzen wir nun Mitarbeiter von anderen Abteilungen aus dem Middle-Management. Lassen Sie uns bewußt eine irritierende Sitzordnung machen und die drei amerikanischen Chefs mittendrin verteilen, also völlig unauffällig placieren.« Man fand ohne Umschweife Gefallen an diesem Tricktest, und so saßen denn auch alle, als die Agentur den Raum betrat, schön durcheinandergewürfelt.

Die Werbeagentur wurde nicht groß vorgestellt, sondern man bat sie, sogleich zu beginnen, und man erklärte auch nicht, warum der Kreis heute größer war als in den Monaten zuvor. Man verwies auf die knappe Zeit und bat den Sprecher der Agentur, sofort loszulegen. Dieser tat das auch, und er präsentierte ausgesprochen flüssig. Auch zu Beginn war kaum Nervosität zu spüren. Er präsentierte vorbereitete Charts und schrieb mit dem Filzschreiber etwas in diese Charts hinein. Ein sehr spontan wirkender, intelligenter Vortrag. Alle waren natürlich gespannt, ob er in der Lage wäre, im Laufe der Zeit aufgrund der Ausstrahlung oder der Blickkontakte zu erfassen, für wen er im Grunde wirklich präsentierte, zum Beispiel für die drei amerikanischen Bosse. Da niemand redete, hatte der Mann von der Agentur es sehr schwer. Er mußte quasi erfühlen, was im Raum lag. Er hatte keine verbalen, also keine rational-faktischen Hilfen.

Und der Mann von der Werbeagentur meisterte das brillant. Es war zu beobachten, wie seine Hände, und insbesondere seine Kopfhaltung, Aspekte seiner nonverbalen Kommunikation also, wie magisch gesteuert immer stärker auf den Vice-President aus den USA gerichtet wurden. Immer häufiger guckte er zu ihm hin, immer häufiger suchte er seinen Blick, und er hatte auch sehr schnell gespürt, wo der zweite wichtige Einflußträger saß, nämlich auf der anderen Seite, versteckt hinter drei deutschen Managern, die er ebenfalls nicht kannte. Und das Interessante und Erstaunliche: Er konzentrierte sich im Verlauf seines rund eineinhalbstündigen Vortrages immer mehr auf diese beiden Figuren, obwohl er doch gar nicht wissen konnte, wie wichtig sie waren, und er ließ andere fast sträflich links und rechts liegen.

In der großen Halle saß der Werbeleiter mit der Agentur zusammen. Man wartete auf die Taxis, man scherzte, man plauderte. Die Präsentation war gut gelaufen, und da sagte der Werbeleiter: »Übrigens, Kompliment, ich muß das in aller Deutlichkeit einmal verraten: Wir hatten Sie im Prinzip getestet auf eine ganz andere Dimension hin . . . wir wollten sehen, ob Sie in der Lage waren, sensibel herauszufühlen, wer heute in der großen, für Sie ja unbekannten Runde der eigentliche Boß war. Sie haben das wirklich glänzend gemeistert.« Und er lobte den Hauptredner der Werbeagentur, weil dieser doch in relativ kurzer Zeit erfühlt habe, wie die gruppendynamischen Strukturen verteilt waren und wer die intensive Kompetenz und Chefaura ausstrahlte.

Das ist eine wahre Geschichte, und als ich sie im Rahmen unseres kleinen Kreises zum erstenmal hörte, wurde mir selbst klar, wie häufig wir in unserem Management-Alltag davon abhängig sind, die unsichtbaren Dinge zu sehen und die unhörbaren Dinge zu hören. Ich selbst habe immer wieder schmunzelnd feststellen können, wie sehr wir im Grunde in zwei völlig unterschiedlichen Welten operieren. Da ist einerseits die rationale Welt der Fakten, da weiß man, was man hat, da sieht man, was man sieht. Da ist man seiner Sinne sehr sicher, und alles verläuft objektiv beweisbar.

Und dann gibt es diese zweite Welt. Sie ist genauso wichtig und genauso prall voller Informationen, aber man kann sie eigentlich nicht begründen, man hat keinen direkten Zugang zu ihnen. Sie kommen zu einem, indem man mit diesen Stimmungen und indirekten Signalen verschmilzt. Man wird ihrer gewahr, ohne zu merken, warum, wieso, wodurch.

In diesem Kapitel möchte ich auf diese besondere Problematik eingehen. Ich glaube ganz fest, daß die Spitzenmanager diese »weichen Daten«, wie sie in der Literatur genannt werden, besonders gut erfühlen und intuitiv erfassen können. Ich glaube zum Beispiel, daß die geheime Kraft des Managers auch darin beruht, ebendiese unsichtbaren Dinge für ihn persönlich sichtbar zu machen. Er muß das Flair eines Raumes erfassen. Er muß die Stimmungslage eines Teams oder einer Organisation erfassen. Er muß die Strömungen in seiner Branche und auch in der Gesellschaft erfassen. Und insbesondere muß er Aspekte des Firmengeistes konkretisieren können. Er muß also für die Außen- und für die Innenwelt der Firmen die Nonfaktizität ebenso diagnostizieren und managen können wie die Faktizität. Vielleicht unterscheidet das den wirklich überragenden Manager vom nur guten Manager: daß er die Nonfaktizität genauso souverän managen kann wie die Welt der Fakten und der linearen Kausalität.

Inzwischen wird das »Fingerspitzengefühl«, das eine Zeitlang in Verruf geraten war, im Rahmen von Operations Research, Management-Informationssystemen und Computerdatenbanken wieder für wichtig erachtet.

Die Zeitschrift »California Business« befragte vier herausragende Persönlichkeiten, vier Männer, die sich ausschließlich oder überwiegend mit der Zukunft beschäftigen: Das sind Hank Cohen (Vice-President Future-Research Security Pacific Corp.), J. Elliot (Vice-President Human-Resources Apple Computer Inc.), Prof. Bert Nanus (Center for Future-Research University of Southern California) und Richard Villora (Unternehmensberater für Zukunftsfragen). Man hat diese vier Personen zu der Frage ausgehorcht, wie man zukünftig Unternehmen führen würde, und ihre Ansichten führten zu einer konkreten Liste wesentlicher Fähigkeiten und Einstellungen zukünftiger Führungskräfte und Spitzenmanager. Einige Aspekte bestätigen die Wiederentdeckung der Sensibilität für die weichen Daten, genannt Fingerspitzengefühl, denn in der Liste stand ganz oben: »offen sein für Wertveränderungen und neue Ideen«, darunter wörtlich »Fingerspitzengefühl (Intuition für kommende Veränderungen)«.

Dann geht die Liste weiter, betont auch die Visionsarbeit, die immer wichtiger wird und die Fähigkeit, Teamarbeit zu stimulieren. Und gerade diese stimulierenden und kultivierenden Funktionen benötigen eine ausgeprägte Fähigkeit, mit weichen Daten aus dem Human- und Sozialfeld umzugehen und sie zielgerecht zu organisieren. Und dann kommen zwei Aspekte, die ebenfalls nur von demjenigen repräsentiert und verwirklicht werden können, der Fingerspitzengefühl und erhöhte Umfeldsensibilität aufweist: »Stimulanz der Kreativität, unter anderem durch die Kultivierung von Intuition in der Unternehmensführung«. Das Wichtigste: »Zukunftsoptimismus verbreiten, Veränderungen nicht fürchten, sondern sie als Herausforderung angehen.«

Eine interessante Liste, zeigt sie doch sehr konkret, daß die vier Herren, die sich überwiegend mit Management und Zukunft beschäftigen, der Meinung sind, daß der kommende Manager die metaphysische Seite des Managements gleichermaßen gut realisieren und managen muß wie die faktisch-rationale Seite. Und zu dieser metaphysischen Seite gehört eben die trainierte Fähigkeit, weiche Daten und sanfte Signale ebenso souverän diagnostizieren zu können wie die harten Fakten.

Lassen Sie mich noch einmal ganz konkret darauf hinweisen:

Diese Sensibilität ist sowohl für das Innenleben und die Binnenkultur von Firmen wichtig als auch für die Außenkultur.

Wenn wir zurückgehen zu dem Bestseller von Peters und Waterman und wenn wir dort einige der sogenannten Exzellenzregeln betrachten, dann werden wir auch dort feststellen, daß man davon ausgeht, daß das erfolgreiche Topmanagement seine Hauptaufgabe darin sieht, die »Philosophie des Unternehmens streng zu hüten und permanent zu verbreiten, das heißt zu popularisieren: ›To manage the value of the company‹«. Und dieses Wertemanagement ist per se nicht linear-rational zu fassen. Werte, und insbesondere die Innenwerte von Firmen, verschließen sich einer einseitig rationalen Analyse und Organisation.

Aber genauso wichtig ist die Außenumwelt. Auch dafür braucht man eine erhöhte Sensibilität, die außerhalb der rationalen Kognition steht. Peter F. Barta ist Forscher und Analytiker der Firma Imperial Oil Ltd. in Toronto. Er ist international bekannt geworden durch seine Methodenentwicklung für die Früherkennung von potentiellen staatlichen Eingriffen in das Wirtschaftsleben. Er empfiehlt, im Rahmen der immer wichtiger werdenden Issue-Politik (das ist die Organisation eines permanenten Problemlösungsdialoges mit der Gesellschaft und ihren Initiativ- und Vollzugsgruppen) eine erhöhte Sensibilität aufzubauen für das, was staatliche und gesellschaftliche Strömungen betrifft. Ein Plädoyer also für ein besseres Mitfühlen und Mitschwingen mit Trends und gesellschaftlichen Klimastrukturen. Jeder, der mit Trends umgeht, weiß, daß Trends sich zu komplexen Strömungen akkumulieren und daß sie dann nur mit sehr viel Fingerspitzengefühl, das heißt mit einer speziell herausgebildeten Trendintuition, erfühlt und begleitet werden können.

Gerken hat sich in den letzten Jahren spezialisiert auf Trend-Monitoring, und er bestätigt meine Beobachtungen und auch die methodischen Aussagen von Barta. Er ist der Meinung, daß klimatische Veränderungen der Gesellschaft niemals vollwertig durch Computer analysiert, diagnostiziert und in ihrem Verlauf begleitet werden können. Mit seinen Worten: »Der Mensch bleibt das Problem. Der Mensch ist das Nadelöhr, durch das die sanften Signale der Trendwelt hindurchmüssen. Kein Computer kann diese sanften Signale vollgültig erfassen. Aus sanften und teilweise ausgesprochen unspezifischen Signalen werden harte Fakten erst durch den Generator Mensch. Er wirkt wie ein Transformator von weich auf hart. Also muß man in den Menschen investieren, wenn er doch die eigentliche qualitative Problemzone ist. Also muß man seine Persönlichkeit qualifizieren. Also muß der Spitzenmanager, der sein betriebliches Umfeld (Gesellschaft und Staat) begreifen will, in sich selbst investieren. Er muß sich eine Trendintuition aufbauen.« Soweit Gerken. Gehen wir noch einmal auf Peter Barta zurück. Er hat für sein Früherkennungssystem die Öffentlichkeiten und die Problemarten unterschieden. Diese Aufstellung zeigt bereits, daß der kommende Spitzenmanager, wenn er wirklich erfolgreich im Sinne eines gesellschaftsorientierten Managements operieren will, eine ausgesprochen gesteigerte Sensibilität für sanfte Signale und weiche Daten braucht. Barta meint, daß folgende Öffentlichkeiten permanent »abgefühlt« werden müßten: die Allgemeinheit, die Medien, die verschiedenen Interessengruppen, politische Parteien, der öffentlichen Dienst bzw. die staatliche Verwaltung auf den unterschiedlichen Ebenen. Sie sehen: Das sind sehr viele Öffentlichkeiten, und man muß eine ausgesprochen starke Anpassungsmentalität (mimetische Verschmelzung) aufweisen, um sich in diese sehr unterschiedlichen Gruppierungen mit ihren teilweise sehr unterschiedlichen Sprachwelten hineinfühlen zu können.

Barta katalogisiert auch die Problemarten wie folgt: Probleme, die alle Bürger angehen *(universal issues)*, Probleme bestimmter Ideenverfechter *(advocacy issues)*, Probleme bestimmter, eingrenzbarer Gruppen *(selective issues)* und Ordnungsprobleme von Abläufen *(technical issues)*.

Also auch die Probleme, die zu beobachten sind, kommen aus sehr unterschiedlichen Welten. Auch hier wieder das gleiche Grundproblem: unterschiedliche Sprachsysteme, unterschiedliche Weltbilder, unterschiedliche Bezugsziele.

Etwas vereinfacht zusammengefaßt, kann man sagen: Der kommende Manager wird, wie die Zeitschrift »California Business« zu Recht in ihrer Liste aufführt, mit Sicherheit wesentlich offener sein für die Gesellschaft und ihre pluralistischen Werteveränderungen. Nur so kann ein erfolgreiches Management, das in zunehmendem Maße umfeldbezogen sein wird, realisiert werden. Je mehr man sich in das Umfeld integriert, um so differenzierter, pluralistischer und widersprüchlicher wird es. Deshalb versagen dort die linear-rationalistischen Methoden der Analyse. Man braucht eine erhöhte Kompetenz für die Erfassung und Verarbeitung sanfter Signale und weicher Informationen, um die diversen Öffentlichkeiten mit ihren diversen Problemarten kontinuierlich erfühlen, ordnen und bewerten zu können.

Noch ein Wort zu der neuen Sensibilität für die Umfelddaten wie gesellschaftliche Strömungen, Werteveränderungen, Trends und gesellschaftliche Klimabewegungen.

Michael Vester ist einer der Professoren in Deutschland, die sich am intensivsten mit den Werteveränderungen und den sozialen Strömungen auseinandergesetzt haben. Er weist beispielsweise darauf hin, daß die unterschiedlichen, miteinander rivalisierenden Gruppen und sozialen Bewegungen auch sehr unterschiedliche verbale Einordnungen, also Sprachetiketten, haben. Wir brauchen daher auch eine erhöhte intuitive Fähigkeit für die Sprachdifferenzierungen. Und das geht nur durch einen integrativen Habitus, nur durch das systematische Entwickeln von Sensibilität für weiche Daten.

Vester weist darüber hinaus darauf hin, daß die Phänomene oft wechseln, während die Strömungen gleichbleiben. Es langt also nicht, nur mit der linken Hand, das heißt ab und zu und eher oberflächlich, die Gesellschaft zu beobachten. Die Trendsignale sind häufig modisch und wechseln oft so, daß ein eher hüpfender, widersprüchlicher Chamäleoncharakter zu beobachten ist, dahinter aber liegen die eigentlichen Strömungen. Man muß also in der Lage sein, die Signale umzudeuten auf stabile Strömungen. Auch das läßt sich mit linearer Rationalität nicht bewerkstelligen. Es handelt sich auch um die – eher intuitive – Fähigkeit der mitfühlenden Interpretation (Mimesis).

Trendsignale werden nach Vester nicht zugeliefert. Man muß sie mitfühlen können, um sie begreifen zu können. Es ist ein Unterschied, ob ich lese: »Das Marktvolumen für die Produktgattung X hat sich im letzten Jahr um 15 Prozent erhöht« oder ob ich lese, daß Jean Paul Gaultier unter anderem deswegen zu einer neuen Kultfigur der Mode geworden ist, weil er der Meinung ist, daß die »garderobe pour deux« wichtig sei. Und das ist seit einiger Zeit auch auf den Laufstegen zu sehen: Röcke für Männer. Das ist ein Trendsignal, das eine ganz andere Qualität hat als das vorab erwähnte Faktum aus der Markt- oder Branchenstatistik. Denn was bedeuten Röcke für Männer? Was bedeuten die neuen androgynen Tendenzen beispielsweise im Pop-und-Rock-Bereich?

Ich will hier jetzt nicht auf bestimmte Feminisierungen in unserer Gesellschaft eingehen und auf die neue Rolle der Androgynität, obwohl das sicher sehr interessant wäre und obwohl das mit absoluter Sicherheit morgen oder übermorgen auch wesentliche Bereiche des Managements beeinflussen wird. Das soll hier nicht unser Thema sein. Es geht mir nur darum, klarzumachen, wie unterschiedlich die Informationen sind. Je pragmatischer, je technokratischer und damit rational-linearer ein Manager ist, um so mehr ist er, ohne daß er es persönlich bemerkt, den sozialen und gesellschaftlich-klimatischen Strömungen verschlossen. Er wird nicht sehen, was andere sehen können. Er wird nicht fühlen, was andere fühlen. Und er wird nicht diagnostizieren können, was für andere längst klar ist.

Nun könnte man sagen, daß der Zeitgeist für Manager nie wichtig war. Große Konzerne operieren unabhängig vom Zeitgeist. Und eine Zeitlang mag das sogar richtig gewesen sein. (Vermutlich war es nie ganz richtig. Aber in früheren Zeiten war die gesellschaftliche Dominanz der Unternehmen so bedeutend, daß es zu keiner negativen Rückkoppelung kam, wenn man den Zeitgeist mißachtete.) Aber wie Jürgen Habermas schrieb, sind Zeiten des Umbruchs, das heißt Zeiten der Wende, unter anderem immer dadurch gekennzeichnet, daß es zu einer »neuen Unübersichtlichkeit« kommt. Die haben wir ja mittlerweile, denn die Berechenbarkeit, die Kalkulierbarkeit, und damit die Seh-Festigkeit, sind immer geringer geworden. Das Umfeld, auf das wir unternehmerisch einwirken, wird immer zappeliger und transformiert sich in immer kürzeren Rhythmen. Und das eigenartige Phänomen, auf das Soziologen zunehmend öfter hinweisen, ist die Tatsache, daß in Zeiten erhöhter Unübersichtlichkeit (als Symbol für eine Transformationsphase) der Zeitgeist zum eigentlichen Medium der Orientierung, der Selbstreflexion und der Handlungsorganisation wird. Um es noch einmal zu sagen: Der Zeitgeist ist dann nicht etwas, was frei über uns schwebt und was man mißachten kann. Gerade diejenigen Manager, die für Marketing, Verkauf und Werbung zuständig sind, werden mir hier recht geben können. Wir sind in einer Phase, in der der Zeitgeist immer weniger als Resonanznebel unter »ferner liefen« abgebucht werden kann, sondern in der der Zeitgeist eine wichtige, wenn auch undurchsichtige, unzuverlässige Informationsquelle für unsere Strategien geworden ist. Der Zeitgeist ist aber nicht nur Informationsquelle, sondern er wird auch zum Medium, das für uns arbeitet, wenn wir ihn prägen, wenn wir ihn beeinflussen und formativ gestalten können. Denn nicht nur unsere Firmen werden zusehends intensiver vom Zeitgeist abhängig, sondern natürlich auch unsere Konkurrenten, unsere Freunde und Gegner, Parteien, die sozialen Bewegungen und erst recht die Konsumenten, also unsere Käufer.

Alles in allem: Wir brauchen eine methodisch entwickelte Umfeldintuition, eine erhöhte Sensibilität für sanfte Signale und weiche Daten, weil das genau den Manager ausmacht, der Überlegenheit ausstrahlt und der auch überlegen ist . . . überlegen in dem Sinne, daß er früher fühlt, welche Strömungen mit welcher Kraft und Bedeutung welche Veränderungen bewirken werden. Und je mehr sich die Firmen der Gesellschaft öffnen (das ist ja gerade ein Merkmal der heutigen Transformationsphase), je mehr sich also Gesellschaft und Wirtschaft durch einen neuen Dialog integrieren, um so wichtiger wird diese intuitive »weiche

Kompetenz«. Auch sie ist ein Teil der unsichtbaren, geheimen Kraft des neuen Managers.

Ich glaube übrigens, daß dieses »weiche Momentum« viel mit der Fraulichkeit im Mann zu tun hat. Ich glaube auch, daß das Gegengeschlecht Frau für den gestaltenden, kämpferisch formenden Mann eine außerordentlich wichtige Intuitionsquelle darstellt. Frauen sagen dem Mann indirekt, ohne Worte, wo der Mann versagt, was sie anders sehen oder was sie anders fühlen. Sie haben auch ein anderes Verhältnis zu Chaos und Turbulenz und auch zu Aggressionen. Und dieses nur sehr unscharf zu beschreibende »grundsätzlich andere« macht sie für den sensiblen Manager außerordentlich wichtig. Es ist sicher für viele überraschend zu hören, daß Steven Spielberg, einer der erfolgreichsten Regisseure in der bisherigen Filmgeschichte, soweit es irgend machbar und vertretbar ist, ausschließlich Frauen in seinem Team duldet. Wenn eine neue Funktion besetzt werden soll, versucht er zuerst einmal, sie durch eine Frau zu besetzen, weil er weiß, daß in seinem Metier, das ja eine Kombination von Phantasie, Intuition, Ideenfindung und hartem Termin- und Finanzmanagement ist, Frauen einen außerordentlich wichtigen Inspirationsfundus und Harmonisierungs- und Ordnungsquell darstellen.

Die Wichtigkeit fraulicher Aspekte im Management wird in den letzten Jahren immer häufiger analysiert. Der kanadische Psychologe Steinberg beispielweise hat die unterschiedlichen Charaktermerkmale männlicher und weiblicher Manager analysiert. Im Prinzip ist sein Ergebnis das gleiche, das viele frühere Untersuchungen erbracht haben, nämlich daß hoch kreative Männer eine außerordentlich frauliche, das heißt weiche Kompetenz aufweisen. Der Kreativitätsforscher Guilford hat überragende Architekten untersucht und war überrascht, wieviel sensitiv-feminine Persönlichkeitsmerkmale bei den kreativsten Architekten zu finden waren. Betrachtet man nun Frauen und Männer, die im Busineß an oberer Stelle stehen, so wird es nicht verwundern, daß bestimmte Persönlichkeitsdimensionen, die prinzipiell als wesentlich für einen erfolgreichen Manager angesehen werden, relativ gleich verteilt sind. Dazu gehören beispielsweise Dominanzstreben, Verantwortungsbereitschaft, Leistungsstreben und Selbstvertrauen. Das haben die Frauen im Management ebenso wie die Männer im Management. Damit stimmt übrigens auch die Annahme nicht, daß Frauen ganz grundsätzlich biologisch nicht in den Managerberuf passen. Frauen können das, was Manager können, im Prinzip genausogut. Aber was uns hier viel mehr interessiert, sind nun die Unterschiede zwischen männlichen und weiblichen Managern.

»Auf den ersten Blick«, so schreibt Rainer M. Schönhammer in der Zeitschrift »Bild der Wissenschaft«, »mag die festgestellte Differenz als geradezu paradox erscheinen: Frauen erzielten höhere Werte bei sogenannten männlichen Eigenschaften, und Männer übertrafen die Frauen bei den Werten für typisch weibliche Merkmale.« Man kann also wie folgt deuten: »Frauen, die sich für den typischen Männerberuf Manager entschieden haben, tendieren dazu, ihre Anlagen durch ein besonders männliches Image auszugleichen«. Männliche Anwärter auf Management-Posten haben dagegen angesichts des maskulinen Profils ihres künftigen Berufes ohnehin genug Spielraum, eher bescheiden, eher introvertiert und eher weniger konkurrenzorientiert als noch vor zehn bis zwanzig Jahren zu sein... und damit entsprechen sie mehr dem weiblichen Stereotyp, als es klassische Manager der heutigen Zeit repräsentieren. Kurz: Die Studien zeigen, daß der kommende Manager mit Sicherheit immer sensibler und femininer werden wird.

Die Harvard-Psychologin Carol Gilligan hat sich ebenfalls dieses Themas angenommen. Sie ist auf das Ergebnis gestoßen, daß Frauen im Management und im Busineß bei aller Gleichartigkeit doch in einem Punkt wohl immer grundsätzlich anders handeln, fühlen und operieren werden: in den Fragen der Moral. Untersuchungen zeigten, daß in der Praxis Männer, die mit moralischen Konflikten konfrontiert sind, eher auf theoretische Grundsätze abheben. Frauen dagegen wägen ab, welchen Einfluß ihre Entscheidung auf die beteiligten Personen haben könnte. Carol Gilligan dazu: »Die Art, in der Frauen das Problem angehen, basiert auf dem weiblichen Bewußtsein der Bedürfnisse und Interessen anderer. Es ist eine natürliche Weiterbildung des Mutterinstinktes.« Gilligan weist auch darauf hin, daß sich insbesondere das amerikanische Management derzeit radikal ändert, weil immer mehr Frauen in immer höhere Positionen in den US-Unternehmen placiert sind.

Aber viel wichtiger ist das, was John Naisbitt, der bekannte Trendforscher, berichtete: daß der Boom der Neugründungen zu mehr als 50 Prozent auf Frauen zurückzuführen ist. Ein Großteil der vielen neuen Kleinfirmen, hauptsächlich im Dienstleistungssektor, sind frauenorientierte Firmen, werden von Frauen gegründet und von Frauen geführt. Das ergibt à la longue mit Sicherheit eine andere öffentliche Busineßmoral. Und vielleicht ist das eine ganz gute Wandlung für die kommende humanökologische Phase des Kapitalismus, wie sie in der letzten Zeit immer intensiver sogar von konservativen Politikern (siehe Späth und Biedenkopf) gefordert worden ist.

Frauen in Management-Positionen schätzen bei moralisch fundierten Problemen zuerst einmal immer die Auswirkungen ab, die ihre Entscheidungen auf andere Mitarbeiter haben können. Oft mag die Frau rational zum gleichen Schluß kommen wie ein männlicher Kollege. Sie denkt gleich. Aber sie wägt das Für und Wider in jedem Fall länger gegeneinander ab, und sie fühlt intensiver die Konsequenzen ihres Handelns. Das deckt sich mit anderen psychologischen Untersuchungen, die deutlich gezeigt haben, daß weibliche Vorgesetzte sich in der Regel ungleich empfindsamer und verantwortungsbewußter verhalten als männliche Chefs.

Warum ich mich hier so ausführlich mit Management-Frauen beschäftige, ist die Tatsache, daß ich fest davon überzeugt bin, daß ein großer Teil der deutschen Spitzenmanager schon heute hinter der rational-männlichen Tarnkappe feminin-weiche, sensible Reaktionspotentiale besitzt und auch mehr oder weniger versteckt täglich für ihr erfolgreiches Handeln einbringt. Aber ich glaube eben, daß wir dies in Zukunft nicht mehr heimlich, versteckt oder sogar verschämt tun sollten. Ich plädiere deshalb für den »Beta-Führungsstil«, den ich hier kurz skizzieren möchte.

Sie wissen ja, daß ich an das duale Management glaube. Deshalb glaube ich auch, daß die Analysen und Empfehlungen von Peter Schwartz vom Stanford Research Institute International richtig sind. Peter Schwartz hat den typisch männlichen Führungsstil im Management analysiert. Er nennt ihn den »Alpha-Führungsstil«. Und er ist in seinen Analysen wie zufällig auch auf den Beta-Führungsstil gekommen, den er den »weiblicheren Führungsstil« nennt. Und ich glaube eben, daß wir im Prinzip langfristig nicht weiterkommen, wenn wir die Manager in weibliche und männliche Manager aufteilen. Für das, was auf uns zukommt an Turbulenz, an Visionsarbeit und an Führungsverlangen... dafür, glaube ich, sollten Alpha- und Beta-Stil gleichermaßen im Spitzenmanager repräsentiert werden.

Der Alpha-Stil wird als direkt und aggressiv erkannt. Er beruht auf der erworbenen Fähigkeit, eine besondere Aufgabe oder Forderung zur gegebenen Zeit von ihrem Umfeld losgelöst betrachten zu können. Wichtig ist dabei die Fähigkeit zur Loslösung, zur Objektivierung. Auch hier wieder ein klassisches Moment des kartesianischen Weltbildes, das ja prinzipiell Subjekt und Objekt strikt trennt. Der Alpha-Stil ist ausgesprochen konkurrenzbewußt und tendiert zu »Alles-oder-nichts-Lösungen«, erwartet also einen eindeutigen Sieg oder eben einen eindeutigen Verlust, wobei häufig »jedes Resultat, das keinen Sieg bedeutet, einem Gesichtsverlust gleichkommt«.

Der eher weibliche Beta-Stil dagegen beruht, wie Schwartz und seine Mitarbeiter schreiben, »auf synthetischem, intuitivem und meditativem Denken und einem dem Kontext und der Sache entsprechenden Machtstil«. Der Beta-Stil orientiert sich eher an komplexen und offenen Aspekten der Realität. Er bevorzugt das »weniger Festgelegte« im Wirklichkeitsbild, das vor uns liegt. Er ist in erster Linie darauf ausgerichtet, kontinuierliche Anpassungsfähigkeit herzustellen. Er ist also ideal für Netzwerke und für wechselseitige kooperative Prozesse. Insofern ist der Beta-Stil sicher ein Stil für die ohnehin kommenden Aspekte der informationellen Vernetzung und des weltweiten Kooperatismus. Er ist stärker auf die »subtilen Aspekte menschlicher Interaktion« abgestimmt als der Alpha-Stil. Der Beta-Stil ist in diesem humanen Sinne auf Veränderung eingestellt, während der Alpha-Stil eher kurzfristige Effizienz wichtig nimmt. Und das Erstaunliche: Der eher männliche Alpha-Stil, der nach meinen Beobachtungen besonders im unteren und mittleren Management sehr stark vertreten ist, faßt Veränderungen und fließende Wandlungen als »schädlich und chaotisch« auf. Er sieht in dem Prinzip der permanenten, fließenden Transformation einen Akt der Zersetzung und will sich deshalb stärker auf »feste Ordnungen« verlassen. Er will im Prinzip die Wirklichkeit unter Kontrolle bekommen. Ganz anders der Beta-Stil, der die fließenden Veränderungen als normale Realität sieht, deshalb auch ohne emotionale Blockaden akzeptieren und managen kann.

Ich möchte an dieser Stelle ausdrücklich betonen, daß die meisten Manager ein falsches Bild von sich und der Management-Rolle haben. Je einseitig männlicher ein Manager ist, um so mehr Streben nach endgültiger Kontrolle steckt in ihm. Damit wird er im Prinzip unfähig, die fließenden Veränderungen zu organisieren. Etwas verkürzt ausgedrückt: Je mehr einseitige Männlichkeit im Führungs- und Management-Stil, um so weniger Kompetenz für ein Wertemanagement für die turbulente Zeit.

Daraus folgt, daß ein Teil der unsichtbaren Kräfte des Spitzenmanagers darin liegt, daß er sich trotz des männlichen Profils unseres Berufes und trotz der eminenten Anpassungszwänge in Richtung »Alpha-Stilistik« seine »heimliche Weiblichkeit« bewahrt hat, das heißt seine Quelle für den Beta-Stil.

Das deckt sich mit den Aussagen des Neurobiologen und Nobelpreisträgers David H. Hubel, der in einer Diskussionsrunde über Kreativitätsförderung am Stanford University Medical Center ausführte, daß Langeweile unter anderem auch eine wichtige Voraussetzung für Kreativität sei. Kreative Menschen seien zwar häufig in einem extremen Aktionismus gefangen, aber wirklich kreativ könnten sie nur sein, wenn ihre »Zeit nicht gesättigt« sei. Sie suchten sich dann eine ununterbrochene Denkzeit, um mit einem anderen Habitus, der nicht machend und aktionistisch ist, Probleme zu Ende zu fühlen, zu Ende zu denken, wobei dieses Denken eher bildhaft imaginativ ist.

Der einseitige Alpha-Stil mit seinem kämpferischen Aktionismus ist sicher gut für die Mach-Seite unseres Berufes. Aber er ist für die schöpferisch-kreative Seite, die ja mindestens ebenso wichtig ist, kontraproduktiv.

Und David H. Hubel hat darüber hinaus ausgeführt, daß die Außenwelt Kreativität sehr stark zerstört. In einem Bericht über dieses Diskussionstreffen wurde geschrieben: »Man muß einen ganz schönen Dickschädel haben, um sich trotz aller falschen Außenwelt seine Kreativität zu erhalten.« Genau das trifft die Realität des heutigen Managers. Er muß eine Art Abwehrstrategie gegen den eminenten Anpassungsdruck der Busineßwelt aufbauen. Er muß nämlich verhindern, daß er endgültig in den Alpha-Stil hineinrutscht, weil alle Welt nur ihn kennt, alle Welt ihn als typisch und erfolgversprechend bezeichnet, weil sich alle Welt den Manager nur als Alpha-Manager vorstellen kann.

Wir haben in unserem Kreis unendlich viel Material zu diesem Thema gefunden, und ich kann das hier gar nicht alles vortragen. Vieles muß einfach unter den Tisch fallen. Aber der berühmte Harvard-Psychologe David McClelland hat es mir doch angetan. Er hat den Auftrag bekommen herauszufinden, ob nicht auch persönliche Ursachen für einen »scheinbaren Rückgang der Produktivität in den USA« zu konstatieren seien. Öffentliche Institutionen äußerten sich weitgehend enttäuscht über die graduierten Volkswirte der Wirtschaftsfakultäten von Harvard abwärts. Man beauftragte also den Harvard-Psychologen McClelland herauszufinden, was nun eigentlich besonders erfolgreiche Manager auszeichnet und ob man vielleicht die falschen Fähigkeiten trainieren läßt und damit die falschen Manager ausbildet.

Das Ergebnis der McClelland-Studie: In der Tat werden zu viele Volkswirte, und damit kommende Manager, im herkömmlichen Alpha-Stil trainiert, viel zu einseitig auf männliche Aggressivität und auf lineare mathematische Kompetenz, für Computer-, Aggressions- und Konkurrenzfunktionen ausgebildet. Aber nun gibt es natürlich trotzdem überall besonders erfolgreiche, besonders kreative Manager in den Firmen und auch im öffentlichen Sektor. McClelland hat sie den Studenten gegenübergestellt, und da zeigte es sich, daß die besonders Erfolgreichen nicht etwa diejenigen waren, die bei den rationalen, numerischen Tests am besten abschnitten, oder diejenigen, die am dominantesten und aggressivsten waren, sondern diejenigen, die sich im Umgang mit Menschen als besonders »kompetent« und als besonders »sensibel« zeigten. Menschen also, die in der Lage waren, die individuellen Bedürfnisse und die individuellen Interessen einzelner Menschen und Teams herauszuspüren, sie zu diagnostizieren und später zugunsten der Zielsetzungen zu formen und zu organisieren. Auch hier wieder ein deutlicher Hinweis auf unsichtbare Erfolgsfaktoren, auf heimliche Kräfte, die eher im Dialog und im zwischenmenschlichen Feld liegen als in den klassischen Fachkompetenzen.

In den Diskussionen über Alpha- und Beta-Stil ist immer wieder gesagt worden, daß unsere Gesellschaft immer intensiver »ein ausgeglichenes Verhältnis zwischen Alpha und Beta« benötigt und daß diese duale Synthese unerläßlich ist, »wenn wir eine freie und vielschichtige Gesellschaft erhalten wollen« (Betty Friedan). Und es wurde auch sehr häufig darauf hingewiesen, daß die gesellschaftliche Entwicklung im Sinne ihrer globalen Evolution eine Richtung genommen habe, die als »weiblich« bezeichnet werden könne. Je humaner und je ökologischer unsere Gesellschaft, je ganzheitlicher und vernetzter unser Wirklichkeitsbild, um so stärker sind die weiblichen Beta-Elemente in unserem Management-Habitus aufzubauen.

Ein anderer Aspekt der »Sensibilität für weiche Daten« ist unser Umgang mit der Sprache. Alexander, der Schöpfer einer Theorie, die sich Pattern-Language nennt, hat darauf hingewiesen, daß unserer gesprochenen und damit veröffentlichten Sprache, unseren persönlichen Kommuniqués also, indirekt und unsichtbar diejenigen Strukturen zugrunde liegen, die spätere Verwirklichungen formen oder verformen. Das bedeutet, daß wir nur das, was wir sprachlich »über die Lippen bringen können«, auch später als Wirklichkeit erfahren und als Realität formen, organisieren und managen können.

Wenn wir zu rational und linear sind, verkümmert in uns dieses Sprachgefühl, verkümmert in uns die unsichtbare Meta-Struktur der Sprache. Ich will damit sagen, daß wir die Kompetenz verlieren zu fühlen, welche Vokabeln welche Realisierungspotenz hervorrufen, welche Begriffe und inhaltlichen Sentenzen welche Gestaltungskräfte starten. Die Untersuchungen von Alexander und seinen Mitarbeitern zeigen deutlich, daß derjenige, der etwa in einer Organisation mehr Optimismus verankern und lebendig erhalten möchte, ein feines Gespür dafür entwikkeln muß, welche Sprachkultur zu pflegen ist, um Optimismus »auf Flamme halten« zu können. Wenn ein Unternehmen zu wenig Handlungsmut hat, wird ein anderes Sprachsystem einzuführen sein. Wenn ein Unternehmen zu streitbar ist, wenn also der Aspekt der Rivalität überbetont wurde und wenn deshalb mehr Kooperation angesteuert werden soll, dann muß man ebenfalls intuitiv-sensibel spüren, welche Schlüsselbegriffe placiert und popularisiert werden müssen. Immer gilt der Satz: In der veröffentlichten Sprache sitzen diejenigen Kräfte, die später Wirklichkeit gestalten. Es sind die Kräfte vor den eigentlichen Realisierungskräften. Nur durch eine gut gefühlte und intuitiv arrangierte Sprachkultur können Firmengeist und Organisationsklima beeinflußt werden. Wir dürfen nie vergessen, daß wir als Manager Handlungsoptimismus nicht per Aktennotiz befehlen können. Und wir dürfen nie vergessen, daß wir die angestrebte Kooperationskultur nicht durch großartige Reden vom Katheder herbeizwingen können. Wir können derartige geistige Dimensionen nicht befehlen, nicht anordnen und nicht per Knopfdruck herstellen. Wir brauchen eine erhöhte Sensibilität für die unsichtbaren Welten.

In diesem Zusammenhang ist interessant, daß sich auch der Intelligenzbegriff ausgesprochen stark wandelt. Howard Gardner sagt dazu: »Ich versuche, Sprache und Logik vom Podest zu stürzen.« Im Prinzip eine Demontage der üblichen Testintelligenz, weil sich doch herausgestellt hat, daß die wirklich erfolgreichen und kreativen Spitzenpersönlichkeiten mehr parat haben als die übliche lineare, numerische Intelligenz. »Die Höhe des IQ läßt keinen verläßlichen Schluß darüber zu, wie jemand mit Problemen im beruflichen und privaten Alltag fertig wird. Die geistige Fähigkeit des Menschen umfaßt sehr viel mehr, als mit den verfügbaren Intelligenztests festgestellt werden kann.« Und gerade die komplexen und wenig festgelegten Probleme, die typisch sind für die Welt des Managers, stellen offensichtlich ganz andere Anforderungen an die Führungskräfte als die Aufgaben, die typisch sind für Intelligenztests.

Betrachten wir einige der »alternativen Intelligenzarten«, für die Howard Gardner plädiert. Da gibt es beispielsweise die körperlich-kinästhetische Intelligenz. Wer möchte bezweifeln, daß Spitzenmanager über ein ausgeprägtes Repertoire intuitiv gefühlter Körpersignale verfügen. Eine geschickte Körpersprache, die den akustischen Sprachtransfer begleitet, ist sicher eine wesentliche Voraussetzung, um Mitarbeiter und Teams zu stimulieren und zu steuern.

Da gibt es die intrapersonale Intelligenz: beispielsweise die Fähigkeit, sich selbst zu durchschauen, sich selbst zu transzendieren. Wir haben gesehen, daß die Spitzenmanager auf ihre eigenen Ideologien weniger prompt und weniger endgültig hereinfallen als normale Manager. Wir haben erkannt, daß Spitzenmanager immer ein Stück weit über sich selbst stehen, so daß sie sich durchschauen können, so daß sie sich schneller trennen können von dem, was sie gestern gefühlt, was sie gestern gedacht und was sie gestern ideologisch geglaubt haben. Nur so können das höhere Maß an Anpassungsflexibilität und die höhere Kompetenz an Transformationskreativität erklärt werden.

Da gibt es aber auch die interpersonale Intelligenz. Und sie ist besonders wichtig für den Manager, denn wir haben gesehen, daß der größte Teil der überragenden Management-Erfolge hierauf zurückzuführen war: auf die Fähigkeit, große Gruppen von Menschen auf einer Meta-Ebene zu stimulieren und zu organisieren.

Die Zeitschrift »Psychologie Heute« fragte Gardner: »Kann man wirklich jemandem beibringen, gut mit anderen zu interagieren? Ist das nicht eine Kunst, eine Gabe, in einem gewissen Sinne angeboren?« Interessant ist, was Gardner hierzu antwortete: »Man kann es lehren. Ich glaube, mit unterschiedlichen Arten von Medien kann man viel erreichen.« Er plädiert beispielsweise dafür, daß man Kindern frühzeitig Geschichten erzählt. Man kann unterschiedliche Charaktere spielen lassen. Man kann Kindern und Erwachsenen Filme zeigen und ihnen dadurch ganzheitlich visuell Interaktionen und personale Strategien nahebringen, für die sie sonst kein »offenes Auge« hätten. Man kann also nicht behaupten, daß die interpersonale Intelligenz von der Natur gegeben sei. Sie ist trainierbar. Es fehlen uns in der Regel nur die Schulungsinstrumente und -institutionen. An den deutschen Universitäten wird man diese Fähigkeiten schwerlich erlernen können. Was uns überhaupt fehlt, ist ein Trainingscamp für die geheimen Kräfte, die hinter den Erfolgsmanagern stehen.

Sicher wird sich der eine oder andere jetzt fragen, welche Konsequenzen sich für mich aus diesen Forschungsergebnissen ergeben haben. Ich will mich nicht um die Antwort drücken. Ich habe im Prinzip sehr früh erkannt, daß Sensibilität für sanfte Signale und weiche Daten ein Stück weit kultiviert, aktiviert und angeregt werden kann. Deshalb habe ich mich sehr früh entschlossen, in die unterschiedlichen Werke unseres Unternehmens (wir sind in Hochheim, in Berlin und in Limburg vertreten) das Medium »moderne Kunst« als permanente Trainingshilfe für Intuition und Sensibilität einzubringen. Ich glaube, und die bisherigen Beobachtungen und Ergebnisse bestätigen das außerordentlich eindrucksvoll, daß man eine Organisation ganzheitlich, also nicht nur die direkten Mitarbeiter, sondern alle Arbeitnehmer für geistige, nonmaterielle Aspekte sensibilisieren kann, wie sie vorbildlich gerade von der modernen Kunst artikuliert werden. Und ich glaube auch, daß der von mir wichtiggenommene Bereich der Non-Ratio gerade durch moderne Kunst indirekt außerordentlich stark symbolisiert und repräsentiert wird.

Auch theoretisch läßt sich das sehr gut bestätigen. In dem Buch »Mythos und Moderne« schreibt Karl-Heinz Bohrer, daß nicht nur die Produktion neuerer Kunst, sondern auch die Betrachtung und damit die Rezeption moderner Kunst helfen, eine einseitige Funktionalität zu überwinden, weil gerade neuere Kunst, die ja den Zeitgeist permanent repräsentiert, den »an der Ratio geeichten Maßstäben« weitgehend entgegensteht bzw. ausweicht. Und die Grunddiagnose von Bohrer und anderen, die sich mit der Vermittlung von Zeitgeist beschäftigt haben, lautet: Die methodenkritische Lockerung unserer Zeit, und damit die Überwindung eines eng dogmatischen Rationalismus, ist zu großen Teilen gerade von der Kunst und insbesondere von der modernen Kunst initiiert und thematisiert worden.

Fazit: Jedes Unternehmen wird seinen eigenen Weg finden und finden müssen, um die Mitarbeiter und die Organisation für eher geistige Welten und sanfte Signale zu sensibilisieren. Ein Großteil dieser Sensibilität wird man methodisch angehen können, etwa durch Trend-Monitoring-Systeme, die in vielen amerikanischen Firmen schon seit längerer Zeit üblich sind. Man kann bestimmte Aspekte des gesellschaftlichen Klimas permanent methodisch analysieren. Andere Bereiche wird man nicht so sehr methodisieren können. Und doch habe ich mich für die Kunst als Trainingspartner für höhere Sensibilität und für eine gesteigerte Zuwendung zum Zeitgeist entschieden.

9. Kapitel
Autosuggestion und Teamintelligenz

Während unser kleiner Kreis recherchierte, erinnerten wir uns an eine lustige Geschichte, die uns ein Mitarbeiter einmal erzählt hatte. Damals, als ich sie das erstemal hörte, war sie mir irgendwie sonderbar vorgekommen, und ich hatte sie auch schnell vergessen. Aber jetzt, als wir uns intensiver um den Faktor Suggestion kümmerten, fiel mir diese kleine Geschichte spontan wieder ein. Hier ist sie:

Der Mann war in den Skiurlaub gefahren. Und er hatte sich angewöhnt, keine eigenen Skier und keine eigenen Skistiefel zu besitzen, weil er immer die neuesten und besten Modelle haben wollte. Er ging also gleich am ersten Tag zu einem der Skigeschäfte, die nebenbei auch die gesamte Skiausrüstung verleihen. Man kannte ihn dort von den Jahren zuvor. Und er verlangte wie gewohnt das allerneueste Modell. Bei den Skistiefeln gab man ihm ein völlig anders aussehendes Modell. Er nahm es in die Hand, betrachtete es und entdeckte viele Verbesserungen gegenüber den Vorjahresmodellen. Aber als er diesen Skistiefel dann anziehen wollte, kam er mit seinem Fuß gar nicht hinein. »Der ist viel zu eng«, sagte er zu dem Mitarbeiter des Geschäftes. Aber der lachte nur und meinte, daß auf seiner Karteikarte exakt diese Größe angegeben sei – und die hätte seit Jahren schon gepaßt. »Er muß passen, denn er ist absolut ihre Größe.« Unser Mann versuchte es immer wieder mit viel Kraft. Er stampfte auch mit dem Fuß kräftig auf den Boden. Aber all das half nichts. Es tat nur weh. Er kam einfach nicht hinein. Da beugte sich der Verkäufer hinunter, betrachtete das Dilemma und sagte dann mit einer ganz natürlichen Autorität: »Sie müssen sich vorab vorstellen, daß ihr Fuß ganz leicht in diesen Schuh hineingleitet, dann wird es gehen.« Unser Mann fand den Rat zwar ganz witzig, aber er ignorierte ihn. Und so hatte er tatsächlich keine andere Wahl, als sich den Schuh durch heftiges Springen und mit viel Gestöhne anzuquälen. So ging das jeden Tag, bevor er auf die Piste ging. Und erst nach einigen Tagen, als es mal wieder besonders schwer war, erinnerte er sich an den Satz des Verkäufers, und – wie er sagte – mehr aus Jux versuchte er es.

Er atmete tief durch, schloß die Augen ein wenig und stellte sich vor, wie sein rechter Fuß leicht und mühelos in den roten Skistiefel hineingleiten würde. Dann stand er auf, und ... es ging tatsächlich fast mühelos. Er sagte nichts, weder zu seiner Frau noch zu den Freunden, mit denen er im Urlaub war, aber er praktizierte es von da an täglich. Und so erzählte er noch, daß er das Ganze für eine reichlich komische, aber irgendwie funktionierende Sache halte, denn »die Bedingungen waren ja objektiv die gleichen. Der sehr knapp geschnittene Schuh, die immer gleichen Füße. Und dennoch ging es durch diese suggestive Übung tatsächlich jeden Tag sehr viel leichter als zuvor.«

Das ist ein typischer Fall für mentale Suggestion, wenn man so will, für Autosuggestion. Und wir haben bei unseren Recherchen viele andere Beispiele dafür gefunden. Viele kommen aus dem Spitzensport. Da wurde beispielsweise einmal ein deutscher Hochspringer gefragt, ob er sich denn bei jedem Sprung voll auf den Sprung und seine einzelnen Phasen konzentriere. Der Athlet zögerte mit der Antwort und sagte dann in die Kamera: »Eigentlich nicht. Es ist eher eine Art Automatismus ... ja, ich springe irgendwie automatisch und trotzdem sehr konzentriert und präzise.« Als der Reporter nachhakte, erläuterte der Sportler dann seine eigentlich wichtige Vorarbeit für jeden Sprung, seine mentale Suggestionsarbeit. Er beschrieb, daß er sich, soweit das in einem Stadion trotz der Ablenkungen möglich ist, zur inneren Ruhe zwingt, daß er langsamer atmet und wenn irgend möglich, versucht, sich gerade und konzentriert, mit dem Bewußtsein nach innen gerichtet, hinzusetzen. Dann würde er den ganzen Sprung immer wieder sehen; in jeder Phase und jedem einzelnen

Abschnitt. Und darauf würde er sich eigentlich konzentrieren. Bei dem Sprung selbst wäre sein Bewußtsein fast ausgeschaltet. Die Konzentration, so sagte er, liegt vor dem Sprung, nicht eigentlich im Sprung.

Ich meine also, daß wir bei Spitzenleistungen sehr häufig einen geheimen Erfolgsfaktor entdecken können, den der mentalen Suggestion. Das ist meistens Autosuggestion. Die Spitzensportler und auch die erfolgreichen Manager haben gelernt, sich selbst suggestiv zu beeinflussen. Sie handhaben diese Suggestion meistens ohne eine Hilfsperson oder einen Trainer. Sie haben gelernt, sich selbst in eine andere Konzentrationsstufe hineinzusteuern.

Aber ich möchte noch beim Spitzensport bleiben, weil die Ähnlichkeit zwischen Spitzenmanagement einerseits und Spitzensportlern andererseits einfach zu verführerisch und auch zu groß ist. Da gibt es beispielsweise das Buch »Psi im Sport« von White und Murphy. Dort wird der bekannte Footballspieler Jack Snow beschrieben. Er erzählt, daß er sich so lange konzentriert, bis beim Spiel »die Selbsthypnose einsetzt«. Er versucht, seine verborgenen Kräfte zu aktivieren, indem er sich in einen anderen Konzentrations- und Bewußtseinszustand versetzt. Und wie macht er das? »Ich suche mir einen Punkt in der Endzone oder aber noch hinter der Endzone aus und sage mir selbst: Ich werde nicht zulassen, daß mich einer daran hindert, diesen Punkt zu erreichen. Und das halte ich auch durch. Wenn ein Flugzeug im Stadion abstürzen sollte, glaube ich nicht, daß ich es merken würde, bis das Spiel vorüber ist.«

Bei den Golfern gibt es ganz ähnliche Suggestionstricks. Der berühmte Profigolfer Jack Nicklaus bewegt seine Hände bei Beginn des Durchschwungs bewußt langsamer als gegen Ende des Aufschwungs. Und er hat ohnehin schon – wie Experten sagen – einen der langsamsten Aufschwünge. Jack Nicklaus kennt das Geheimnis der Autosuggestion durch die Veränderung der Zeitwahrnehmung. Zeit und Suggestion hängen zusammen, und die Zeitwahrnehmung kann jeder Spitzensportler, aber auch jeder Manager selbst verändern. Wie White und Murphy schreiben, gehen aber einige Golfer selbst darüber noch hinaus, indem sie vorschlagen, daß man sich am besten auf ein Turnier dadurch einstellen könne, daß man sich selbst außerhalb des Golfplatzes langsam bewegt.

Die bewußte Zeitmanipulation ist sicherlich ein bekannter Autosuggestionszugang. Und diverse Wissenschaftler glauben, daß die Zeitwahrnehmung mit den Gehirnströmungen zusammenhängt und daß hier die Erklärungen für einige sportliche Höchstleistungen liegen können.

Wie auch immer. Ich habe bei mir seit Jahren beobachtet, daß es bei richtiger Übung nicht schwer ist, sich in ein verlangsamtes Zeitgefühl hineinzuführen, durch das man wesentlich geschärfter ganzheitlich komplex wahrnehmen kann und insbesondere auch einen besseren Zugang zur Intuition hat. Ich bin ziemlich sicher, daß Autosuggestion und Intuition stark voneinander abhängig sind. Deshalb zähle ich alle suggestiven und autosuggestiven Techniken zu den unsichtbaren Kräften des Erfolges.

Bleiben wir noch ein bißchen beim Sport. Lee Evans, der Olympiasieger im 400-Meter-Lauf und damalige Weltrekordinhaber, hat White und Murphy relativ konkret erzählt, wie er seinen Laufstil durch Selbsthypnose und mentale Techniken wesentlich verbessern konnte. Er kennt die »Kraft seines Unbewußten«, und er konnte diese Kraft bewußt einsetzen, um seinen Laufstil zu verbessern und zu korrigieren. Eine seiner Techniken war die mentale Visualisierung des Laufens während der gesamten Vorbereitungen für seinen Weltrekordversuch. Über einen langen Zeitraum hinweg visualisierte Evans jeden einzelnen Schritt der 400-Meter-Rennstrecke so lange, bis er »jeden einzelnen Schritt, den er machen würde, vor sich sah«. Diese mentale Übung wiederholte er immer wieder. Und er verbesserte so auf eine indirekte Art und Weise seinen Stil und sein Tempo.

Der Golfer Jack Nicklaus arbeitet mental ähnlich. Er behauptet, ein guter Schlag hänge zu zehn Prozent von seinem Durchschwung, zu 40 Prozent von seiner Vorbereitung und Fußstellung und zu 50 Prozent von seiner Vorstellungskraft ab. »Ich habe noch nie einen Schlag ausgeführt, nicht einmal beim Üben, ohne nicht ein klares, haarscharfes Bild davon vor Augen zu haben. Es ist wie ein Film in Farbe.«

Aber selbst beim wilden Rodeoreiten, einer doch völlig anderen Sportart als Golf, sind mentale Übungen, Meditation und Visualisierung in den letzten Jahren ziemlich populär geworden. Einer der Meister des Rodeoreitens, Larry Mahan, sagt dazu: »Ehe ich auf den Stier springe, versuche ich, mir den Ritt vor meinem geistigen Auge vorzustellen. Dann versuche ich, mich an das innere Bild zu halten.«

Und Francis Tarkenton, einer der hervorragenden amerikanischen Footballspieler, visualisiert ein kommendes Spiel wie folgt: Er denkt ausschließlich an die Aufgabe, die vor ihm liegt. Wenn er gegen Pittsburgh spielt, dann sieht er wochenlang nur Pittsburgh vor seinem inneren Auge. Und er sieht die Abwehrspieler des Gegners in seinen aktiven Träumen. Jeden einzelnen von ihnen.

Und er versucht, ihre Namen, ihre Nummern und ihre Körperbewegungen kennenzulernen, damit er sie aktiv mental »bearbeiten« kann. Dabei geht er so konkret und so sinnlich vor, daß er sogar die Geräusche der Fußstapfen hört. Wenn das Spiel am Freitag dann beginnt, hat er in vielen Gedanken schon ganze Serien von Spielzügen innerlich simuliert.

Durch derartige Visualisierungsübungen rufen Spitzensportler ganz eindeutig Kräfte wach, die sie ohne diese mentalen Vorbereitungen nicht hätten. Deshalb sage ich, daß alle Suggestionstechniken insofern einen wichtigen Erfolgsfaktor darstellen, als sie dem Spitzenmanager Kräfte liefern, die er sonst nicht zur Verfügung hätte.

Ich habe in unserem kleinen Kreis diesen Faktor natürlich ausführlich diskutieren lassen. Es kann ja sein, daß das Ganze nur unter »Illusion und Eitelkeit« abzubuchen wäre. Man bildet sich ja oft etwas ein, was andere ganz anders sehen. Gerken versprach mir, soviel wissenschaftliches Material zum Thema Emotion und Suggestion wie irgend möglich herbeizuschaffen. Ich würde sehr gern einiges von diesem umfangreichen wissenschaftlichen Material vorstellen und kommentieren, damit man sehen kann, daß tatsächlich mentale und suggestive Faktoren dazugehören, um über einen langen Zeitraum »wie auf Knopfdruck« Spitzenleistungen erbringen zu können.

Beginnen wir vielleicht bei den Untersuchungen des Stanford-Psychologen G. H. Bower. Er geht davon aus, daß wir endgültig den liebgewordenen Mythos überwinden sollten, nach dem Menschen im Grunde ihres Wesens rationale Geschöpfe sind, die über störungsfreie Informationsspeicher verfügen. Die Untersuchungen von Bower zeigen, daß Gefühle und Stimmungen in all unsere Ideen und Taten einfließen. Selbst die klarste rationale Gedankenkette oder Handlung ist im Grunde massiv von Stimmungen und persönlichen Emotionen geformt. Emotionen, Autosuggestion und Stimmungen steuern unser Gedächtnis, steuern unsere Wahrnehmungen, steuern unsere Konstruktion von Wirklichkeit, steuern unsere Werturteile und auch unseren gesamten Begriffsapparat. Bower hat das sehr eindrucksvoll wissenschaftlich untersuchen können, indem er und seine Mitarbeiter die Versuchspersonen in hypnotische Trance versetzten. Wenn die Personen dann so richtig »weg« waren, hat er sie dazu angestiftet, sich entweder in eine betont heitere oder in eine deutlich traurige Gefühlsstimmung hineinzusteigern. Da gab es dann also eine sehr traurige und eine sehr heitere Gruppe. Und dann hat er diese unterschiedlichen Probanden mit diversen intellektuellen, rationalen Testaufgaben konfrontiert. Es gab überraschende Ergebnisse: Probanden, die unter hypnotischer Fröhlichkeit eine Liste von sechzehn Wörtern auswendig gelernt hatten, konnten sich zu 80 Prozent wieder an dieses Material erinnern, wenn sie sich zum Testzeitpunkt ebenfalls »künstlich« vergnügten. Ein Ergebnis daraus: Gedächtnisinhalte können am besten »hervorgekramt« werden, wenn man sich in der gleichen Gefühlslage befindet wie zur Zeit der »Einspeicherung«. Aber es geht noch weiter. Es gibt einen großen Unterschied zwischen fröhlicher Gefühlslage und mieser Laune. Die Probanden mit künstlich erzeugter mieser Laune konnten sich nur zu 40 Prozent an die gelernten Begriffe erinnern. Die Paralleluntersuchungen zeigten: Egal, ob mit oder ohne Hypnose, Menschen in gehobener Stimmungslage können sich nicht nur signifikant besser an aktuell Gelerntes erinnern, sie können sich auch besonders an angenehme Erinnerungen erinnern. Sie lernen das Positive des Lebens automatisch intensiver, umfangreicher und plastischer. Wer häufig in mieser Laune ist, lernt überwiegend negative Fakten und speichert negative Erinnerungen. Man kann – so die Untersuchungsergebnisse – das Gefühl offenbar als Einheit im Gedächtnisspeicher betrachten.

Ich persönlich glaube, daß hier ein wesentliches Kriterium für Autosuggestion vorliegt. Manager brauchen einen stabilen Handlungs- und Zukunftsoptimismus. Gerade die Untersuchungen des Psychologen Dörner haben gezeigt, daß Manager trotz Unbestimmtheit und oft komplexer Turbulenz eine stabile Optimismushaltung verinnerlicht haben müssen. Auch Peters und Waterman haben darauf hingewiesen, daß hier so etwas wie eine »naive Intelligenz« im Spiel ist. Man weiß, daß man die Probleme lösen wird, obwohl man im Moment noch gar nicht weiß, wie sie überhaupt zu lösen sind. Es ist eine kontinuierliche Fröhlichkeit und ein stabiler Optimismus, die immer wieder erneuert und durch autosuggestive Techniken immer wieder verstärkt werden. Gelingt einem Manager diese Autosuggestion in Richtung »stabile Fröhlichkeit«, so lernt er im Laufe der Zeit tatsächlich die Welt als so positiv kennen (verstärkende Lernrückkopplung), daß er insgesamt genau die Ausstrahlung bekommt, die Spitzenmanager häufig haben, die Aura eines unerschütterlichen Optimismus: die »Follow-me-Aura«.

Halten wir also fest: Charisma, Aura und Optimismusausstrahlung sind sicher wesentliche Faktoren des Managements by Personality. Und sie sind nicht zufällig, sondern herstellbar. Offensichtlich ist eine bestimmte Psychodisziplin, ein wirkliches mentales Wollen, dafür erforderlich. Unsere Natur hat uns ein geistiges Handwerkszeug mit auf den Weg gegeben, um dafür zu sorgen, daß wir uns immer mehr in eine stabile Optimismusfröhlichkeit hineinentwickeln können.

Die Untersuchungen von David Watson und Lee Anna Clark, zwei amerikanischen Psychologen, haben diese mentalen

Aspekte einer optimistischen Persönlichkeit ebenfalls bestätigt. Die beiden haben umfangreiche statistische Analysen der Ergebnisse der vielfältigen Persönlichkeitstests durchgeführt. Als kleinster gemeinsamer Nenner der unterschiedlichen Persönlichkeitstests kam die Dimension »negative Affektivität« heraus. Menschen unterscheiden sich also offensichtlich lediglich durch die Abstimmungen zwischen Frohnatur einerseits und Miesepeter andererseits. Der sauertöpfische Zeitgenosse entwickelt sich durch diese permanente negative Autosuggestion in eine Reihe ungünstiger Gefühls-Zustände hinein, zum Beispiel Angst, Nervosität, Schuld, Zorn, Unzufriedenheit, Selbstverachtung und Niedergeschlagenheit. Die Analysen der beiden Psychologen haben aber auch gezeigt, daß ein Schuß negativer Affektivität wichtig ist. Menschen, die in den Persönlichkeitstests ausgesprochen wenig von diesen negativen Gefühlen aufwiesen, kommen sehr häufig in ernsthafte Schwierigkeiten, sich selbst im rechten Licht zu sehen. Das bedeutet konkret: Ihre Selbstkritik ist nicht ausgebaut. Sie sehen sich falsch. Sie suchen, wenn es um die Wirklichkeit und ihr Ego geht, immer den Weg des geringsten Widerstandes. Wenn sie sich überhaupt reflektieren – also das praktizieren, was man heute so anspruchsvoll Ego-Transzendenz nennt –, dann sehen sie nur ihre »Schokoladenseiten«. Und genau das führt nach den Untersuchungen des Psychologen Dörner zu großen Problemen. Spitzenmanager müssen in der Lage sein, ihre eigene Verhaltensweise und die Ergebnisse ihrer Entscheidungen ausgesprochen realistisch und mit hoher, gezielter Selbstkritik zu sehen und innerlich zu verarbeiten.

Auf der anderen Seite haben die Untersuchungen von Watson und Clark gezeigt, daß Menschen mit überwiegend fröhlicher Affektivität ausgesprochen beliebt sind. Warum? Sie sehen sich permanent mit einer rosaroten Brille. Das verführt sie durch die permanente Autosuggestion dazu, auch die anderen Mitmenschen überwiegend positiv zu sehen. Das gibt ihnen eine ausgesprochen attraktive soziale Aura. Sie werden geliebt, weil sie sich, das Leben und die Menschen im Grunde ihres Herzens immer wieder aufs neue lieben und gut finden.

Daraus kann man jetzt ein wichtiges Gesetz formulieren: Eine wesentliche heimliche Kraft des Managers ist sicher die der unerbittlichen Selbstkritik. Damit kann er positiv zugänglich werden. Seine eigenen Entscheidungen und die daraus resultierenden Konsequenzen muß er schonungsloser und unzensierter sehen können als andere Menschen.

Das gibt ihm insofern Überlegenheit, als er durch negative Rückkopplung schneller lernt, wie das Wirtschaftsleben so spielt und wie die inhärenten Regeln lauten.

Gleichzeitig muß er durch permanente gewollte Autosuggestion jegliche negative Affektivität aus seiner Persönlichkeit eliminieren. Er muß bei aller hohen Selbstkritik und Handlungskritik eine stabile positive Affektivität aufbauen. Er muß sich und die Menschen kontinuierlich intensiv bejahen und lieben. Das gibt ihm genau die soziale Sympathieaura, die er braucht, um Menschen führen, begeistern und mitreißen zu können.

Wie man sieht, braucht der erfolgreiche Manager viel Wissen um die feineren Zusammenhänge in seinem Innenleben. Und das, was heute Inner-Management genannt wird, ist in diesem Sinne oft nichts anderes als eine bewußt durchgeführte, kontinuierliche Mentaldisziplin.

Und zu dieser Mentaldisziplin gehört beispielsweise auch die kontinuierliche Kontrolle des Gesichts. Das mag am Anfang etwas verwunderlich klingen. Aber Untersuchungen, die hierzu vorliegen, machen das allzu deutlich. Paul Ekman von der University of California in San Francisco hat beispielsweise Untersuchungen vorgelegt, die eindeutig zeigen, daß man über einen mittelfristigen Zeitraum eine Psyche und ein Gesicht bekommt, wie man es täglich »aufsetzt«. Das Gesicht, das wir uns genehmigen, wirkt im Sinne einer inneren Rückkopplung auf die emotionale Lage und damit auf das tatsächliche Gesicht zurück. Und wie wichtig Mimik und Gesichtskommunikation für Manager sind, das wird heute kaum bestritten. Wer andere Menschen überzeugen möchte, kann das nicht nur durch Fakten, durch Vorbilder oder durch Befehle tun. Er muß mit seiner ganzen Persönlichkeit signalisieren, woran er glaubt und warum er es für wichtig hält, daß andere das gleiche wichtig finden. Da ist gerade das Gesicht ein oft verkannter Wirkfaktor für die soziale Intelligenz des Managers.

Ein Team von Psychologen und Politologen vom Dartmouth College hat Ronald Reagan vor der Präsidentenwahl 1984 sehr sorgfältig analysiert. Es ging um Gesichtskommunikation und Mimik. Und Ronald Reagan, der ja bekanntermaßen dazu neigt, die Dinge immer ein wenig zu simpel und zu optimistisch zu sehen, hat tatsächlich in seinem Gesicht stabile nonverbale Signale, die bei den Betrachtern ein erhöhtes Maß an Sicherheit hervorrufen. Die Videoclips wurden den Probanden mit und ohne Ton vorgeführt. Und sie zeigten auch dann, wenn man überhaupt nicht wußte, wovon Reagan sprach, daß Reagan immer eine Meta-Botschaft kommunzierte: Ich bin ein positiver Mann, ich bin stark, ich bin mir meiner Sache sicher. Die nonverbale Qualität, hauptsächlich durch Mimik und Gestik übermittelt, ist unter anderem das Ergebnis kontinuierlicher mentaler Disziplin und Autosuggestion. Und die rund achtzig Muskeln, die jeder Mensch im Gesicht hat, können in der Tat, so haben Untersuchungen der Psychologen Levinson, Ekman und Friesen gezeigt, mehr als 7000 Ausdrücke verursachen. Die emotionale Sprache unseres Gesichts ist also ausgesprochen reichhaltig. Destilliert man alle mimischen Qualitäten, so erhält man im Kern sechs generelle Emotionen, die mimisch und nonverbal ausgedrückt werden können. Und das Besondere dabei: Wenn man Menschen bittet, diese spezifischen Gesichter »aufzusetzen«, dann hat das tatsächlich physiologische Wirkungen in ihrem Körper. Wer sich ein Gesicht der Angst oder des Zynismus oder des Vorwurfs genehmigt, sorgt dafür, daß die Herzschlagrate steigt. Selbst die Fingertemperaturen antworten auf die Gefühle, die wiederum durch die gesteuerte Gesichtsmimik hergestellt werden können. Gesichtsmuskulatur und unbewußte physikalische Reflexe bis hin zu hormellen Effekten könnten – so die Wissenschaftler – ein integrierter Bestandteil unserer gelernten menschlichen Emotionen sein. Man kann diese drei Faktoren nicht voneinander trennen.

Meine Konsequenz daraus: Bei den mentalen und autosuggestiven Faktoren geht es nicht nur um Imagination und mentale Visualisierung, wie es Spitzensportler überwiegend praktizieren, sondern es geht auch darum, daß die Manager, die ja im weitesten Sinne des Wortes eine soziale Elite darstellen, lernen, daß sie für ihre Mimik, für ihre Gestik und für die emotionale Qualität ihres Habitus und ihres Gesichtes verantwortlich sind. Was den meisten Managern fehlt, ist ein kontinuierliches Trainings-und-Pflege-Programm für die persönliche Aura, für eine der wichtigsten Meta-Botschaften also, die jeder Manager beim Betreten seines Bürogebäudes auf seine Mitarbeiter abfeuert. Manager sind Menschenführer. Und Führung bedeutet, soziale Prozesse zu steuern. Die soziale Kommunikation und die soziale Qualität des Managers, sicherlich ein zentral wichtiger Erfolgsfaktor, sind abhängig von mentaler Disziplin ... selbst wenn sie bis in die bewußte Gesichtssuggestion hineinreicht.

Die Untersuchungen haben gezeigt, daß die Haltung, die ein Manager sich – anfangs willentlich und »künstlich« – aufzwingt, im Sinne einer Selbstregulierung und automatischen Anpassung auf ihn selbst einwirkt. Wer eine sozial offene Sympathiehaltung einnehmen kann, wird zugleich sympathisch wirken und Sympathie erzielen. Die Amerikaner nennen das die »Hypothese der angemessenen Körperhaltung«. Und da kommt es auf die kleinsten körperlichen Differenzen an.

Unser kleiner Kreis hat natürlich noch sehr viel mehr bestätigende Forschungen gefunden, aber ich will sie hier nicht alle aufzählen. Sie sagen im Grunde immer das gleiche aus: Erfolgreiche Menschen haben immer dann, wenn sie im sozialen Kontext erfolgreich sind, eine besonders starke Sympathieausstrahlung. Sie sind Experten für die Produktion sozialer Sympathie. Da kommt es auf die permanente mentale Hygiene und auf eine bewußte autosuggestive Steuerung der inneren Gefühlswelten an. Das geht vom Atmen bis zur richtigen Haltung.

Jetzt möchte ich einen anderen, ebenfalls wichtigen Suggestionsbereich skizzieren: die Reduzierung von Ich-Kontrolle. Dahinter steckt die wichtige Frage: »Wie komme ich in den positiven Zustand des Fließens, der so wichtig ist für die spontane Intuition?«

Ernst Pöppel hat in seinem Buch »Die Grenzen des Bewußtseins« darauf hingewiesen, daß schon Kleist viel, übrigens durchaus nachlesenswertes, Wissen darüber hatte, wie man sich in diesen prozessualen kreativen Zustand hineinführen kann. Er nannte es »die allmähliche Verfertigung der Gedanken beim Reden.« Diesen Zustand habe ich sehr häufig kennengelernt. Und in meiner täglichen Arbeit habe ich ihn eigentlich von Anfang an, in den letzten Jahren immer gezielter und immer bewußter, benutzt. Das, was zu Beginn meiner Arbeit als Manager oft zufällig und ungesteuert verlief, habe ich in den letzten Jahren immer systematischer praktiziert: die Provokation von Intuition durch die fließende, unkontrollierte Rede. Und ich habe festgestellt, daß das, was im Bewußtsein vorher nicht verfügbar war, woran ich mich also nicht erinnern konnte und was ich auch nicht hätte »erzwingen« können, durch den gleichmäßigen Fluß der gesprochenen Gedanken plötzlich präsent war. Und ich habe auch gelernt, bestimmte Teams so zusammenzustellen, daß es mir und meinen wichtigsten kreativen Mitarbeitern möglich wurde, diese fließende intuitive Rede zu praktizieren. Das ist ein wesentlicher Autosuggestionsfaktor. So gelingt es, durch ein entspanntes, leicht kontemplatives Reden Gedanken und geistige Essenzen zu finden, die mir an sich nicht zur Verfügung stehen, mit Mitarbeitern und vor Mitarbeitern kreative Prozesse zu initiieren... und zwar geplant, zeitlich koordiniert, fast wie auf Knopfdruck. Und da decken sich meine Beobachtungen mit den Ausführungen von Pöppel. Es gibt eine einzige Bedingung, die dafür erforderlich ist: die entspannte Teamatmosphäre. Es muß ein überdurchschnittlich hohes Maß an Vertrauen und an wechselseitiger Wertschätzung und Sympathie vorhanden sein. Für mich ist ein Team ein kreativer Kraftquell. Deshalb habe ich für zwei Bedingungen gesorgt:

1. Ich bin nicht der Meinung, daß es darauf ankommt, optimale Mitarbeiter zusammenzustellen, die im Sinne einer optimalen

Kondition und optimalen Papierform eben optimal sind. Kurz: Ich glaube nicht daran, daß es ausreicht, gute Leute zusammenzuführen. Ich habe immer versucht, diejenigen Leute zusammenzubringen, die zu einer guten »Team-Chemie« führen würden. Es muß nicht jeder in seinem Fach wirklich exzellent sein. Mir ist es mehr darum gegangen, daß meine engsten Mitarbeiter relativ schnell ein gemeinsames energetisches Feld aufbauen und auch stabilisieren konnten. Ich habe lieber einen Mann genommen, der nur zu 90 Prozent gut war ... wenn er nur optimal in unsere vorhandene Team-Chemie paßte.

2. Ich halte nichts vom Prinzip der Amerikaner vom *hire and fire*. Mich haben viele Berater, Werbeagenturchefs und Kollegen gefragt, warum ich so unendlich treu bin, was meine Mitarbeiter betrifft. Ich versuche immer, sowenig wie möglich zu kündigen. Es ist mein Bestreben, Mitarbeiter extrem sorgfältig auszuwählen ... insbesondere im Hinblick auf diese wichtige Team-Chemie. Und dann ist es mein Bestreben, sie zu fördern und sie möglichst nicht gehen zu lassen. Ich halte nichts von Konzeptionen wie »Neue Besen kehren gut« und »Frisches Blut tut gut«. Ich hänge an meinen Mitarbeitern. Besonders an denen, die mit mir die eigentliche Führungsarbeit organisieren und verwirklichen. Und ich bleibe ihnen viel extremer als die meisten anderen Manager in Deutschland wirklich treu. Und zwar überwiegend aus den Gründen, die auch wissenschaftlich Sinn machen: Weil die Sympathie-Chemie, die ein Team aufgebaut hat, eine wichtige Voraussetzung für Intuition ist. Je harmonischer das teamenergetische Feld, um so fließender und spontaner die Intuition.

Die Wissenschaftler weisen darauf hin, daß die Reduzierung von Ich- und Sozialkontrolle eine wichtige Voraussetzung dafür ist, sich in diesen leicht euphorischen Zustand des Fließens hineinsteigern zu können. Wenn im Team Dissens herrscht, wenn man sich nicht gut kennt, wenn man sich mißtraut, wenn da heimliche Aggressionen ausgetauscht werden, dann muß jeder Beteiligte ein hohes Maß an Ich-Kontrolle und sozialer Kontrolle praktizieren. Und genau dann kann der Zustand des Fließens nicht erreicht werden.

Da für mich das Team immer eine der wichtigsten Suggestionsquellen war, mußte ich also dafür sorgen, daß eine harmonische Basisvibration gegeben war. Diese Harmonie bringt die unsichtbare Garantie für soziale Sicherheit. Und genau diese Sicherheit ist die Voraussetzung für das Wagnis unreflektierter Sprache. Und die wiederum ist der eigentliche Schlüsselfaktor für intuitive Gruppenprozesse.

Ich könnte an dieser Stelle zusammenfassend sagen: Für mich ist das harmonisierte Team ein wichtiges Instrument für Autosuggestion gewesen. Und ich würde so weit gehen, zu sagen, daß ein Großteil unserer Teamkonzepte viel zu rational und viel zu theoretisch (»Addition von Papierformen«) praktiziert wird. Das eigentliche Geheimnis intuitiver Gruppenleistung ist die subtile Metaphysik, die sich hinter den fachlichen Kompetenzen zu einem energetischen Feld der Harmonie vereinigt. Und der Topmanager, der diese unsichtbaren Kräfte spürt und kennt, wird immer ein Meister der harmonisierten Team-Chemie sein.

Ein anderes Feld für Autosuggestion ist die Kultur. Ich meine konkret die Kultur in unserer Gesellschaft, für die bildende Kunst, Musik, Poesie und so fort. Die neuere Managementtheorie hat ja ohnehin den Faktor der Unternehmenskultur in die Fachdiskussion hineingebracht. Aber es reicht meiner Meinung nach nicht aus. Ich bin da viel mehr der Meinung von Karl-Heinz Briam, der als Personalvorstand der Volkswagenwerke AG einmal im »Manager Magazin« schrieb: »Wir brauchen im Grunde genommen zwei Typen von Führungskräften – der eine ist mehr für die Administration da, der andere ist mehr der Gestalter der Unternehmenspolitik. Wir sehen an der Diskussion um Auto und Ökologie, wie wichtig das Zusammenspiel zwischen Unternehmenspolitik und allgemeiner Politik ist.«

Und hier ist genau der Punkt, der mich mein ganzes Leben lang beschäftigt hat: Wie kann kam verhindern, daß ein Unternehmen in einer administrativen Kultur erstarrt? Wir wissen seit

Laevitt, daß Management im Grunde drei sehr unterschiedliche Funktionsbereiche aufweist: den Bereich des Pfadfindens, also den Bereich der Vision, dann den Bereich der Strategie und des Entscheidungskalküls und zuletzt den Bereich der Realisierung und der präzisen Handlung, also auch den Bereich der Administration. Und je mehr die Firmen aufgrund der neuen Trends mit der Gesellschaft interagieren und sich mit ihr arrangieren müssen, je weniger Busineß ein L'art-pour-l'art-Spiel ist, desto mehr benötigen wir Topmanager, die in der Lage sind, die Unternehmenspolitik wie einen kulturellen Akt aufzufassen. Wir brauchen also in Zukunft immer deutlicher ein kulturorientiertes Management, das parallel zum administrations-orientierten Management funktioniert. Das ist das, was die Amerikaner Brown und Whiner das »Super-Managing« genannt haben.[74] Es ist die soziale Politisierung des Managements. Unternehmenspolitik wird damit zu einem Stück öffentlich beobachtbarer Kulturarbeit.

Und hier zeigt sich ein entscheidender Faktor: Manager können nicht so ohne weiteres die Kultur verstehen und das kulturelle Umfeld beeinflussen und prägen, wenn sie eine administrative Grundhaltung und damit eine Grundhaltung der Strategie und der Handlungspräzision verinnerlicht haben. Zumindest der neue, gesellschaftsorientierte Typus des Managers braucht einen anderen psychischen Habitus, den ich hier den kulturellen Habitus nennen möchte. Und meine eigenen Beobachtungen haben gezeigt, daß diejenigen Manager, die sich stark für Kultur und insbesondere auch für Frontline-Kunst interessieren (etwa experimentelle Malerei oder neue Musik), besonders gut in der Lage waren, die Gesellschaft zu verstehen und insbesondere die unsichtbaren Kraftströme des sozialen Umfeldes zu spüren. Kultur und Kunst sind aus meiner Sicht wesentliche Konditionierungs- und Suggestionsquellen für den gesellschaftsorientierten Manager. Meine These: Je größer, je intensiver und je ehrlicher das Interesse an den modernen Strömungen in der Kultur-und-Kunst-Szene, desto konditionierter ist der Manager für Issue-Politik, für soziale Strategien und für das neuartige Super-Managing. Wer die sozial-kulturelle Außenseite der Unternehmen beeinflussen und mitgestalten möchte, wer also nicht nur Opfer der sozialen Bewegungen und Strömungen sein möchte, der muß sich voll und ernsthaft in das aktuelle Kulturgeschehen integrieren. Gerade die permanente Selbstüberwindung, die die ganz moderne Kultur und Kunst nun einmal verlangen, ist hier wichtig. Wir alle kennen das. Plötzlich stößt man auf eine Theaterinszenierung, die radikal anders ist. Und schon spürt man das innere Erstaunen und die aufkeimende Verärgerung. Man ist Opfer seiner Denktraditionen. Man ist Opfer seiner gespeicherten Lustgefühle und emotionalen Erinnerungen. Man fühlt sich verletzt, weil das Erwartete und Vertraute verweigert wird. Und genau an diesem Punkt entsteht eine unsichtbare mentale Kraft. Wenn man sich jetzt selbst überwindet und das Neue akzeptieren kann (nicht geschauspielert, sondern wirklich!), dann hat man seine eigene Historie überwunden, dann hat man seine eigene Tradition durchbrochen. Und genau um diesen Akt geht es, wenn man seine eigene kulturelle Kompetenz erhöhen will. Diese Form von Ich-Überwindung ist eine wesentliche Suggestions- und Kraftquelle für den Manager, insbesondere für den Manager der kommenden Epoche.

Kultur ist für den wissenden Manager keine Unterhaltungsofferte, sondern eine wichtige Kraftquelle. Je häufiger er sich durch das Mittel der modernsten Kultur selbst überwinden kann, um so präsenter seine mentale Kondition.

Es gibt noch eine Autosuggestion, die ich permanent eingesetzt habe und die für mich persönlich wichtig ist: das Rollenbild. Jeder Manager hat ein mehr oder weniger diffuses Rollenbild von sich selbst. Wir alle spielen Rollen, wir müssen Rollen spielen. Aber es ist wichtig, sich darüber klarzuwerden, welche Rolle man zu spielen glaubt. Ich habe sehr früh erkannt, daß meine Mitarbeiter und ich immer dann am besten waren, wenn ich so tat, als ob wir Weihnachten hätten. Ja, ich habe dann die Rolle des »Optimismusboten« gespielt. Ich habe mich dann innerlich, visuell auch so gesehen und mir häufig die für mich entscheidende Formel gesagt: »Was man wirklich will, gelingt trotz aller Probleme.« Das ist meine verbale Suggestionsformel.

Und meine Rollensuggestion läuft so ab, daß ich vor meinem inneren Auge Filme sehe, in denen mein Team geistig mit mir in einer euphorischen Heiterkeit spielt. Ich habe sehr früh erkannt, daß es schlecht ist, alles sehr seriös, sehr cool und damit versachlicht zu praktizieren. Gerade die intuitiven und kreativen Prozesse, auf die es letztendlich doch ankommt, benötigen ein Flair, das in Richtung euphorische Begeisterung geht. Wie Gerken zu sagen pflegt: »Man darf nicht zu früh seriös werden.« Und das war für mich immer die eindeutige Rolle: der Optimismusbote. Mit dieser inneren Einstimmung, die im Laufe der Jahre immer verdichteter und damit auch immer gestaltfester wurde, habe ich unsere vielen Kreativsitzungen und Entscheidungskonferenzen durchgeführt. Am problematischsten ist immer die erste halbe Stunde einer solchen Sitzung. Deshalb habe ich dafür gesorgt, daß die wirklich entscheidenden Sitzungen keine Kurzsitzungen sind. Die kurzen, kleinen Meetings sind gut für die Koordination und für den schnellen kommunikativen Austausch. Die eigentlichen Durchbrüche und damit die Produktion stabiler Begeisterung haben wir immer erst dann erzielt, wenn wir länger miteinander umgegangen sind. Und wie gesagt, da ist die erste halbe Stunde am problematischsten. Deshalb habe ich versucht, in dieser Zeit deutliche Signale abzugeben, die eher in Richtung »kokett-albern« gingen als in Richtung: »Hier tagt das seriöse Topmanagement-Team der Firma XYZ.«

Es geht darum, Optimismus und Selbstbegeisterung wie aus dem Nichts heraus zu gestalten. Und das ist eine Elitenaufgabe. Das ist die Aufgabe des Vorstandsvorsitzenden, das ist die Aufgabe des wirklichen Chefs. Ich habe festgestellt, daß die Selbstbegeisterung des Chefs immer zu einer Mitbegeisterung der Mitarbeiter führt. Irgendwie wirken da Gesetze, die in Richtung »korrespondierendes Wollen« gehen. Je euphorischer, optimistischer – und zum Teil auch lausbubenhafter – unsere Sitzungen waren, desto kreativer, einfallsreicher und auch harmonischer waren wir in unserer Leistung. Und dadurch kommt es genau zu dem Unterschied, der alles entscheidet. Wenn die Mitarbeiter nach einer solchen Planungskonferenz sagen: »Ja, das kann man so machen«, dann haben Sie als Rolleninhaber im Grunde schon versagt. Denn diese Begeisterung ist kognitiv, ist nur rational und wird nicht »vom Bauch« getragen. Aber wenn Ihre Mitarbeiter nach einer solchen Konferenz sagen: »Toll, laßt uns das machen!«, dann haben Sie Ihre Rolle gut gespielt, dann sind Sie in der Lage gewesen, durch die eigene Selbstbegeisterung die Mitbegeisterung der Mitarbeiter zu entfachen. Wie gesagt, der wichtigste Faktor hierbei ist: Man muß diejenige Rolle wählen und im inneren Psychohabitus verankern, durch die man am besten den euphorischen Optimismus artikulieren und übermitteln kann. Das eigene Rollenbild wird zum unsichtbaren Erfolgsfaktor für die Handlungsbegeisterung der Mitarbeiter.

Diese Beobachtungen decken sich mit den Analysen von Arthur D. Little, einem der größten Consulting-Unternehmen mit Sitz in Cambridge. Dort ist man in den letzten Jahren der Frage nachgegangen, wie und warum bestimmte Unternehmen ein gutes, förderndes Unternehmensklima haben, während andere ein innovationsfeindliches Klima haben. An den obersten Köpfen allein liegt es nicht. An rationaler Kompetenz, an Fachwissen und an Erfahrung sind die Mitarbeiter in den unterschiedlichen Firmen sicherlich ähnlich gut. Es liegt oft, wie die Untersuchungen von Little gezeigt haben, am Innovationsklima. Und das ist kein Faktor der Ratio und auch kein Resultat der summierten Intellektualität. Das geht eher in Richtung Metaphysik. Das gehört zu den vielen Soft-Factors des Erfolges. Denn wie kann man ein Unternehmensklima aufbauen, das innovationsfördernd ist? Die Analysen von A. D. Little haben gezeigt, daß eine der wichtigsten Voraussetzungen dafür die »Gewährung von Individualität« ist. Firmen, die zu preußisch-streng und damit zu geistig-konform gesteuert werden, signalisieren im Sinne einer Meta-Botschaft allen Mitarbeitern, daß Individualität und damit auch Kreativität nicht gefragt sind. Sie unterbinden Kreativität, ohne daß sie sie offiziell verbieten. Firmen sollten bestimmte Marotten, bestimmte Rituale und insbesondere auch »Zeremonien der Individualität und der Nonseriosität« pflegen, um im Sinne einer Meta-Botschaft auszudrücken, daß Innovation und anderes Denken nicht nur willkommen sind, sondern geradezu gesucht werden. Und wenn sich dann dieses individualistische Innovationsklima mit einer Vision verbindet, dann entsteht – so A. D. Little in der Studie – ein einzigartiges, vibrierendes Kraftfeld, das Besucher und Fremde oft stört, wenn sie das erstemal eine derartige Firma besuchen. Wie gesagt, das alles kann man nicht strategisch planen. Das alles kann man nicht per Aktennotiz oder Anordnung erzwingen. Hier ist der Manager gefordert, durch Eigenkonditionierung und mentale Suggestionsarbeit zum Kristallisationspunkt für ein derartiges Klima zu werden. Etwas überdramatisch gesagt: Man kann das Innovationsklima, das man in sich selbst nicht entwickelt hat, auch nicht um sich herum erwarten. Und nur durch mental-suggestive Arbeit kann das Topmanagement in seiner privaten Innenausstattung diejenigen Kräfte entwickeln, die es möglich machen, daß der Topmanager zum Kristallisationspunkt einer positiven Innovationskultur wird. Das Unternehmen kann nicht innovativer sein, als es das Topmanagement mental zuläßt.

Aber es gibt noch einen Faktor der Autosuggestion, der wichtig ist: die gewollte Einsamkeit. Meine bisherigen Ausführungen haben sicherlich den Eindruck verstärkt, daß Teamarbeit und Team-Chemie wesentliche Voraussetzungen für erfolgreiches Management sind. Das stimmt auch. Aber der Führer eines solchen Teams muß eine paradoxe Konstellation meistern. Er muß einerseits im Sinne eines »Team-Leaders« im metaphysischen Mittelpunkt des Teams placiert sein. Er muß der Kristallisationspunkt sein können. Er muß für die Teams, mit denen er arbeitet, eine optimale Projektionsfläche sein. Er darf deshalb nicht zu einzelgängerisch, nicht zu kontrovers und nicht zu »anders« sein. Er muß sein können wie alle. Diese optimale Integration ermöglicht es ihm, das Team permanent geistig mit Impulsen, Perspektiven und Sympathie zu versorgen.

Und dennoch muß er im Geistigen illoyal sein können. Er muß wie ein »einsamer Wolf« parallel dazu auch außerhalb der Teamnormen und der Teamzeremonien denken können. Für mich war diese spezifische Einsamkeit immer ein entscheidender Faktor für Durchbruchskreativität. Und ich habe mich sehr häufig, meistens zu Hause und überwiegend am Wochenende, ganz bewußt in ein Fluidum versetzt, in dem ich die Dinge außerhalb meines Teams und auch außerhalb meines Unternehmens ganz anders gesehen habe.

Der autosuggestive Faktor liegt hier in der bewußten Externalisierung. Wenn es einem Manager gelingt, sich über einen längeren Zeitraum so zu fühlen, als ob er ein Fremder wäre, dann ist er in der Lage, geistige Überlegungen und neue Strategien zu fühlen und zu denken, die die gewollte Teamkohärenz ansonsten unmöglich machen würde.

Hier habe ich in meiner Arbeit eine Art aktive Meditation eingeführt, indem ich mich bewußt durch mentale und imaginäre Prozesse auf einen Punkt zubewegt habe, den man im Zen den Nullpunkt nennt. Das ist der Punkt extremer Ungebundenheit. Das ist der Punkt, an dem man eher der einsame Wolf wird als das harmonisch integrierte Mitglied eines Aufsichtsrates oder Teams. Es ist der Punkt, an dem die konstruktive Illoyalität im Geistigen beginnt. Es ist der Punkt, an dem eine andere Gefühlskultur zu einem anderen Denken führt.

Ich sprach ja schon eingangs darüber, daß die Untersuchungen von G. H. Bower gezeigt haben, daß Gefühlskulturen auch die geistige und strategische Arbeit beeinflussen. Und ich habe mentale Wege gefunden, um mich in völlig andere Gefühlswelten hineinzuversetzen, also zu transformieren. Das sind Gefühlswelten, die bewußt konträr zu meinem Unternehmen, zu unseren Entscheidungen und zu unseren Teamprozessen stehen. Wer durch mentale Disziplin derartige »konträre Gefühlswelten« aufbauen kann, kann sich aus dem Kohärenzdruck optimaler Teamarbeit immer wieder befreien und somit zum wirklichen Impulsgeber werden. Qualifizierte, kreative Führung wird aus dieser Sicht eine doppelte mentale Hochleistung:

1. die Produktion einer optimalen Team-Chemie durch autosuggestive Faktoren (Stichworte: Selbstbegeisterung und Mitbegeisterung),

2. die Produktion neuartiger Stimuli durch teamkonträres Denken auf der Basis oppositioneller Gefühlskulturen.

Soweit mein Streifzug durch einige wesentliche Faktoren der Autosuggestion, wie ich sie überwiegend selbst seit Jahren bei mir beobachtet habe. Ich möchte jetzt gern noch einmal alles zusammenfassen, was zum Thema Autosuggestion und Management gehört:

1. Autosuggestion und Optimismus

Wir haben erkannt, daß Optimismus durch mentale Übungen regelrecht konditioniert werden kann. Ein stabiler Optimismus kann somit zur zweiten Natur werden. Das Ergebnis: ein hoher Sympathiewert für den Manager. Damit wird er zum natürlichen »Sympathiemittelpunkt« in seiner Arbeitsumwelt.
Wie erreicht man das? Hauptsächlich durch kontemplative, imaginative und meditative Übungen. Ich werde am Schluß dieses Buches noch einige Bücher vorstellen, in denen derartige Übungen enthalten sind.

2. Autosuggestion und die Intuition des Fließens

Wir haben gesehen, daß es möglich ist, die Ich-Kontrolle, die in der Regel die Intuition blockiert, stark zu reduzieren, um das Feld des Unter- und des Vorbewußtseins anzuzapfen. In diesem Feld liegen geistige Potentiale und Impulse, die uns im allgemeinen nicht bewußt sind. Die mentalen autosuggestiven Übungen sorgen dafür, daß man sich in den Zustand des Fließens hineinsteuert, was überwiegend mit Brain-Training und intuitivem Reden bewerkstelligt werden kann.
Wie erreicht man das? Die wissenschaftlichen Unterlagen zeigen sehr deutlich, daß die erste Voraussetzung eine entspannte Teamatmosphäre und in diesem Sinne eine optimal harmoni-

sierte Team-Chemie ist. Des weiteren gehören hierzu alle Brain-Trainingsmethoden (vom Feedback-Training bis zu Bilderübungen, wie sie zum Teil in der Humanistischen Psychologie seit Jahren mit Erfolg verwendet werden). Hier sind beispielsweise in dem Buch von Jean Houston einige Übungen erklärt.

3. Autosuggestion und »Follow-me-Aura«

Dieser Aspekt ist besonders wichtig. Es handelt sich hier um die Verbesserung der Imaginationsleistungen eines Managers. Das Gesetz: Je bildhafter, je plastischer und gestaltfester die vorweggenommenen Imaginationen, desto souveräner und führungskompetenter ist die Ausstrahlung eines Managers. Je mehr Vorabimaginationen kommender sozialer Prozesse, um so vorbereiteter, fitter und kompetenter wirkt der Manager. Das Ergebnis ist eine eigenständige Aura, die im Sinne einer nicht hörbaren Botschaft (Meta-Kommunikation) den beteiligten Menschen zuruft, man wisse, wohin die Reise geht. Genau das wird »Follow-me-Aura« genannt.
Wie erreicht man das? Durch die klassischen Imaginationsübungen, wie sie in der Psychotherapie, in der Humanistischen Psychologie und zum Teil auch in den spirituellen Szenen üblich und seit vielen Jahrzehnten erprobt sind.

4. Autosuggestion und Rolle

Hier haben wir erkannt, daß zwischen dem Topmanager und seinen Mitarbeitern ein korrespondierender Dialog stattfindet, und zwar oft unter Ausschluß direkter Kommunikation. Das Gesetz: Je größer die Selbstbegeisterung des Managers, um so größer auch die Mitbegeisterung der Mitarbeiter und des engsten Teams. Die Selbstbegeisterung wiederum ist ein Ergebnis der gewählten und verinnerlichten Rolle. Je stärker die Rolle in Richtung »gebende Euphorie« ausgebaut, trainiert und verfestigt

werden kann, desto höher der Begeisterungspegel. Alle Rollen, die zu steif, zu seriös oder zu destruktiv-kritisch sind, zerstören oder blockieren die mitgehende Begeisterung der Menschen. Es muß also gelingen, sich ein Rollenbild zu suggerieren, das geeignet ist, diese Euphorieresonanz bei den Mitarbeitern zu verursachen.
Wie erreicht man das? Rollenbilder können nur autosuggestiv verinnerlicht werden, wenn sie permanent imaginativ konkretisiert und gesehen werden. Es handelt sich hier also um einen stabilen Rollenfilm, der vor dem eigenen geistigen Auge immer wieder abläuft. Parallel dazu empfehlen die Trainer und Therapeuten bestimmte Entspannungstechniken und eine Verlagerung des Ego-Bewußtseins in die Bauchzone. Die Rollensuggestion verbindet sich deshalb meistens mit körperlichen Übungsaspekten.

5. Autosuggestion und Kulturkompetenz

Dieser Aspekt wird in Zukunft immer wichtiger, weil die Wirtschaft generell immer konsequenter in die Gesellschaft zurückkehrt und das Topmanagement damit immer stärker eine gesellschaftsbezogene Strategie konzipieren und gestalten muß. Viele Manager, besonders diejenigen, die für Strategie, Kommunikation, Marketing etc. verantwortlich sind, benötigen deshalb eine hochentwickelte Kulturpersönlichkeit, das heißt, eine ausgebaute Umfeldkompetenz. Der eigentliche psychologische Effekt liegt in der Ego-Überwindung. Kulturelle Suggestion und die Akzeptanz kultureller Innovationen sind die idealen Sprossen für eine permanente Ego-Überwindung. Menschen spüren diese praktizierte Ego-Überwindung. Man bekommt die Aura eines trendfühligen geistigen Führers. Das erhöht die Suggestivkraft des Managers und sorgt dafür, daß er sich permanent transformiert und in diesem Sinne geistig erneuert. Dieser Bereich reduziert das Erstarren in den eigenen Denk- und Erlebnistraditionen.

Wie erreicht man das? Die autosuggestive Arbeit muß deshalb so angelegt sein, daß man Vorurteile, Blockaden und negatives Diskreditierungsverhalten gegenüber modernen kulturellen Strömungen überwindet. Man suggeriert sich selbst, in den modernsten Kulturströmungen vollwertig und kreativ engagiert zu sein. Die Realität folgt dieser Autosuggestion, und der Manager wird dann tatsächlich kontinuierlich besser, kompetenter und erfahrener im Umgang mit kulturellen Innovationen.

6. Autosuggestion und Innovationsklima

Dieser Bereich wirkt auf den ersten Blick so gar nicht »managerlike«, denn hier geht es schlichtweg darum, daß zumindest im engsten Mitarbeiterkreis ein Klima geschaffen wird, in dem geistiger Wagemut geliebt, hervorgelockt und hochgeschätzt wird. Um zum Vater eines derartigen Klimas zu werden, ist es wichtig, daß sich der Manager durch mentale und autosuggestive Übungen in die Lage versetzt, die rationale und oft ängstliche Grundstimmung in den Management-Teams kontinuierlich und gezielt zugunsten einer »dynamischen Heiterkeit« zu zerstören. Gelingt das, kann der Topmanager seine Visionsarbeit wesentlich qualifizieren. Ist das geistige Klima in einem Unternehmen nämlich ängstlich, überkritisch und destruktiv-seriös, dann reduziert sich der kreative Wagemut, und Visionen werden sehr früh als Illusionen und »Blödsinn« diskreditiert. Das Denkbare darf dann nicht mehr gedacht werden. Das Mögliche wird als albern und unprofessionell gebrandmarkt. Gelingt es dem Manager dagegen, ein aktives Innovationsklima durchzusetzen, kann seine eigene Visionsarbeit wesentlich mutiger, engagierter und eben visionärer durchgeführt werden. Untersuchungen haben gezeigt, daß die visionäre Kompetenz des Topmanagers einen wesentlichen Erfolgsfaktor darstellt. Er muß also durch mentale Programme und autosuggestive Übungen fit werden für ein innovatives Klima und für ein mutiges Visionsmanagement.

Wie erreicht man das? Hier sind es in erster Linie autosuggestive Übungen in Richtung Selbstbildkorrektur.

7. Autosuggestion und kreative Einsamkeit

Hier geht es darum, sich trotz der hohen Sozialaffinität, die das moderne Management verlangt, immer wieder zurückziehen zu können auf den Nullpunkt, das heißt, unabhängig zu werden von den Vibrationen, Strömungen und Standards des eigenen Unternehmens und der Mitarbeiter. Es ist eine »gezielte Illoyalität im Geistigen«. Der wirkliche Führer repräsentiert sowohl die durchschnittliche Gruppenmeinung als auch zugleich die Fähigkeit, sich von diesem Druck abzusetzen, um aus einer Gegenwelt neue Impulse zu erhalten. Es ist eine paradoxe Kompetenz, die sowohl die optimale Implementierung und soziale Integration als auch den bewußten Aufbau einer Antiposition verlangt. Diese doppelte Wirklichkeit, die zu leben nicht sehr einfach ist, sorgt dafür, daß man immer wieder das Team »konstruktiv erschüttern« kann, um den geistigen Fortschritt voranzutreiben.
Wie erreicht man das? Hier handelt es sich in erster Linie um eine psychische Autonomie, die nicht von heute auf morgen erzwungen werden kann. Es ist eine seelisch-geistige Unabhängigkeit, die durch mentale Übungen erzielt werden kann. Viele Beispiele finden sich in dem Buch von Jean Houston.

Und damit sind wir beim Thema: Wie lernt man das? So etwas lernt man nicht an den Akademien und Hochschulen, auch nicht bei den international berühmten Business Schools. Derartige Kompetenzen kann man auch nicht durch die tägliche Arbeit im Unternehmen lernen. Dort lernt man eher Erfahrungsmuster kennen. Es ist also notwendig, privat mentale und metaphysische Kompetenzen zu studieren und zu trainieren. Schlicht gesagt: Man muß es mit sich allein zu Hause abmachen. Aber vielleicht werden sich hier die Zeiten ändern, und vielleicht wird es für

Manager und Topmanager eigene Programme und vielleicht auch eine eigene Trainingsuniversität für diese unsichtbaren Kräfte des Erfolges geben. Solange es das nicht gibt, ist man auf die Seminare angewiesen, die oft nicht jedermanns Geschmack sind, weil sie häufig zu spirituell oder zu alternativ ausgerichtet sind und zumeist auch von der typischen Szene organisiert werden. Und dann gibt es eben Bücher (siehe Literaturverzeichnis).

Kapitel 10
Die visionäre Führungsmethodik

Die autosuggestiven und mentalen Techniken bilden den Kern dessen, was ich Inner-Management nennen würde. Lassen Sie uns nun noch einmal umfassender und detaillierter auf das Herzstück dieses Inner-Managements eingehen, nämlich auf die Verbindung von Vision und Imagination. Wir können sagen: Je trainierter und besser die Imaginationsleistung eines Managers, um so kompetenter ist er in allen Fragen der Vision, um so visionärer wird sein persönlicher Habitus, und um so glaubwürdiger und mitreißender werden die von ihm offerierten Visionen. Deshalb wollen wir jetzt beginnen, Vision und Imagination wesentlich umfangreicher zu analysieren. Hier steckt ein besonders wertvoller mentaler Erfolgsfaktor für Manager.

Der weltberühmte Eiskunstläufer Toller Cranston beschrieb einmal eine Eistanzaufführung wie folgt: Das Publikum »war still und schaute gespannt zu«. An einem bestimmten Punkt »fühlte ich, wie ein elektrischer Schlag durch die Menge ging. Sie verstanden. *In diesem kurzen Augenblick verschmolzen wir miteinander.* Die Wirklichkeit existierte nicht mehr, und die Zeit wurde dehnbar. In jener Nacht öffneten wir das Tor zum Morgen und gingen hindurch. Wir konnten das spüren; wir konnten die Geburtswehen fühlen. Und es war etwas jenseits der Liebe, jenseits der Wirklichkeit.« Cranston hatte intensiv gespürt, daß er und die vielen tausend Zuschauer für ganz kurze Zeit zu einer Einheit geworden waren (»Wir verschmolzen miteinander«).

Durch seine Art zu laufen, das heißt durch sein präsentiertes Verhalten, kam es zu einem weitgehenden seelischen Gleichklang aller Beteiligten. Und in diesem Kapitel möchte ich über die suggestive Rolle von Visionen sprechen, insbesondere in Verbindung mit diesem Verschmelzungseffekt, also mit dem Herstellen eines kollektiven Teambewußtseins.

Firmen werden nicht ausschließlich durch operatives Management, sondern – wie in der letzten Zeit auch die Theoretiker immer stärker anerkennen – durch metaphysische Faktoren und durch mentale Faktoren, also Firmenkultur, Riten und Symbole gesteuert. Visionen sind unsichtbare Kraftquellen für ein kohärentes menschliches Verhalten. Wichtig dabei ist eben jenes kleine Wörtchen »kohärent«. Wenn man richtig mit Visionen umgeht und wenn man sie sozialisieren kann, kommt es zu dem Verschmelzungseffekt, den Cranston beschrieb.

Halten wir also fest: Manager finden in Visionen einen neuen Kraftquell, der eine doppelte Wirkung hat: als Autosuggestion für die eigene Arbeit, für die Selbstmotivation und auch – wenn die Vision kommuniziert und sozialisiert werden kann – als Erfolgsfaktor für kohärentes Verhalten. Visionen werden in diesem Fall zu einem wichtigen Führungsinstrument. Sie helfen beim »Führen, ohne zu führen«.

Warum brauchen wir das? Die Sache ist schnell erzählt: Die wirtschaftliche Szene wird immer turbulenter. Sie wird internationaler. Sie wird hysterischer. Sie wird zappeliger. Das gesellschaftspolitische Umfeld der Firmen (man denke an die neuen ethischen und ökologischen Diskussionen und Determinanten) wird immer wichtiger. Das Management wird von immer mehr Außenfaktoren mitgesteuert. Dadurch werden Strategie und operatives Prozeßmanagement immer weniger berechenbar. Jedes gesunde System setzt in einer solchen Situation auf Dezentralisierung, auf Trial and Error, teilweise auch auf *small is beautiful* und auf Selbstorganisation, Selbstmotivation und Selbstkontrolle.

In den nächsten Jahren werden wir also immer stärker die partizipative Intelligenz unserer Mitarbeiter benötigen, um von den zentralen Kalkülstrategien der alten Zeit wegzukommen. Flexibilität und Anpassungsgeschwindigkeit können nur organisiert werden, wenn immer mehr »Chefs« statt angewiesene Mitarbeiter eigeninitiativ handeln.

Soweit die Trends. Und die Konsequenz für die Führung lautet deshalb: Wir müssen kraftvoll führen, ohne zu befehlen. Wir müssen kraftvoll führen ohne klassische Kaderdisziplin und ohne die üblichen Delegationsprinzipien. Selbstführung und Fremdführung schließen sich tendenziell aus. Deshalb lauten die neuen Zielsetzungen: mehr Führungseffizienz bei gleichzeitig mehr Freiheit, mehr Selbstdisziplin durch Reduzierung von Fremddisziplin.

Wenn wir die immer wichtiger werdende Ressource »Mitarbeiter« wirklich nutzen wollen, werden wir in den nächsten fünfzehn bis zwanzig Jahren völlig neuartige Personalstrategien entwickeln müssen. Und mit Sicherheit wird eine der Leitlinien dabei so aussehen, daß wir berücksichtigen, daß entscheidungsautonome Mitarbeiter im Prinzip nicht geführt werden wollen. Gleichzeitig aber zwingt uns die wachsende Turbulenz zu immer mehr kraftvoller Führung. Und dieser Widerspruch kann nur gelöst werden, wenn der Anteil der direktiven Führung reduziert wird und der Anteil der Führung durch Charisma und Vision erhöht wird.

Ich habe in den letzten Jahrzehnten sehr häufig innerlich den Kopf geschüttelt, wenn ich Chefs beobachtet habe, die geradezu stolz darauf waren, ihre Mitarbeiter extrem detailliert anzuweisen und zu führen. Ich habe häufig gespürt, daß hier auf einer höheren kommunikativen Ebene symbolische Handlungen zelebriert worden sind, die in Richtung »befohlene Unmündigkeit« gehen. Und besonders oft habe ich das bei Topmanagern beobachten können, die besonders viel Wert auf ein Super-Controlling legten. Und meine Formel dafür heißt: »Prozesse können gesteuert werden. Mitarbeiter müssen geführt werden.« Präzisionssteuerung und Mitarbeiterführung werden sich nach meiner Überzeugung in den nächsten Jahren immer weiter auseinanderentwickeln. Die Präzisionssteuerung wird die elektronischen Rückkoppelungsmöglichkeiten und die neuen Möglichkeiten der Datenverarbeitung immer stärker berücksichtigen. Hier verbinden sich die technologischen Möglichkeiten der Elektronik mit der neuesten Entwicklungsstufe der Kybernetik (Feedback-System). Aber Führung wird immer weniger technokratisch werden. Führung wird sich immer mehr in das metaphysische oder mentale Feld begeben.

Es gibt auch schon deutliche Hinweise dafür. In unserem kleinen Kreis hatten wir einige Hintergrundfakten dafür recherchiert und diskutiert. Im Jahre 1985 hatte die berühmte Zeitschrift »Business Week« unter dem Titel »New Corporate Elite« die bereits erwähnten fünfzig Repräsentanten vorgestellt. Die Redakteure schrieben, daß der Trend zu mehr High-Tech und das zunehmende Gewicht von Dienstleistungen eine starke Rückbesinnung auf unternehmerische Innovationsqualitäten mit sich bringen würden. Und die neue Elite der Unternehmer und Manager hätte einige Grundeinstellungen, die völlig unabhängig voneinander zu beobachten seien, unabhängig von der Branche, unabhängig von den Unternehmen, unabhängig vom Werdegang. Und dann zählte »Business Week« diese Erfolgsprinzipien des neuen Elitemanagers auf. Und siehe da – einer der Faktoren lautete: »Der Führungsstil ist wesentlich vom Charisma geprägt.« Führen durch Persönlichkeit steht im Vordergrund. Intuition ist eine Eigenschaft, die Führungskräfte haben sollten. Bei Leuten an der Spitze spielt die »Vision, wo es langgehen soll«, eine wesentliche Rolle. »Pragmatischer Träumer« charakterisiert viele der neuen Elite.

Ein deutlicher Hinweis, wohin die Reise geht. Hier ist ein mentales Modell entdeckt worden, das viel besser in die kommende, partizipative Kultur paßt, die sich langsam in den Firmen entwickelt (Abkehr vom klassischen Kadersystem). Wie fremd klingen da Vokabeln, die typisch sind für das klassische Ratiomodell der Führung: Willensbildung, Analyse, Kritik, Zielsetzung, Planung, Bewertung und Entscheidung.

Schon das Vokabular zeigt, wie weit sich die mentalistische visionäre Führungsmethodik von der klassischen, funktionalen Ratiomethodik entfernt hat. Das Ratiomodell der Führung scheint in den Mitarbeitern kalkulierbar funktionierende Rädchen in einem Uhrwerk zu sehen. Das mentalistische Bild der Führung sieht in dem Mitarbeiter weitestgehend einen Partner, der sich selbst motiviert, der sich selbst organisiert und selbst kontrolliert.

Oft wird gesagt, daß die Zuwendung zu den Prinzipien der

Selbstorganisation zwangsläufig zu Chaos und Handlungsblockade führen würde. Wenn sich jeder selbst organisiert, wer garantiert dafür, daß trotzdem ein kohärentes, akkumuliertes Handeln dabei herauskommt? Genau das ist die Aufgabe der Vision. Und deshalb setzt der mentalistische Führungsstil auf Imagination und Vision.

John Naisbitt hat einmal gesagt, daß das eigentliche Problem beim Umschalten auf die neuen Führungsprinzipien und die neuen Organisationssysteme das Topmanagement sei und nicht die Mitarbeiter in den darunterliegenden Hierarchieebenen. Wenn die Topmanager keinen visionären Habitus haben, können sie die Zukunft nicht lieben. Wenn sie die Zukunft nicht lieben, werden sie sie auch kaum artikulieren und damit keine generelle Zukunftsaffinität aufbauen. Kommen wir wieder zu dem Phänomen der Meta-Kommunikation: Sie sagen durch ihr Verhalten, durch ihre Aura und durch ihre unausgesprochenen Wertsysteme, daß in diesem Unternehmen Zukunft suspekt oder gar verboten ist.

Interessant ist in diesem Zusammenhang das Phänomen der Zeitvorstellung. Die beiden Professoren Gonzales (Professor für Psychologie an der California State University in Fresno) und Zimbardo (Professor für Psychologie an der Stanford University) haben das Thema »Zukunft und Zeitkonzept« einmal näher untersucht. Ihre Arbeitshypothese war die, daß der Umgang mit Zeit und Zukunft gelernt wird und daß erfolgreiche Menschen ein anderes Zeit- und Zukunftskonzept trainiert und verinnerlicht haben als weniger erfolgreiche Menschen. Einige Ergebnisse dieser faszinierenden Studie:

Die Zukunftsbewußtheit wächst mit steigenden Gehältern. Je mehr Berufserfolg, um so bewußter ist die Einstellung zur Zeit und um so ausgeprägter ist die generelle Kompetenz für Zukunft. Die gegenwartsorientierte Tendenz, für Führungskräfte und für engagierte Mitarbeiter eher schädlich, ist am häufigsten vertreten bei Männern mit niedrigstem Einkommen. Die beiden Professoren haben sieben Zeitklassen gebildet. Und es zeigte sich, daß in der Zeitklasse »starke Zukunftsorientierung« auch gleichzeitig die höchste Arbeitsmotivation angesiedelt war. Manager wiesen ebenfalls Spitzenwerte auf beim Faktor »Sensibilität gegenüber der Zeit«. Sie wissen offensichtlich, wie wichtig und wertvoll Zeit ist. (Übrigens: Rentner waren hier ebenfalls ganz oben zu finden. Auch sie wissen um den Wert der knapper werdenden Lebenszeit.)

Die Zukunftsorientierung, so zeigten die Analysen von Gonzales und Zimbardo, kann verändert werden. Sie ist abhängig vom Weltbild, oft von der Lebensphase, in der man gerade steckt, und sehr häufig auch von den sozioökonomischen Grundbedingungen. Sie ist aber auch kulturabhängig. Die lateinamerikanischen Länder und die Mittelmeerstaaten etwa haben kulturell ein völlig anderes Zeitgefühl als die »Nordländer«.

Welche Konsequenzen können wir daraus ziehen? Zuerst einmal müßte jeder Topmanager sein »heimliches Zeitgefühl« analysieren und kennenlernen. Wir sind immer alle in der Gefahr, den ewigen Run zur vordersten Front der Trends, der Innovationen und der neuen sozialen Strömungen einmal satt zu haben und müde zu werden. Und so kann sich leicht ein gewisser zynischer oder konservativer Habitus einschleichen. Man läßt sich dann »zeitlich fallen« und bekommt oft im Laufe weniger Jahre eine starke Gegenwartsorientierung. Das ist an zwei Faktoren zu beobachten: Entweder wird man zu hedonistisch oder zu fatalistisch. Gerken hat hier einen einfachen Test ausgearbeitet, durch den der Grad der Zukunftsorientierung und der Grad von Pessimismus und Optimismus festgestellt werden können. Jeder Manager, der fähig sein will, per Vision Menschen zu führen, müßte begreifen, daß sein Zeit- und sein Zukunftskonzept einen der heimlichen Erfolgsfaktoren darstellen. Und er müßte sich trainieren. Nur so ist er fähig, permanent visionär zu arbeiten, in sich selbst Visionen als Stimulanzfaktoren zu aktualisieren und auch gleichzeitig die Visionen kommunikativ und sozial in dem Unternehmen zu verankern. Denn die besten (innerlich ausgearbeiteten) Visionen helfen nichts, wenn das engste Team und alle anderen Mitarbeiter eines Unternehmens nichts davon wissen. Visionen dürfen keine heimlichen Träume aus der Intimsphäre sein. Sie müssen zum Erleuchten gebracht werden. Sie müssen sozialisiert werden. Erst dann können sie für Selbstmotivation bei gleichzeitiger Handlungskohärenz tauglich werden.

Aber wir können noch etwas aus diesen Forschungen lernen. Wenn es stimmt, daß die Zukunftsorientierung ein unsichtbarer Erfolgsfaktor für den Manager ist, dann ist sie auch ein Erfolgsfaktor im Rahmen der Firmenkultur. Wenn es einem Manager oder einem Team gelingt, die Firmenkultur in Richtung Zukunft zu verändern, werden automatisch Fatalismus und Hedonismus reduziert. Das Unternehmen – hier aufgefaßt als lebendige Persönlichkeit – bekommt einen stärkeren Optimismusgrad. Dieser wiederum aktiviert das Innovationsklima. Wir haben bei Tetra Pak deshalb sehr häufig Innovationszirkel initiiert, ohne diese so zu nennen. Und wir haben uns meistens besonders spektakuläre, zukunftsausgerichtete Zielsetzungen vorgenommen. Eine lautete beispielsweise: »Wir wollen eine völlig neue Art von Investionsgüterwerbung entwickeln.« Und das hat uns viele Monate lang intensiv beschäftigt. Es hat uns auch ein anderes Selbstbild, ein höheres Maß an Stolz und eine andere Zukunftsorientierung gegeben. Später haben wir die Konsequenzen dieser Innovationsarbeit nicht realisiert. Das ist auch nicht die eigentliche Aufgabe. Wir haben uns durch einen derartigen Zukunftszirkel lediglich gezwungen, uns selbst zu transformieren: die Zukunft anders zu sehen, als wir sie eben noch gesehen haben. Ich empfehle die Technik mit den Innovationszirkeln deshalb, weil ich weiß, wie schwer es ist, ein innovatives Unternehmensklima zu etablieren und zu pflegen. Und ich empfehle den Topmanagern, öfter diesen Prozeß der Erneuerung speziell für sich selbst durchzuführen. Wie gesagt: Eines der schnellsten, der billigsten und besten Instrumente für diese »Selbstüberwindung nach vorn« ist die Kultur.

Kunst und Kultur sind also nicht nur eine hervorragende Quelle für Autosuggestion in Richtung Zukunft. Sie sind auch ein erprobter Stoff, aus dem die Zukunftskompetenzen immer wieder aufgebaut werden können.

Ich persönlich habe die Kunst-und-Kultur-Szene immer als

einen heimlichen Trainer aufgefaßt, den nur ich sehe und sonst niemand. So wie jeder Spitzensportler seinen Coach hat, der ihn immer wieder von außen beobachtet und ihm sagt: »Hier ist noch etwas, das du verbessern kannst, hier ist etwas Neues, das du trainieren mußt«, so ruft mir die Kunst-und-Kultur-Szene immer zu, mich vom Heute und erst recht vom Gestern zu verabschieden. Denn in unserer schnellebigen Zeit sind viele Dinge, die gestern noch mutig waren, heute schon überholt. Und nichts ist gefährlicher als die Zementierung von Strategien, die besonders erfolgreich waren. Hier lauern unsere Zukunftsfeinde.

Halten wir also an dieser Stelle fest: Es ist wichtig für Spitzenmanager, ein kontinuierliches Zukunftstraining durchzuführen (entweder über Trend-Monitoring oder über Kulturauseinandersetzungen) und das persönliche Zeitkonzept kontinuierlich zu überwachen. Die Zielsetzung dafür lautet: statt vorrangigem Hedonismus oder Fatalismus eine optimistische Zukunftswollust. Wenn das nicht gewahrt ist, beginnt es riskant zu werden. Zumindest jedoch ist man nicht mehr in der Lage, viele Mitarbeiter durch Vision zu führen und zu begeistern.

Wir wirken nun Visionen? Visionen, wenn sie durch den Topmanager verinnerlicht und durch seine sozialen Konzepte popularisiert worden sind, prägen Zielmuster. Und sie prägen zugleich Wertemuster. Sie definieren also, was gewollt wird und warum es gut ist, es zu wollen. Sie definieren also nicht die einzelnen Schritte und auch nicht die Strategie. Visionen sind wie Meta-Ziele über den Zielen und über den Strategien. Derartige Visionen können dann zum Fundament für eine Firmenkultur werden.

Ich habe nun beobachtet, daß viele ausgesprochen gute Spitzenmanager nicht in der Lage sind, Visionen zu formulieren. Wenn man sie fragt, was ihre Vision sei, so antworten sie meistens in Kategorien der Macht (Marktführer werden und ähnliches), oder sie antworten in Kategorien der konkreten Faktizität (18 Prozent mehr Umsatz in fünf Jahren). Aber wir dürfen nicht glauben, daß Machtprobleme und ökonomische Fakten Mitarbeiter wirklich hochgradig motivieren, ja sogar leidenschaftlich begeistern können. An solche Zahlen und Fakten kann man nicht glauben. Für sie kann man nicht durchs Feuer gehen. Für sie kann man nicht das wichtige »Quentchen mehr« an Leistung investieren.

Deshalb bin ich zu der Überzeugung gekommen, daß visionäres Arbeiten richtig gelernt werden muß. Und das geht durch Imagination. Persönlich habe ich dem Faktor Imagination von Anfang an ausgesprochen viel Aufmerksamkeit zugewandt. Doch eigentlich bin ich erst in den letzten Jahren so richtig dahintergekommen, warum Visionen durch Imagination entstehen oder qualifiziert werden. Und ich möchte das wie folgt beschreiben:

Eine Vision kann man auf ein Stück Papier schreiben. Das ist sogar gut und empfehlenswert. Aber selbst dann, wenn sie richtig formuliert ist, also in der typischen Sprache der Vision (ein Beispiel: statt »Wir wollen Marktführer werden im Segment gesunde Möbel« besser »Wir wollen erreichen, daß ein Bewußtsein für Wohnfitneß im ganzen Land entsteht«), so ist sie noch längst keine kraftvolle Vision. Es ist nur die Worthülse. Natürlich muß man beim Formulieren darauf achten, daß man möglichst affektive Vokabeln benutzt und daß hier ein soziales Anliegen gleichzeitig mitdefiniert wird. Denn aus diesem sozialen Anliegen heraus definiert sich für die Mitarbeiter der eigentliche private und soziale Sinn des Engagements. Aber wie gesagt, das alles reicht nicht aus.

Wenn eine solche visionäre Sequenz erst einmal formuliert ist, dann beginnt die Imaginationsarbeit. Ich sehe das eher als eine Art kontrollierten Wachtraums, in dem ich mir das Ziel bildlich vorstelle, und zwar visuell und tendenziell wie einen Film. Die Materialien, die unser kleiner Kreis zu diesem Thema recherchiert und gesammelt hat, zeigen, daß ich da auf dem richtigen Wege bin.

Auch in der Mystik, der Esoterik, der Magie und erst recht bei den neuen wissenschaftlichen Methoden des Spitzensports geht es immer darum, die gewollte Zukunftswirklichkeit in Bildfilme umzusetzen und sie dann affektiv-plastisch zu erleben. Man muß

Visionen also für sich selbst gestaltfest machen. Ich sage immer: Sie müssen so wirklich werden, daß man sie riechen, schmecken und hören kann.

Und genau hier haben viele Manager Schwierigkeiten, weil sie für derartige Tagträume, für eine derartig gesteuerte Intuition und Imagination nicht ausgebildet sind. In Amerika und in Deutschland gibt es deshalb immer mehr Seminare für diese visionäre und imaginäre Kompetenz. Die meisten trainieren dabei zuerst einmal die rechte Gehirnhemisphäre. Etwas vereinfacht: Die Brain-Wissenschaft sagt, daß ganzheitlich visionäre und visuelle Botschaften und Wahrnehmungen am besten durch die rechte Gehirnhemisphäre artikuliert und verdinglicht werden können. Also trainiert man den Zugang zur rechten Gehirnhemisphäre.

In Deutschland ist es im Topmanagement bei weitem noch nicht üblich, Brain-Training für die Führungselite zur Pflicht zu machen. Da gibt es zwar schon gute Ansätze, aber an sich zeigen die Recherchen unseres kleinen Kreises, daß hier noch eine eigenartige Berührungsangst vorherrscht. Alles Mentalistische scheint nicht zum Selbstbild und zum Weltbild des Erfolgsmanagers zu gehören. Meine Gegenthese: Gerade diese mentalen Kompetenzen sind es, die den Unterschied zwischen einem guten und einem sehr guten Manager machen.

Ich selbst habe derartige Seminare und Trainingsworkshops auch nicht besucht. In meiner Managergeneration war das ohnehin weder bekannt noch üblich. Aber für die kommende Generation der Manager wird es mehr und mehr normal und wichtig werden, die privaten mentalen Ressourcen, also beispielsweise die Imaginationsfähigkeiten, systematisch zu trainieren und zu verbessern. Vielleicht habe ich auch nur Glück gehabt. Ich bin sehr früh auf derartige Imaginationstechniken gestoßen und habe ganze Prozesse, wichtige Konferenzen, Auseinandersetzungen und Verkaufsverhandlungen imaginativ vorbereitet. Aber – wie gesagt – ich bin vom Habitus immer noch ein künstlerischer Mensch geblieben. Meine Zuwendung zu Kultur und Kunst hat dafür gesorgt, daß dieser Zugang zu mentalen Kraftquellen nie ganz verschüttet wurde.

Das Schlimmste, was einem kommenden Topmanager passieren kann, ist ein übermäßig rationales Studium, gepaart mit einer ausgeprägten Vorliebe für rationale Weltmodelle.

Der amerikanische Psychologe und Berater David Loye hat sich ebenfalls intensiv mit der Zukunft auseinandergesetzt. Er ist Direktor des Instituts für Zukunftsforschung in Camel, Kalifornien. Seine Diagnosen und Studien haben gezeigt, daß die Fähigkeit, die Zukunft zu erfühlen (und damit Zukunft zu gestalten), sehr stark davon abhängig ist, wie gut unsere moralische Sensibilität ist. Je höher die moralische Sensibilität der Manager und Mitarbeiter, um so besser die Fähigkeit, Zukünftiges vorauszusagen. Und je zukunftsoptimistischer die Perspektiven (je weniger Zynismus und Fatalismus), desto besser und richtiger wird das Zukunftsempfinden.

Wenn es also einem Topmanager gelingt, eine Vision durchzusetzen, die den Mitarbeitern erlebbar macht, daß sie sich für ein ethisch wertvolles Ziel einsetzen, dann wird indirekt, ohne daß das speziell trainiert und entwickelt werden muß, das gesamte Unternehmen zukunftsoptimistischer, und die Zukunftsfühlfähigkeit des Führungsteams wird besser. Auf einen Nenner gebracht: Wenn man in sich selbst das starke Gefühl hat, daß man für die Gesellschaft und die Welt etwas Gutes erreichen will, dann hat man offensichtlich mehr Spaß und eine größere innere Kompetenz für das Gestalten von positiven Zukünften.

Die Aufgabe des Managers – sein Unternehmen in eine positive Zukunft zu führen – ruft gebieterisch nach der Nutzung aller Kraftquellen, die ihm zur Verfügung stehen. Wir können es uns ganz einfach nicht mehr leisten, unsere inneren Kräfte zu vernachlässigen, bloß weil sie angeblich zuwenig rational und damit irrelevant für unsere Entscheidungen seien. Nichts von der Kraft des Managers, die ich in diesem Erfahrungsbericht geschildert habe, ist wirklich geheim. Bekannt ist diese Kraft jedem Manager, aber ihr volles Potential entfaltet sie erst, wenn wir sie als Teil unseres Energiepotentials ernst nehmen und sie schöpferisch nutzen – zum Wohle der uns anvertrauten Unternehmen.

11. Kapitel
Die wichtigsten Gebote auf dem Weg zu erfolgreichem Inner-Management

Nehmen Sie Abschied von dem Glauben, daß hohe Rationalität für erfolgreiches Management wichtig sei. Sie ist es nicht.

Die Wirklichkeit des Unternehmers und des Managers wird immer anders sein, als unsere Rationalität sie konstruieren kann. Wir bilden uns nur ein, die Lage wirklich durchschauen zu können. Für ein gutes Inner-Management ist es wichtig, davon auszugehen, daß wir immer zu wenig wirklich wissen, aber daß wir immer Zugang finden können zu der Welt hinter der Wirklichkeit.

Das wichtigste Credo des Inner-Managements lautet deshalb: Werden Sie zum Spiegel der permanent non-rationalen Wirklichkeit! Aber tarnen Sie sich zugleich mit einer Art »rationaler Tarnkappe«, damit die Menschen und Kollegen um Sie herum Sie als vernünftig und intelligent beurteilen! Erkennen Sie, daß die Rationalität des Managers ein großes Stück Schauspielerei ist! Und handeln Sie danach!

Verhindern Sie um jeden Preis, daß Ihr Geist konservativ wird, und mag Ihr Umfeld noch so konservativ sein! Verinnerlichen Sie bewußt die Rolle eines »getarnten Revolutionärs« bezogen auf das Geistige!

Bombadieren Sie Ihr Gehirn mit mehr Informationen, als es Ihnen eigentlich lieb ist! Unser Gehirn und damit auch unser Ego flüstert Ihnen allzuoft und auch allzugern zu: »Jetzt reicht's!« Lernen Sie, diese Informationsblockade zu überwinden, weil nur durch zuviel Information das Gehirn gezwungen wird, auf eine höhere Komplexititätsebene umzuschalten. Nur so können Sie sich selbst zwingen, die Quintessenz der vielen Dinge und Trends zu erkennen: das Muster über den Fakten. So erhalten Sie das Adler-Bewußtsein, das Klarheit schafft.

Üben Sie systematisch, sich besser an die Zukunft erinnern zu können. Stichwort: Remembering the future.

Es ist ein falsches Glaubensbekenntnis, anzunehmen, daß die Zukunft immer unsicher und nebelhaft ist. Sie können viel tun, damit die Zukunft in Ihrem Kopf konkret und fest wird, so daß Sie heute mit Ihrem Geist in der Welt von morgen spazierengehen können. Planen Sie deshalb ganz konkrete Imaginations-Stunden ein, durch die Sie Ihren Geist üben, die Zukunft zum Heute zu machen.

Sorgen Sie bewußt und gezielt für einen positiven mittleren Streß! Sie wissen ja: Zuviel von dem falschen Streß ist sehr schädlich, aber zuwenig Streß ist genau die falsche Strategie. Plazieren Sie den gewollten Streß auf das Feld der Zukunft, also dort, wo am meisten Unsicherheit ist. Arten des Streß, die durch Visions-Arbeit verursacht werden, sind immer konstruktive, ja sogar euphorische. Visionen bergen in sich viel Vorwärts-Energie.

Pflegen Sie permanent Ihre Selbstbild-Qualität! Was auch immer Sie tun, wie erfolgreich es auch immer ist: Lassen Sie nicht zu, daß sich bei Ihnen ein Kleinheits-Ich einschleicht. Wenn etwas danebengeht, deuten Sie es um! Lernen Sie nicht das Programm »Ich kann das nicht«, sondern »Jetzt habe ich gelernt«.

Entwickeln Sie ein gutes Gespür für Energiequellen! Es gibt sie überall, diese Tankstellen der mentalen Kondition. Meistens sind Sie im kulturellen und sozialen Umfeld angesiedelt. Die einzige Schwierigkeit ist die, kontinuierlich daran zu denken, diese Energie methodisch abzuzapfen. Üben Sie deshalb einen »Energie-Ernte-Habitus« ein! Musik ist der beste Zugang dazu.

Für die kommenden Jahre wird es immer wichtiger, eine positiv bejahende Einstellung zu unstrukturierten und komplexen Situationen aufzubauen. Man kann diese Ungewißheits-Toleranz systematisch steigern. Tun Sie das, indem Sie bewußt konträre Informationen sammeln, aber auch Informationen ohne Zweck-Charakter!

Bringen Sie Ihr Weltbild bewußt aus dem Gleichgewicht, und zwar nicht ab und zu, sondern möglichst monatlich, wenn es geht wie nach einem Fahrplan! Die Methode dazu ist die gezielte Verstörung. Lassen Sie sich auf Werturteile und Weltbilder ein, denen Sie eigentlich nie zustimmen könnten! Nur so können Sie eine zusätzliche Kompetenz aufbauen für die »geistigen Bocksprünge über sich selbst«. Werden Sie Meister im Erkennen Ihrer versteckten Denk-Traditionen!

Verbessern Sie gezielt Ihre Meta-Kommunikation, also die Botschaften, die als mitlaufende Inhalte in Ihrer Kommunikation enthalten sind! Entwickeln Sie einen Sensor für das, was nicht geäußert wird! Versuchen Sie dann, wenn Sie Meister der Meta-Kommunikation sind, diese immer stärker auf Kreativitäts-Erlaubnis auszurichten, so daß Ihre Mitarbeiter immer häufiger und kraftvoller indirekt von Ihnen signalisiert bekommen, daß sie kreativ und mutig denken und entscheiden dürfen! Arbeiten Sie bewußt mit diesem Resonanz-Effekt!

Bauen Sie sich ein positives Verhältnis zum Prinzip des Tao auf, das heißt zu der Erkenntnis, daß alles fließt und nichts endgültig stimmt! Nur so können Sie Ihr persönliches Lerntempo und das Ihrer Mitarbeiter erhöhen. Trainieren Sie in diesem Zusammenhang Ihre mentale Flexibilität, insbesondere im Hinblick auf Chaos-Situationen!

Gestalten Sie Ihre Planungs-Methodik um: Konzentrieren Sie sich immer stärker auf die sogenannten »Ordner« und vernachlässigen Sie bewußt die unzähligen Details! Ordner sind hochplazierte Fixpunkte Ihrer Erwartungen, die Sie gestalten und steuern. Wer die Ordner steuert, steuert indirekt das Ganze, ohne das Ganze planen und kontrollieren zu müssen. Lernen Sie, die zentralen Ordner-Faktoren zu erkennen! Und focussieren Sie Ihre mentale Arbeit konsequent auf diese Ordner!

Bauen Sie sich eine Kompetenz auf für das Wissen, das man nicht weiß! Dies geht über inhärentes Lernen. Und das wiederum kann trainiert werden durch besonders leidenschaftliche Identifikation mit Aufgaben und Zielen. Das ist das, was auch Mimesis genannt wird, das heißt die Verschmelzung mit Objekten. Entwickeln Sie also eine mimetische Kompetenz im Hinblick auf die Verschmelzung mit dem Augenblick, das heißt mit dem Hier und Jetzt, weil Sie dadurch Ihr Handeln auf einen höheren Leidenschafts-Sound umstellen! Dieses erzeugt bei Ihren Mitarbeitern mehr Energie bei gleichzeitig mehr Kohärenz.

Entwickeln Sie eine grundsätzlich andere Einstellung zur Unstimmigkeit! Beginnen Sie, Paradoxa, Offenheit und Ungeordnetheit innerlich nicht nur zu akzeptieren, sondern zu lieben! Investieren Sie gerade hierfür viel Zeit und aufrichtiges Bemühen, weil die kommenden Jahre viel Widersprüchlichkeit bei gleichzeitiger Turbulenz mit sich bringen werden!

Versuchen Sie, konsequent Ihr Bewußtsein zu erhöhen! Ihr Ziel sollte lauten: »Ich möchte mein Denken beobachten können, während ich denke.« Selbstreflexion ist eine wichtige Voraussetzung für ein professionelles Inner-Management. Wenn Sie intensiv üben, wird es Ihnen gelingen, sich ein Bewußtsein über Ihr Bewußtsein aufzubauen, wodurch Sie Ihre eigenen positiven oder negativen Programme erkennen können. Versuchen Sie, diese höhere Ebene imaginativ, das heißt bildhaft zu konkretisieren und zu verfestigen, so daß Sie fähig werden, sich selbst schneller zu überwinden! Sagen Sie sich immer dann, wenn Sie gegenüber neuen Aspekten Ablehnung empfinden: »In einem Jahr werde ich es gut finden, also kann ich es jetzt schon gut finden!«

Beginnen Sie, sich selbst als Visionär zu definieren! Denken Sie dabei an das zentrale Motto des Inner-Managements: »Es geschieht nur das, was in dir geschieht.« Formen Sie sich deshalb in Ihrem inneren Bild als Visionär! Nehmen Sie diese Rolle mit Herzen an!

Versuchen Sie, möglichst einmal im Jahr allein, mit Ihrem Unternehmensberater oder mit Ihrem engsten Team bewußt alternative Zukünfte zu erfinden, um sich eine innere Kompetenz für den Entwurf neuer Wirklichkeiten aufzubauen!

Programmieren Sie Ihr Zukunftsbild konsequent um: Zukunft ist immer das, was wir in ihr sehen wollen. Zukunft gibt es also nur durch uns. Zukunft kommt nicht auf uns zu, sondern wird von uns erfunden. Akzeptieren Sie diese Erfinder-Rolle, und überwinden Sie die vielen unausgesprochenen Werturteile, die mit Visionen zusammenhängen (beispielsweise Illusionen, naive Phantasien et cetera)! Versuchen Sie deshalb, sooft wie möglich Imaginations-Training zu betreiben! Mindestens einmal in der Woche. Ihr Ziel müßte es sein, selbst beim Sprechen das vor Ihrem geistigen Auge zu sehen, was Sie gerade akustisch formulieren. Bauen Sie Ihre geistige Zukunftskraft immer methodischer auf (denken Sie an eine Art geistiges Bodybuilding), damit Sie Ihre Follow-me-Aura deutlich verbessern! Diese besteht aus nichts anderem als aus Wissens- und Erfahrungs-Vorsprung einerseits und Visions-Vorsprung andererseits. Denken Sie immer daran: Handlungs-Energie entspringt immer der Gestaltfestigkeit Ihrer Vision.

Analysieren und verbessern Sie Ihr Spiel-Modell! So kommen Sie zu einer günstigen Rollen-Vielfalt. Schalten Sie um von endlichen Spielen, bei denen es immer Sieger und Besiegte geben muß, auf unendliche Spiele! Dann wird alles zur permanenten Chance für Ihr Lernen. Versuchen Sie, sich eine gute Spiel-Intuition aufzubauen, indem Sie sich sooft wie möglich fragen: »Was wird hier eigentlich wirklich gespielt?« Versuchen Sie auch, für Gruppen-Sitzungen mit Ihrem Team soviel Rollen-Freiheit wie irgend möglich aufzubauen bei gleichzeitiger Hierarchie-Freiheit, weil sich nur so eine wirkliche Spiel-Atmosphäre aufbauen kann, die wiederum wichtig ist für individuelle und gruppen-dynamische Kreativität. Entwickeln Sie ein gutes Gespür für diejenigen Rollen-Prozesse, die Verkrampfungen lösen und die ein gutes Erlaubnis-Klima aufbauen! Gehen Sie dabei bis zur bewußt eingesetzten Schauspielerei!

Bauen Sie ein positives Verhältnis zu Ihrem Gehirn auf! Betreiben Sie sooft wie möglich Brain-Training! Wenn Sie die Gelegenheit haben, Ihre Gehirn-Dominanz (rechte oder linke Gehirn-Hemisphäre) testen zu lassen, tun Sie das! Und lassen Sie sich beraten, wenn es darum geht, die rechte Gehirn-Hemisphäre zu trainieren, wo u. a. Intuition, Imagination und ganzheitliche

Erkenntnis plaziert sind! Nutzen Sie die vielfältigen Trainings-Möglichkeiten für Rechts-Brain, die besonders in Kunst und Poesie verankert sind! Auch wenn Sie für Kunst und insbesondere für moderne Kunst nicht viel übrig haben: Arbeiten und fühlen Sie sich hinein! Ihr Gehirn wird weiter.

Entwickeln Sie einen Sinn für Rituale, weil der Geist (der in der inneren Welt die spätere Wirklichkeit verformt) besonders gut durch Rituale stimuliert und gelenkt werden kann! Bauen Sie sich deshalb gezielt eine emotionale Erlebnis-Qualität auf! Nehmen Sie Abschied von der Vorstellung, daß Härte Überlegenheit sei! Beginnen Sie statt dessen, Ihre Gefühle zu qualifizieren statt diese zu negieren! Nur durch eine neue Gefühls-Kultur kann der Zugang zu den Ritualen des Geistes gefunden werden.

Bereiten Sie sich das Thema »Intuitive Sprache« methodisch auf! Es geht darum, energetischer und zugleich imaginativer zu sprechen. Stichwort: die Rede beim Sprechen erfinden. Das ist das, was man in der Wissenschaft »dekomponierte Kommunikation« nennt. Trainieren Sie das! Und üben Sie zugleich einige Aspekte des NLP (Neurolinguistische Programmierung) ein! Zum Beispiel die Technik des Ankerns, indem Sie auf Ihre Zuhörerschaft energiereiche Schlüssel-Vokabeln konditionieren.

Verbessern Sie Ihre Trend-Intuition! Um diese zu trainieren, empfiehlt sich ein engagierter Umgang mit Zeitgeist. Gewöhnen Sie sich an, den Zeitgeist wirklich zu lieben, damit Sie fähig werden, Ihr Umfeld auch mit dem Herzen zu lieben, weil der Kopf das wirklich Neue meistens kaum rechtzeitig sehen kann.

Bevorzugen Sie dabei sanfte Signale und weiche Daten bis hin zum Gerücht. Und versuchen Sie, sich soweit wie möglich mit den unterschiedlichen Subgruppen und Szenen unserer Gesellschaft einzulassen oder gar zu verschmelzen! Das Eigentliche kann man nur so begreifen. Statistiken, harte Fakten, ja sogar Marktforschung wirken da so steril wie Landkarten, die auch nicht in der Lage sind, die Landschaft selbst zu sein.

Trainieren Sie das, was man Beta-Führungsstil nennt: den Umgang mit komplexen und unsichtbaren Aspekten der Realität! Erarbeiten Sie sich einen Sensus für die Welt hinter unserer

Welt! Und überwinden Sie Ihre Angst vor der weiblichen Seite in Ihnen! Der Beta-Stil ist ein femininer Stil. Man kann ihn nur zu seinem männlichen Stil hinzufügen (im Sinne des dualen Managements), wenn man »das Weibliche in sich« akzeptieren kann.

Trainieren Sie Ihre intrapersonale Intelligenz, also Ihre Fähigkeit, sich selbst zu durchschauen! Versuchen Sie, dieses Training auch in Gruppen zu tun, jedoch nicht in Ihrer wirklichen Berufsgruppe! Gehen Sie bis zum Psycho-Drama! Das ist eine Technik, bei der man u. a. fremde Persönlichkeits-Muster intensiv nachlebt, um sich selbst dadurch zu entgrenzen. Aber üben Sie so etwas immer bewußt außerhalb Ihres Firmenrahmens, also nie mit Ihren Mitarbeitern, damit in Ihrem Unternehmen keine Psycho-Dimension entsteht, die den Wirklichkeits-Grad verfälscht!

Beginnen Sie, sich fit zu machen für das »Einsame-Wolf-Spiel«! Damit ist nicht die Einsamkeit des Top-Managers gemeint, der rational-kalt von oben führt ohne Kontakt zu seiner Umwelt. Es bedeutet die bewußt eingesetzte Fähigkeit, sich aus den inneren Normen des Unternehmens und der Arbeitsgruppen entfernen zu können, um diejenigen Wirklichkeiten erleben zu können, die die Teams nicht mehr repräsentieren. Arbeiten Sie dabei mit der Technik des »was wäre wenn . . .«! Man kann Gruppen immer dann besonders gut führen, wenn man sie »wie von außen« erleben kann, während man gleichzeitig hochemotional mit ihnen verbunden ist.

Das wichtigste Element des Inner-Managements ist sicherlilch die Erkenntnis, daß alle Menschen im Grunde eine Einheit bilden. Versuchen Sie, diese All-Symathie, die von den Mystikern auch »All-Liebe« genannt wird, nicht nur mit dem Kopf zu verstehen, sondern wirklich zu erleben, vielleicht sogar meditativ! Wenn diese All-Sympathie von Ihnen wirklich integer gelebt werden kann, werden Sie automatisch ohne großes Zutun zum Katalysator für optimale Schwingungen. Zugleich wächst Ihnen die sehr seltene Kompetenz zu, Handlungs-Leidenschaft und Kreativität zu stimulieren nur durch Subjekt-Subjekt-Beziehungen ohne Kommunikation. Das ist der Königsweg des Inner-Managements.

Autorengespräch

Auf der Suche nach dem Vorbild ...

G.G.: Herr Luedecke, gibt es für Sie so etwas wie ein heimliches Vorbild?

G.A.L.: Ja, ich habe Vorbilder, die vielleicht verständlicherweise aus der schauspielerischen Zeit herrühren. Da sind Heinrich George und Horst Kaspar, Stars von Bühne und Leinwand in den dreißiger und vierziger Jahren. Sie sind Vorbilder für mich gewesen aus einem Metier, zu dem ich enge Beziehungen hatte. Als Junge habe ich im Studio der UFA die Faszination des Filmens erlebt, habe die Art erlebt, wie diese großen Schauspieler mit anderen Kollegen umgingen, mit allen, die bei den Arbeiten im Studio dabei waren. Sie haben sich gegenüber dem Regisseur und den Kameraleuten geöffnet, und dadurch entstand die Faszination für das Team. Das fand ich hervorragend. Besonders begeistert hat mich damals der Regisseur Herbert Maisch, der ein großes Filmwerk leitete in einer Art, wie ich es noch nie bei anderen Menschen gesehen habe. Maisch führte viele Hunderte von Darstellern in einer so überzeugenden Art, daß sich der Erfolg seiner Regieführung durch die seelische, menschliche Beteiligung einfach einstellen mußte. Die Gefühlspartizipation beflügelte die Leistungen der Schauspieler. Die Ausstrahlung seines ganz starken Willens, die Vorgabe, wie eine Rolle aufgefaßt werden sollte, brachte die Darsteller zu unvorstellbaren Leistungen; ja manchmal waren auch die nicht direkt Beteiligten eingebunden in die menschliche Verwandlung. Das fand ich unheimlich stark.

Über das Ego des Managers

G.G.: Kann man Ihrer Meinung nach als Chef kraftvoll führen und gleichzeitig ein starkes Wir-Gefühl aufbauen, so daß das Ego des Führenden nicht negativ wirkt?

G.A.L.: Sie werden immer Gegner haben. Ich meine damit Menschen, die nicht in den Wir-Verbund hineinpassen oder nicht hinein wollen. Und das ist gut so. Nur Bruchteile werden Sie auflösen können. Ein Sockel von Gegnerschaft bleibt bestehen – er ist ein Teil Ihrer zukünftigen Arbeit. Wenn Sie den erfassen und kennenlernen, dann bauen Sie eine neue Art von Aktivität für sich selbst aus. Ohne diesen Widerstand in der sogenannten Gegnerschaft hätten Sie auch nicht die Motivation in der Partnerschaft zu Mitarbeitern und zu deren Motivation, besser zu werden. Das ist ein ganz wichtiger Punkt.

G.G.: Gegnerschaft ist Ihrer Meinung nach eine letztendlich positive Qualität, stimmt das?

G.A.L.: Ganz bestimmt: Ich würde innerlich verarmen, ja vereinsamen, wenn ich nicht diese immer wieder in meinem Unternehmen zu spüren bekäme. Sie ist positiv.

G.G.: Also ist so eine Art Vasallen-Loyalität aus Ihrer Sicht schädlich und falsch?

G.A.L.: Sie kann gefährlich sein. Ich würde die Gegnerschaft deshalb nähren. Ich würde es bedauern, wenn ich bei allen Mitarbeitern das erreicht hätte, was ich mir eigentlich vorgenommen habe. Und ich werde es auch eines Tages, wenn ich das Unternehmen nicht mehr führe, nicht erreicht haben. Aber jedesmal, wenn ich eine Stimme mehr gewonnen habe, bin ich erfolgreich. Und das ist das Ziel, das ich mir gesetzt habe. Es ist natürlich sehr schwer meßbar. Aber dennoch kann ich den Kern der Gegner immer wieder erkennen dadurch, daß sie den Dialog mit mir bewußt schwermachen und daß ich damit immer wieder neu gefordert bin.

Wie sieht der ideale Manager für die neunziger Jahre aus?

G.G.: Was wäre für Sie persönlich ein idealer Topmanager in bezug auf die Etappe, die jetzt vor uns liegt, also für die neunziger Jahre? Was müßte er hervorragend können? Oder was müßte ihn auszeichnen?

G.A.L.: Ich gehe davon aus, daß der ideale Topmanager sehr effizient sein muß. Es gibt kein Pardon für ihn in Zukunft, wenn er sagen müßte: »Ich weiß das nicht, ich habe das nicht gewußt, ich kann das nicht, oder ich werde das noch lernen.« Diese Möglichkeit hat der Manager in Zukunft nicht mehr. Er muß einen soliden Grundstock von Wissen auf breiter Basis mitbringen. Darüber hinaus kommen wir in Zukunft auf ganz andere, neue Lebensformen in der Zusammenarbeit. Dabei werden auf den Manager von morgen völlig andere Fragestellungen und Anforderungen zukommen. Er wird es mit einem anderen Menschentypus zu tun haben. Viele werden nicht mehr bereit sein, ihr ganzes Handeln und Tun in den Dienst des Unternehmens, für das sie arbeiten, zu stellen.

Es wird oft Menschen geben, die ihren Job als Nebenbeschäftigung begreifen, und wenn dann der Manager nicht versucht, diesen Mitarbeiter doppelt so stark zu motivieren, dann wird er mit einer Leistung konfrontiert werden, die auf Dauer die Wirtschaftlichkeit nicht mehr erlaubt. Und wer will das schon.

Er muß also eine ganz neue Art von Mitarbeiter schaffen. Das Problem dabei: Der Mitarbeiter der Zukunft wird schon mit einer gewissen Zurückhaltung an die Arbeit gehen, weil er sich sagt: »Mein Freiraum ist mir im Augenblick genauso wichtig wie meine Arbeit.« Und weil das Verhältnis dann fünfzig zu fünfzig wird, ist der Kampf mit dem unsichtbaren Partner, nämlich dem

Freiraumpartner, so enorm, daß ich zusätzlich zu der Aufgabe, den Mann in sein heutiges Beschäftigungsfeld einzufügen, ihn in seinem Gesamtberufsbild motivieren muß. Das heißt, den gesamten Motivationsvorgang für den Mitarbeiter neu zu überdenken. Ich kann nicht mehr sagen: »Du hast X Stunden, und damit ist Schluß.« Ich muß ihn neu für das Unternehmen motivieren, damit er das Verantwortungsgefühl, das er für seinen Freiraum hat, auch in der Zeit, die er für das Unternehmen aufbringt, beibehält. Das ist eine Phase, die heute begonnen hat und sicher in den nächsten Jahren wirksam wird.

G.G.: Womit können Manager diesen Mitarbeiter der Zukunft denn motivieren?

G.A.L.: Ich spreche nicht von Geld. Ich spreche einfach von der Verantwortung, die er als »Teilhaber« am Wirtschaftsprozeß des Unternehmens hat, daß er da das gleiche Interesse zeigt, das einfach den gleichen Rang wie sein Freiraumdenken hat.

G.G.: Das wären Identifikations- und Begeisterungsphänomene?

G.A.L.: Ja, ich kenne viele Möglichkeiten von Identifikation und auch Begeisterung, etwa Identifikation mit Kollegen, der Unternehmensspitze, mit Produkten, also eine Vielzahl von Dingen, und das ist zu erreichen über eine langfristige Arbeit, ein langfristiges Identifikationsprogramm.

Über geistige Führung

G.A.L.: Wir müßten heute die Generation, die morgen geistig führen will, wesentlich stärker ausbilden und leiten. Nur, wir haben zuwenig qualifizierte Menschen dafür, um sie frühzeitig und gut auszubilden. Wir müßten eigentlich sofort beginnen, ein ganz neues Verhältnis des Managements zur geistigen Unternehmensführung aufzubauen. Und dazu müßte es, meine ich, sogar einen Lehrstuhl geben.

G.G.: Aber die normalen Nachwuchseliten werden ja überwiegend über Business Schools und Universitäten ausgebildet, und dort ist ja mehr eine Didaktik zu beobachten, die in Richtung noch mehr Computer, noch mehr Ratio und noch mehr Analytik geht. Das, was Sie mit dem geistigen Transfer beispielsweise bei Schauspielern und Regisseuren beschrieben haben, das kann ich rational nicht lernen. Das übe ich auch nicht an Universitäten. Wenn Sie trotzdem sagen, es müßte zu studieren sein, dann würde das bedeuten, daß neben der fachlichen Ausstattung auch die human-geistige Ausstattung des Managers trainiert und gelehrt werden müßte.

G.A.L.: So ist es. Genauso ist es. Dazu müßte es Institutionen geben, die damit beginnen, eine innere Öffnung des heutigen Managements durchzuführen.

G.G.: Also die Uni des inneren Managements?

G.A.L.: Genau.

Über Menschlichkeit

G.G.: Was würden Sie denn einem jungen Mann, der heute sagt: »Ich weiß, daß ich Manager werden will«, empfehlen, außer dem üblichen Ratschlag, eine Universität zu besuchen?

G.A.L.: Er muß einen neuen Teil in seine Kompetenz integrieren, einen Teil, den er bisher nicht hatte, zum Beispiel: Wie wird seine innere Einstellung zu den Menschen sein? Wie wird er im Endeffekt agieren, wenn er eines Tages gefordert ist von Dingen, die er nicht auf der Hochschule gelernt hat, sondern die ganz einfach aus der menschlichen Kraft, nämlich Lachen, Freude, Herzlichkeit, Spaß, Jubel, kommen? Wo nimmt er das her?

G.G.: Gehört da auch Charme dazu?

G.A.L.: Da gehört mehr als Charme dazu. Charme ist ein ganz wichtiger Bestandteil. Wo nimmt man diese ganzen Kräfte, die ich gerade erwähnt habe, her? Man kann ja Charme nicht kaufen, Charme nicht lernen. Es ist vielleicht so, daß ein Mann, der ein robuster Draufgänger ist, die Ausstrahlung des harten Unternehmers hat, aber er hat nicht den Charme, Menschen damit zu begeistern. Weil Charme etwas anderes ist. Charme ist eine wesentliche Ausdrucksform von Menschlichkeit gegenüber anderen Menschen. Dadurch entsteht eine Strömung, die andere Menschen anspricht und vielleicht auch begeistert.

G.G.: Also so eine Art von Kommunikation von Herzen?

G.A.L.: Ja, eine Strömung, die bei den anderen Menschen spürbar wahrgenommen werden muß, der Aufbau einer zwischenmenschlichen Verbindung.

Die Brücke zur Ressource Mensch

G.G.: Dieses Inner-Management, das wir jetzt schon ein paarmal erwähnt haben, wird von klassischen Managern sehr häufig als Verweichlichung abgetan, als ein Verlust von Rationalität und Berechenbarkeit. Es gibt auch Stimmen, die sagen, da liege eine Gefahr drin. Wir müßten neue rationale und neue harte Strategien finden.

G.A.L.: Wenn ich hier einmal auf meine persönlichen Erfahrungen zurückblicke, bin ich durch eine typische amerikanische Unternehmerschulung gegangen und habe erfahren, was es heißt, einer harten, klassischen, klaren Unternehmensstrategie zu folgen, sie auch selbst zu formulieren und auch mein eigenes Vorbild zu sein. Dennoch bin ich, und ich glaube auch, viele mit mir, an dieser Art der Unternehmensführung gescheitert, weil sie einfach durch die nicht vorhandene menschliche Schiene nicht machbar wurde, das heißt, die Brücke zwischen Management und Unternehmen, die Brücke zwischen Management und Mitarbeitern, wurde immer kleiner und ging schließlich kaputt. Ich hatte keine Kommunikationsbasis mehr, ich hatte kein Verständnis mehr. Ich wurde einsam, weil der Dialog nur noch nach oben ging, nicht mehr nach unten. Ich glaube deshalb nicht, daß eine Gefahr besteht, wenn ein Manager, ein Unternehmer beides in seine Unternehmensführung integriert, den klaren profilierten Unternehmensstil und eine weite Öffnung nach innen, um den Mitarbeitern zu zeigen, daß es zwei Wege der Unternehmensführung gibt, nämlich das Inner-Management und die klassische, klare Unternehmensführung, die keine Möglichkeit des Ausbrechens aus der Unternehmensstrategie läßt. Darüber müssen wir uns klarwerden.

Über Selbstkritik

G.A.L.: Selbstkritik ist Pflicht, denn wenn der Manager das nicht tut, dann kommt er auf einen Weg, der ihm zwar immer noch Erfolg bringt, ihn aber dennoch einseitig, unkritisch, fast illusionistisch macht.
Selbstkritik ist einer der wichtigsten ersten Punkte.

G.G.: Also kritische Selbstbetrachtung?

G.A.L.: Selbstbetrachtung, dafür muß es ein Modell geben. Früher sagte man: Stell dich vor einen Spiegel und betrachte dich. Damit meine ich, daß ich den Spiegel dieser Selbstkritik immer bei mir habe. Und ich habe Abschnitte, in denen mir Dinge leid tun. Ich habe Phasen, in denen ich Schwierigkeiten habe, die Entscheidung, die ich getroffen habe, auch zu verantworten. Und ich gehe dann hin und entschuldige mich für eine eventuell falsche Entscheidung.

G.G.: Diese Fähigkeit zur Selbstkritik bedarf großer Persönlichkeitsstärke ...

G.A.L.: Wahrscheinlich.

G.G.: Der normale oder der schwache Mensch verweigert aber in der Regel ein derart intensives Durchschauen des Selbst.

G.A.L.: Auch das ist eine Erziehungsfrage. Mich selbst zu durchschauen, muß ich lernen wie alles andere.

G.G.: Das muß man auch aushalten können.

G.A.L.: Das sollte auch bei Management-Schulungen dabeisein. Ich glaube, es gibt wenig Management-Schulung, wo Selbstkritik geübt wird.

Die zwei Seiten des Managers

G.A.L.: Der Mensch ist nicht käuflich, er ist nur zu gewinnen durch die Herzenswärme der Motivation, die ihn erreichen muß von dem, der führt. Das heißt nun nicht Umarmung, das heißt nach wie vor – ich muß es immer wieder sagen – klassische, klare Unternehmensführung. Beides zu realisieren ist oft schwer.

G.G.: Also ein Topmanager, der nur gute Ideen hat, hervorragende Strategien initiiert, der auch nach dem Schema modernster Klassik bestimmte Motivierungsprogramme abspult ...

G.A.L.: ... der braucht einen zweiten Manager, der die unsichtbare Kraft einbringt. Das ist doch klar!

G.G.: Sonst würde er immer kalt und demotivierend wirken?

G.A.L.: Die ideale Kombination wäre, wenn er einen zweiten hätte auf gleicher Ebene, der die unsichtbare Kraft verwirklicht und den anderen dazu nutzt. Wenn wir dieses Duosystem hätten, das wäre ideal. Nur, wie wollen Sie das denn spürbar machen? Dann müssen Sie sagen: Es kommt Herr Müller, das ist der Charmeur, der spricht und motiviert, und dann kommt Herr Schulz, der ist der klassische, harte Manager. Das geht doch nicht. Beide Kräfte müssen aus einer Person heraus wirken.

Das Engagement und die Gesellschaft

G.G.: Was Sie beschreiben, ist das totale Engagement der Führungspersönlichkeit. Also heißt Führung totales Engagement?

G.A.L.: Das heißt es, genau das heißt es. Das zu erkennen ist wahrscheinlich für die neue Generation wesentlich schwieriger als für heute tätige Manager. Dennoch bin ich eigentlich optimistisch, weil natürlich ein gewisser Reiz darin liegt. Und wenn wir es schaffen – sagen wir mal –, diese unsichtbare Kraft bei vielen sichtbar zu machen, wecken Sie ungeahnte Möglichkeiten für einen Manager, die er bisher nicht hatte. Schauen Sie, ich habe mich der Kunst nicht nur zugewendet, weil es mir lag, sondern auch weil ich gesehen habe, daß es mehr gibt, als nur das Unternehmen zu führen. Es gibt auch ein Umfeld, in dem ich mich bewegen muß, und das war für mich die Kunst, das waren gesellschaftliche Kontakte, Pflege der Beziehungen in der Öffentlichkeit. Wir bewegen uns nicht nur im Bereich täglicher Aktivitäten, sondern wir haben zusätzlich einen riesigen Aufgabenbereich mit übernommen: Wir pflegen die Verbindung zu den kommunalen Behörden, zur Bundeswehr, zu den Schulen, wir machen Workshops und ähnliches mehr. Das sind ja alles zusätzliche Aktivitäten, die einfach den Mitarbeiter spüren lassen: Hier tut sich was, hier geschieht was.

Wenn Manager die Führung übernehmen, dann bekommen sie eigentlich auch ein gewisses Maß gesellschaftspolitischer Arbeit, die sie zusätzlich leisten müssen. Bei vielen wird da die Grenze am Portal des Unternehmens sein. Das kann ich auch verstehen. Weil sie einfach dazu nicht fähig sind. Es ist schließlich eine Frage der physischen Kraft. Das kommt auch dazu. Aber dennoch glaube ich, daß, wenn jemand sich gesellschaftspolitisch engagiert, und das wird sicher nur einem kleinen Teil von ihnen möglich sein, dann stärken sie auch einen Teil ihres Selbstbewußtseins, das am Schreibtisch manchmal verkümmert.

Was stimuliert?

G.G.: Herr Luedecke, ganz zum Schluß eine entscheidende Frage: Was stimuliert Sie in Sachen Kreativität und Intuition?

G.A.L.: Ja, ich würde einmal sagen: mein eigenes Ich, also mein erlebtes Selbst.

G.G.: Klingt das nicht etwas narzißtisch?

G.A.L.: Das klingt nur so, aber so ist es nicht. Denn es stimuliert mich die ganze Welt, in der ich mich befinde: Licht, Sonne, Farbe und Menschen, Bewegungen und all das, der Raum, in dem ich mich ständig bewege. Ich erlebe immer wieder, was mich begeistert. Vielleicht bin ich auch ein besonders glücklich veranlagter Mensch. Bei mir gibt es Freude und Trauer, dazwischen gibt es ein Vakuum, weil es Übergänge nicht gibt. Ich kann einerseits unheimlich fröhlich sein und habe daneben starke Gefühle für Trauer und Wehmut. Bedingt durch das Umfeld ist jedoch die Freude an allen Dingen größer, bestimmt sie auch einen Teil meiner Energie und der eigenen Leistung. Und das erstaunliche ist, daß ich mich jeden Morgen freue, daß ich geboren bin, ich fühle mich jeden Tag herrlich. Alles ist Stimulation.

G.G.: Würden Sie denn Frauen stärker im Management sehen wollen, oder würden Sie sagen, daß man . . .

G.A.L.: Wesentlich stärker. Ich glaube ganz stark daran. Ich würde also um alles in der Welt darum bitten, daß Frauen mit ihren Fähigkeiten, die sie haben, mit ihren motivierenden Fähigkeiten, die ihnen gebührenden Positionen erhalten. Es gibt bestimmt viele intelligente Frauen, die vielleicht oder bestimmt in der falschen Position sind und die ganz einfach durch die Dominanz des maskulinen Geschlechts nie oder zu selten an die Spitzenpositionen kommen, die ihnen eigentlich zustehen.

Ich darf für mich – und damit für unser Unternehmen – sagen: »Herzlich willkommen!«

Literaturverzeichnis

BUTLER, W. E.	*Die hohe Schule der Magie,* Praktische Anleitung zur Ausbildung und Nutzung supranormaler Fähigkeiten, Hermann Bauer Verlag, Freiburg im Breisgau 1979
CAPRA, FRITJOF	*Wendezeit,* Bausteine für ein neues Weltbild, Scherz Verlag, München 1983
DÖRNER, DIETRICH	*Lohhausen,* Vom Umgang mit Unbestimmtheit und Komplexität, Hans Huber Verlag, Bern 1983
DYLLICK, DR. THOMAS	*Gesellschaftliche Instabilität und Unternehmensführung,* Paul Haupt Verlag, Bern 1982
FERGUSON, MARILYN	*Die sanfte Verschwörung,* Sphinx Verlag, Basel 1982
GERKEN, GERD	*Der neue Manager,* Rudolf Haufe Verlag, Freiburg im Breisgau 1986
HABERMAS, JÜRGEN	*Die neue Unübersichtlichkeit,* Suhrkamp Verlag, Frankfurt/Main 1985
HOUSTON, JEAN	*Der mögliche Mensch.* Handbuch zur Entwicklung des menschlichen Potentials, Sphinx Verlag, Basel 1984
LOYE, DAVID	*Gehirn, Geist und Vision.* Das Potential unseres Bewußtseins, die

Zukunft vorauszusehen und zu gestalten. Sphinx Verlag, Basel 1986

MALIK, DR. FREDMUND F. *Strategie des Managements komplexer Systeme,* Paul Haupt Verlag, Bern 1984

MATURANA, HUMBERTO R./ FRANCISCO J. VARELA *Der Baum der Erkenntnis.* Die biologischen Wurzeln des menschlichen Erkennens – wie wir die Welt durch unsere Wahrnehmung erschaffen. Scherz Verlag, München 1987

PETERS, THOMAS J./ WATERMAN, ROBERT H. *Auf der Suche nach Spitzenleistungen,* Verlag Moderne Industrie, Landsberg 1983

SHELDRAKE, RUPERT *Das Schöpferische Universum,* Meyster Verlag, München 1983

ULSAMER, DR. BERTOLD/ BIRKENBIHL, VERA F./ BLICKHAN, CLAUS *Erste Hinführung zur neuro-linguistischen Programmierung,* A-Verlag, München 1987

WHITE, RHEA A./ MURPHY, MICHAEL *PSI im Sport,* Hugendubel Verlag, München 1983

Sachregister